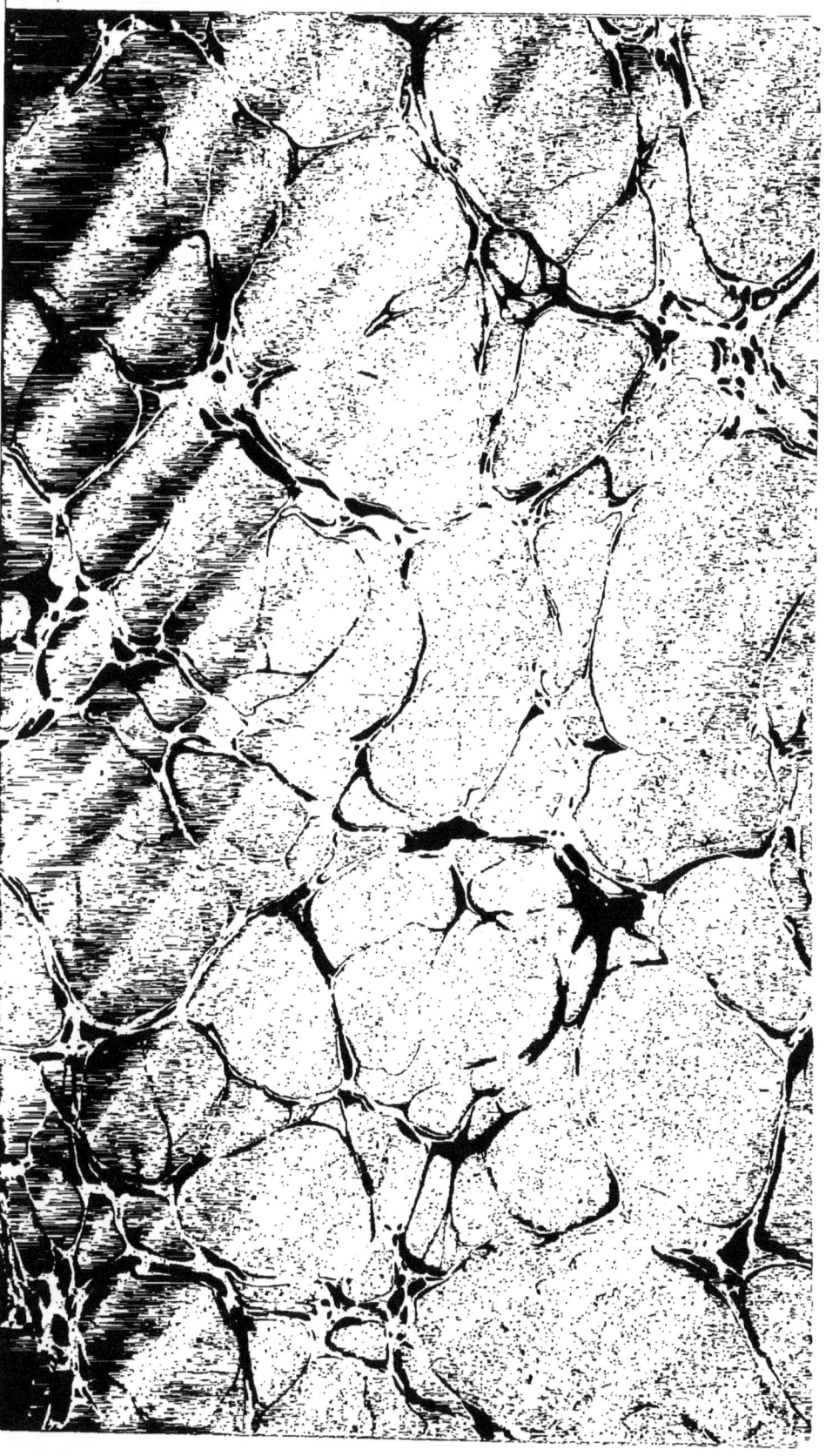

CLUNY
AU ONZIÈME SIÈCLE

SON INFLUENCE
RELIGIEUSE, INTELLECTUELLE ET POLITIQUE

OUVRAGE
COURONNÉ PAR L'ACADÉMIE DE MACON
ET HONORÉ D'UN BREF DE S. S. LE PAPE PIE IX

QUATRIÈME ÉDITION
PRÉCÉDÉE D'UNE INTRODUCTION INÉDITE SUR LES
PREMIÈRES ORIGINES DE CLUNY

PAR
F. CUCHERAT
CHANOINE HONORAIRE D'AUTUN ET DE LANGRES

AUTUN
LIBRAIRIE DEJUSSIEU
1885

CLUNY

AU

ONZIÈME SIÈCLE

CLUNY
AU ONZIÈME SIÈCLE

SON INFLUENCE
RELIGIEUSE, INTELLECTUELLE ET POLITIQUE

OUVRAGE
COURONNÉ PAR L'ACADÉMIE DE MACON
ET HONORÉ D'UN BREF DE S. S. LE PAPE PIE IX

QUATRIÈME ÉDITION
PRÉCÉDÉE D'UNE INTRODUCTION INÉDITE SUR LES PREMIÈRES
ORIGINES DE CLUNY

PAR

F. CUCHERAT
CHANOINE HONORAIRE D'AUTUN ET DE LANGRES

AUTUN
LIBRAIRIE DEJUSSIEU
1885

AUTUN, DEJUSSIEU PÈRE ET FILS, IMPRIMEURS DE L'ÉVÊCHÉ

A LA MÉMOIRE

DE

MGR DU TROUSSET D'HÉRICOURT

ET

A LA BIENVENUE

DE

MGR DE LÉSÉLEUC DE KEROUARA

DEUX ÉVÊQUES QUE LA FIDÈLE BRETAGNE NOUS A DONNÉS

Monseigneur,

Ce mémoire sur l'influence de Cluny au onzième siècle, entrepris à la demande et avec la bénédiction de Mgr du Trousset d'Héricourt, venait d'être couronné par l'Académie de Mâcon et achevait de s'imprimer quand une mort prématurée ravit à notre amour ce grand prélat. Que cette nouvelle édition puisse, Monseigneur, se présenter sous vos auspices, c'est une fortune que j'apprécie de tout cœur, et qui portera bonheur à la réimpression de mon humble livre, comme les encouragements de Mgr d'Héricourt avaient porté bonheur à sa composition.

De Votre Grandeur,

le très humble et très obéissant serviteur et prêtre,

F. CUCHERAT.

Paray-le-Monial, ce 28 juillet 1873.

Imprimatur :

† LEOPOLDUS, Episc. Augustodunensis.

AVANT-PROPOS

En 1839 paraissait un *Essai historique sur l'abbaye de Cluny,* par M. P. Lorain, doyen de la faculté de droit de Dijon. L'ouvrage eut un très grand succès, et bientôt deux éditions.

Mais des personnages savants, tels que l'historien de Lacretelle, Alphonse de Lamartine, l'un et l'autre de l'Académie française, et Mathieu, membre de l'Institut, qui illustraient alors l'Académie de Mâcon, furent frappés, de suite, du défaut capital de ce livre.

L'auteur, sans doute pour ne pas écraser le reste du volume, ne consacrait guère plus de pages au onzième siècle qu'aux autres.

Et cependant le onzième siècle, c'est tout Cluny. Ce siècle fut vraiment à la grande congrégation bourguignonne ce que fut à la Grèce le siècle de Périclès ; à Rome, le siècle d'Auguste ; à notre France, le siècle de Louis XIV.

C'est pourquoi, sous l'inspiration de M. Charles de Lacretelle, l'Académie de Mâcon, dans sa séance de novembre 1849, mit au concours la question suivante :

« Quelle fut, pendant toute la durée du
» onzième siècle, l'influence de l'abbaye de
» Cluny sur le mouvement religieux, intel-
» lectuel, politique, etc., de cette époque? »

Dans la séance du 26 décembre 1850, la médaille d'or, promise au meilleur mémoire, fut attribuée à M. l'abbé F. Cucherat, vicaire à Marcigny. En même temps, la docte Société votait l'impression à ses frais de ce mémoire.

AVANT-PROPOS.

Si l'auteur fut très sensible aux félicitations et encouragements qu'il reçut, en personne, des trois membres de l'Institut ci-dessus nommés, comme prêtre, il fut bien plus touché du bref apostolique que daigna lui envoyer S. S. le pape Pie IX, par l'entremise de son secrétaire pour les lettres latines, Mgr Dominique Fioramonti, le 24 septembre 1856.

L'édition de l'Académie de Mâcon parut en 1851, dans le format grand in-8°, deux cents pages.

Ma première édition, aussi grand in-8° de cent quatre-vingt-quatre pages, parut quelque temps après à l'imprimerie de M. Emile Protat, de Mâcon.

Une troisième édition, in-12, de deux cent quatre-vingt-quatre pages, fut imprimée chez Dejussieu, à Autun, revue, corrigée et considérablement augmentée, dans le texte et dans les notes marginales, et surtout enrichie de documents inédits, du plus haut intérêt, qui remplissent, à la fin du volume, soixante-deux pages.

C'est cette édition que nous reproduisons aujourd'hui, en y ajoutant une courte introduction sur *les Premières Origines de Cluny*.

Paray-le-Monial, ce 28 août 1885.

F. CUCHERAT,
Aumônier de l'Hôtel-Dieu.
Chanoine honoraire d'Autun et de Langres.

INTRODUCTION

PREMIÈRES ORIGINES DE CLUNY

I

Il règne une grande obscurité sur les premières origines de Cluny. Ce qu'en ont écrit les historiens et, en particulier, les savants auteurs du *Gallia Christiana* [1], Mabillon [2] et dom Marrier [3], a besoin d'être éclairci et mis en harmonie, à l'aide du *Cartulaire de Saint-Vincent de Mâcon*, publié par M. Ragut [4] et aussi à l'aide des *Tablettes historiques et généalogiques*, de Chazot de Nantigny. [5]

---

1. T. IV.
2. *Annales bened.*, t. II et III.
3. *Biblioth. Cluniac.* passim.
4. Mâcon, imprimerie d'Emile Protat, 1864.
5. T. II.

II

Le nom de Cluny se rencontre pour la première fois dans l'histoire, au temps de Charlemagne. Il fallait que ce grand nom de Cluny destiné à être, au onzième siècle, le plus ferme appui de la royauté pontificale, brillât tout d'abord dans les actes du prince magnanime qui a constitué sur ses bases définitives le pouvoir temporel de l'Église et ce qu'on appelait justement la *Chrétienté*.

« Charlemagne voulant récompenser d'une
» façon éclatante les services éminents rendus
» à l'Église et à la monarchie par son archichan-
» celier, fit don à Léduard, évêque, et à la
» cathédrale de Saint-Vincent de Mâcon, du
» village et de la terre de Cluny. La charte de
» donation de Cluny, par l'empereur Charle-
» magne au treizième évêque de Mâcon, est de
» l'an 801[1]. » L'acte original de cette donation est perdu ; mais il est supposé par Mabillon[2], et cité dans une charte de la fin du dixième siècle[3]. Nous y lisons que Jean, évêque de Mâcon,

---

1. Ch. de La Rochelle, *Histoire des évêques de Mâcon*, t. I. p. 216. Léduard, évêque de Mâcon, avait été successivement archichancelier du roi Pépin et de l'empereur Charlemagne.
2. *Annales bened.*, t. II, page 494.
3. *Cartulaire de Saint-Vincent*, charte CVIII, page 82.

confère, à titre de fief, à un noble seigneur nommé Drogon et à sa femme, toutes les terres données à son Église par Charlemagne, à l'exception de Cluny : « Sicut in præcepto quod » Karolus imperator fieri jussit continetur, præter » illud quod in Cluniaco est. »

III

Les desseins de Dieu se révèlent dès ces premiers temps. Cluny ne resta pas un quart de siècle en la possession de l'évêque et de l'Église de Mâcon. En 825, à Aix-la-Chapelle, Louis le Débonnaire confirmait un acte d'échange passé entre Hildebald, évêque de Mâcon, et Warin ou Guérin I, comte d'Auvergne et de Mâcon [1], de la comté de Bourgogne et de Chalon [2], et son épouse Albane ou Avane [3]. Par cet échange, *utile aux deux parties contractantes*, comme on lit dans le décret impérial, Cluny redevenait la propriété d'un prince du siècle.

---

1. *Tablettes hist.*, t. II, page 257.
2. D. Georges Burin, *Necrologium Cluniacense*, mss. de la bibliothèque de Cluny, aujourd'hui à la Bibliothèque nationale.
3. *Gallia Christiana*, t. IV, aux preuves, col. 266. — *Annales bened.*, t. II, page 494. — *Cartulaire de Saint-Vincent*, où on lit, p. 42 : « Hildebaldum inter et Warinum et uxorem ejus » Albanam convenit ut commutationem quarumdam rerum inter » se facerent pro communi sua utilitate. »

Cet acte d'échange nous fait connaître l'état de Cluny à ce moment. On y voyait un petit village, une chapelle, une maison de maître et quelques constructions. Il n'y a pas un mot qui fasse supposer un monastère quelconque : « Villam in pago Matiscensi, cujus vocabulum » est Cluniacum, ipsam villam cum capella, casa » dominicata, et reliquis mansis, edificiis. »

Cette phrase est tirée de l'acte même d'échange, portant les signatures des parties contractantes et qui est la charte LV du *Cartulaire de Saint-Vincent*. Contre elle ne saurait prévaloir une note moderne de sept lignes portant le n° LII du même *Cartulaire*, laquelle en prétendant résumer l'acte véritable, lui fait dire ce qu'il ne dit pas, savoir : qu'il y eût là un célèbre monastère dès le temps de l'évêque Hildebald.

Il en faut dire autant d'un passage de Severt, cité comme le précédent, et rejeté au même titre par les auteurs du *Gallia Christiana*[1]. Mabillon n'attache pas plus d'importance à cette pièce qu'il appelle dédaigneusement *quoddam instrumentum*. Il admet, il est vrai, à Cluny une petite communauté de prêtres séculiers desservant les chapelles de Saint-Pierre et de Saint-Paul, et la chapelle de Notre-Dame, en même temps que les églises de Cotte et de

---

1. T. IV. col. 118.

Jalogny. Sa conclusion est celle-ci : « Il est
» certain qu'avant la fondation du monastère,
» il y avait en ce lieu deux églises, l'une dédiée
» à saint Pierre, qui était la principale, et l'autre
» à la Vierge Marie ; et on trouve quelques
» donations, faites avant ce temps, aux prêtres
» qui desservaient l'église de Saint-Pierre[1]. »
Mais ce savant historien n'a trouvé nulle part
la moindre trace d'un monastère à Cluny avant
la fondation de Guillaume le Pieux et de Bernon

IV

Warin et Albane avaient acquis la terre de
Cluny comme propriété privée et ne faisant
nullement partie intégrale du comté de Mâcon.
Voilà pourquoi elle se transmit durant l'espace
de quatre-vingt-trois ans dans l'illustre maison
des comtes d'Auvergne jusqu'à la fondation
de l'abbaye, alors même que le Mâconnais avait
ses comtes particuliers.

Warin ou Guérin, l'époux d'Albane, était le
troisième comte bénéficiaire d'Auvergne dès
l'an 819[2]. Six comtes, après lui, passent rapide-

---

1. *Annales bened.*, t. II, page 494.
2. *Tabl. hist.*, t. II, page 257. — Voir aussi pour cette page, l'*Art de vérifier les dates*, Paris, 1770, page 710, etc.

ment. Enfin, l'an 840, Warin ou Guérin II, seigneur bourguignon [1], lequel, croyons-nous, n'est autre que le fils de Guérin, comte de Chalon et Mâcon, mort en 848 [2], est fait comte de Toulouse par Charles le Chauve [3]. Il épouse Ava, appelée aussi Albane ou Avane, fille de Bernard, marquis de Gothie et sœur de Guillaume le Pieux. Il meurt sans enfants en 868 ou 869 [4] et a pour successeur au comté d'Auvergne, Bernard, son beau-père, lequel meurt en 886 [5]. Guillaume le Pieux, fils de Bernard, lui succède dans le comté d'Auvergne. Ava, sa sœur, qui avait hérité de Cluny, le cède à son frère en 892 [6]. Guillaume y fonde son abbaye en septembre 908.

V

La fondation de l'abbaye de Cluny par Guillaume le Pieux est bien effectivement de l'an 908 et du 11 septembre. Mabillon et le *Gallia Christiana* nous en ont conservé l'acte qu'on appelle, selon le langage du temps, le testament

---

1. *Tabl. hist*, t. II, page 122.
2. *Tabl. hist.*, t. II, page 166.
3. *Tabl. hist.*, t. II, page 222.
4. *Tabl. hist.*, t. II, page 257.
5. Ibid.
6. *Gallia Christiana*, t. IV, col. 1119 ; et aux preuves, col. 272.

de Guillaume le Pieux. Les auteurs du *Gallia Christiana* et Mabillon donnent la date de cet acte mémorable, laquelle manque à la version de dom Marrier dans le *Bibliotheca Cluniacensis* [1] : « Actum Biturrica civitate, tertio idus » septembris, anno undecimo regnante Carolo » rege, indictione XIII. » Les années du règne de Charles le Simple se comptent du jour où il régna seul et de fait, après la mort du roi Eudes, le 5 janvier 898 [2]. La onzième année du règne de Charles le Simple est donc comprise entre le 5 janvier 908 et le 5 janvier 909. Comme le diplôme du comte Guillaume est du 3 des ides, c'est-à-dire du 11 de septembre, ce ne peut être que le 11 septembre 908. C'est aussi à cette date de l'année 908 que la Chronique de Saint-Pierre-le-Vif place la fondation de Cluny ; et les auteurs du *Gallia Christiana* se rendraient à cette opinion, s'ils n'étaient déroutés par l'indiction XIII, placée au bas de l'acte en question et qui leur semble correspondre à l'an 910. C'est sans doute pour le même motif que le moine Hugues de Cluny et plusieurs autres se prononcent pour la même année 910. Il y en a

---

1. *Bibl. Clun.*, col. 4. L'acte, dans D. Marrier, se termine par ces simples mots : *Actum Biturricæ civitatis publice.*
2. *Tabl. hist.*, t. I, p. 151. — *Ann. ben.*, t. III, p. 301. — Dom de Vaines, *Diction. de diplomatique*, t. I, p. 359.

même qui ont retardé la fondation de Cluny jusqu'à l'an 914.

Mais le point de départ des calculs par indictions n'est pas sûr ; et les auteurs de l'*Art de vérifier les dates* [1] en conviennent. « Quelques-uns, disent-ils, mettent la première indiction en 312 ; le plus grand nombre en 313 ; d'autres en 314 ; et il s'en trouve enfin qui la placent en 315. » Et leur conclusion est celle-ci : « En général, tous les savants conviennent qu'il y a un grand nombre d'actes sincères dont l'indiction est fautive ou très embarrassante. »

VI

Guillaume le Pieux et Ava, sa sœur, méritent que nous fassions avec eux plus ample connaissance. Ils étaient l'un et l'autre enfants de Bernard II, comte d'Auvergne et marquis de Gothie [2], et d'Ermengarde, seconde femme de cet illustre seigneur. Ava ou Eve semble être l'aînée de son frère. Elle est appelée comtesse dans les actes publics. Devenue veuve de Warin II, elle

---

1. Paris 1770, p. 12 de la dissertation sur les dates.
2. *Tabl. hist.*, t. II, page 257. — On voit aux pages 223 et 225, que Bernard II, comte d'Auvergne, était le troisième du nom comme marquis de Gothie.

se consacra au Seigneur dans un monastère de vierges chrétiennes que l'histoire ne nous fait pas connaître, et dont elle fut abbesse [1]. Dans l'acte par lequel elle transmet la propriété de Cluny à son frère, elle se qualifie « humble servante de Jésus-Christ » ; se réserve la jouissance de cette terre sa vie durant ; veut que sa donation passe aux enfants de Guillaume, s'il en a ; et fixe la date de cette donation par ces mots : « Fait au mois de novembre, la première année » des démêlés des rois Eude et Charles [2]. » Ce n'est donc qu'après la mort d'Ava que Guillaume put faire la fondation qu'il méditait depuis un certain temps [3]. Cette princesse vivait encore en 905 [4]. Nous n'avons pas besoin de relever l'erreur de ceux qui l'ont confondue avec une autre Albane ou Avane, femme du comte Warin I. mort en 819. [5]

Guillaume, frère d'Ava, devint comte d'Auvergne en 886, et duc d'Aquitaine en 902 [6]. Il prend le titre de *consul*, ou *comte palatin*, dans un acte de donation qu'il fit conjointement avec sa sœur Ava, à Jalogny, en 905. Dans une autre charte, il signe : Guillaume le Majeur, *Willel-*

---

1. *Annal. bened.*, t. III, page 284.
2. *Ibidem* ; et aussi le *Gallia Christiana*, t. IV, page 1119.
3. *Annal. bened.*, t. IV, page 284.
4. *Gallia Christiana*, t. IV, page 1119.
5. *Tabl. hist.*, t. II, page 257.
6. *Tabl. hist.*, t. II, page 257 et 270.

mus Major, pour se distinguer de son neveu et successeur présomptif nommé aussi Guillaume. Le roi Raoul lui donne la même désignation et le qualifie, en outre, de personnage magnifique, *vir magnificus*, dans un acte de l'an 927. Ce grand prince qui avait épousé Ingerburge, fille de Boson, roi de Bourgogne, était mort antérieurement à cet acte du roi Raoul, et le 6 juillet 918, n'ayant eu qu'un seul enfant nommé aussi Boson, lequel mourut en bas âge[1], et laissant sa double couronne à son neveu Guillaume II, dit *le Jeune*, fils d'Alfred, comte de Carcassone, et d'Adelinde, sa seconde sœur.[2]

Au titre de *Pieux*, consacré par l'histoire, à celui de *Magnifique*, que lui donne le roi de France Raoul, vient s'ajouter celui de *Glorieux Comte*, que nous lisons dans la charte qui lui assure la possession de Cluny. Tous ces titres, il les a mérités par ses vertus, sa magnificence et sa bravoure.

Fidèle au légitime héritier de nos rois, il avait pris le parti de Charles le Simple contre le comte Eudes, qui devint roi malgré tous ses efforts combinés avec ceux de son cousin Rannulfe, comte de Poitiers. Guillaume y perdit une partie de ses États. Mais il sut en faire la

---

1. *Gallia Christiana*, t. IV, col. 1120.
2. *Ibidem*.

conquête, en tuant de sa propre main, au sein d'une victoire décisive, le compétiteur qu'on lui avait suscité.

Tel est le grand personnage que nous allons voir donner naissance à l'abbaye et à l'ordre de Cluny.

VII

Cluny !... Que signifie ce grand nom ? Quelle en est l'étymologie ? Nous ne voulons pas attacher à cette question plus d'importance que n'en vaut la chose. Mais enfin, pourquoi ne suivrions-nous pas sur ce terrain, ne fût-ce qu'à titre de curiosité historique, Raoul Glaber, Pierre Damien, Ducange et plusieurs autres ?

« Cluny, dit Raoul Glaber, tire son nom du
» site légèrement montueux sur lequel il s'élève,
» au fond d'une vallée ; ou bien encore, ce qui
» semble lui convenir davantage, il a été ainsi
» appelé du verbe *cluere*, qui signifie prendre
» accroissement. »[1]

---

1. Raoul Glaber, *Histor.*, lib. III. Voici le texte : « Cluniacus...
» quod ex situ ejusdem loci adclivo atque humili tale sortitum
» est nomen; vel etiam quod aptius illi congruit, a *cluendo* dic-
» tum, quoniam *cluere* crescere dicimus. Insigne quippe incre-
» mentum diversorum donorum a sui principio in dies locus
» idem obtinuit. »

Voilà dans une phrase deux étymologies. Ducange, en son *Glossaire*, adopte la seconde et cite le texte de Raoul Glaber, au verbe *clueo*, qu'il interprète ainsi : « Jouir, exceller, avoir de la vigueur, protéger. » Gérard-Jean Vossius écrit, à son tour, que le verbe *cluere* renferme l'idée de célébrité : « Cluere notat celebrari. » Et notre *Dictionnaire latin*, de Noël, traduit *clueo* par ces mots : « Être en estime, en réputation. »

Cluny a certainement justifié la signification de *cluere* dans toute son étendue. Mais il y a là une application de mots *a posteriori*, comme s'exprime l'école, plutôt qu'une étymologie sérieuse. Quand Cluny reçut primitivement son nom, qui aurait pu se douter de son avenir et de sa grandeur future ?

J'aime donc mieux, pour ma part, la première étymologie, laquelle s'inspire de la conformation montueuse des lieux, et de la nécessité d'y stimuler sans cesse les bœufs au labour. A cause de cela, quelques étymologistes font venir *Cluniacus* de *Cluniam acus*, *l'aiguillon* sans cesse *à la croupe*. Cette formation de mot est tout-à-fait conforme à ce que dit G.-J. Vossius dans son *Dictionnaire étymologique de la langue latine*, au mot *Clunis*. [1]

---

[1] « Bersaldus, ad VIII Met. Apulei. deducit a *Clunis, Clunicus* » (p. 143, l. XXII. col. 2). Nous ne sommes pas loin de *Cluniacus*.

Dans sa troisième lettre à saint Hugues, abbé de Cluny, saint Pierre Damien trouve le moyen de relever et sanctifier l'idée et l'image, par l'ingénieuse application qu'il en fit aux choses spirituelles. Essayons de traduire ce passage.

« Heureux Cluny, quand je te considère,
» puis-je m'empêcher de croire que ton nom t'a
» été donné comme un présage divin? Ce nom
» se compose de *ex clunibus et acu*. *La croupe*
» *et l'aiguillon* expriment l'exercice du labou-
» rage. Car on pique le bœuf à la croupe avec
» l'aiguillon, pour l'animer à trainer la charrue
» et à fendre les guérets. A Cluny on cultive le
» champ du cœur humain, pour lui faire pro-
» duire la moisson dont s'emplit l'édifice des
» greniers célestes. A Cluny, l'aiguillon dont on
» stimule le bœuf est celui dont il fut dit à Saul
» encore rebelle : *Il t'est dur de regimber contre*
» *l'aiguillon.....* Et nous aussi qui, dans le
» champ de l'Église, labourons comme les bœufs
» du Seigneur, nous sentons l'aiguillon, quand
» la méditation du dernier jugement vient nous
» inspirer une salutaire terreur..... C'est donc à
» bon droit que ce lieu vénérable a reçu le nom
» qu'il porte. »[1]

La lettre latine d'où ce passage est tiré, rem-

---

[1]. *Biblioth. Clun.*, col. 486.

plit quatre colonnes in-folio, entièrement consacrées à célébrer, dans un langage biblique, la régularité et les vertus parfaites que saint Pierre Damien avait pu contempler avec admiration à Cluny, pendant le séjour assez long qu'il venait d'y faire.

Mais c'est par l'exposition des faits plutôt que par les paroles élogieuses, que nous chercherons, dans ce livre, à louer ce que nous admirons, à faire aimer ce que nous aimons.

Paray-le-Monial, en la fête de saint Hugues, abbé de Cluny, 29 avril 1885.

F. CUCHERAT.

SOURCES HISTORIQUES

DE CE MÉMOIRE

1° Achery (dom Luc d'), *Spicilegium*. La première édition, commencée en 1659, avait treize volumes in-4°; la seconde [1723], trois volumes in-folio, est celle que nous citons.

2° Anselmi, *Cantuariensis Episcopi Opera*, édition du P. Raynaud, jésuite.

3° Baronii, *Annales Ecclesiastici*..... Venetiis, 1502; 12 vol. in-folio.

4° Benedicti (sancti), *Regula*... Parisiis, 1770; in-8°.

5° Benedicti Aniani (sancti), *Concordantiæ Regularum*, ab Hugone Menardo M. B. editæ; Parisiis, 1638; 1 vol. in-4°.

6° Bernardi (sancti) Clarævall... *Opera genuina*; Parisiis, Gauthier, 1836; 3 vol. in-8°.

7° Bernardi, monachi Cluniacensis, *Consuetudines Cœnobii Cluniacensis*. La préface seule se trouve imprimée dans le *Spicilegium*, tome I, p. 640, et dans les Notes de Duchesne, au *Bibliotheca Cluniacensis*, p. 23. Duchesne ajoute qu'il a vu tout l'ouvrage manuscrit à Saint-Martin des Champs et à Saint-Étienne de Nevers. L'auteur de ce mémoire en possède un exemplaire imprimé en 240 p. in-4°, très rare et n'ayant jamais porté la date ni le lieu de l'impression.

8° Bertholdus Constantiensis, le continuateur de la *Chronique* d'Hermannus Contractus.

9° Bollandistes, 29 aprilis (Aprilis, t. III), *Vies de saint Hugues :* 1° par Hildebert du Mans ; 2° par Raynaud de Semur, abbé de Vezelay ; 3° par Ezelon et Gilon ; 4° par le moine Hugues, disciple du saint ; 5° par un anonyme contemporain. Raynaud et Gilon manquent au *Bibliotheca Cluniacensis*.

10° Browerus (Christophorus), *Fuldensium Antiquitatum Libri IV*; Antwerpiæ, ex officina Plantiniana, 1612, in-4°.

11° Bucelinus : 1° *Annales Benedictini*, petit in-folio ; 2° *Menologium Benedictinum*, aussi in-folio.

12° Blanca (Hieronymus), *Aragonensium rerum Commentarii*, in-folio ; Cæsaraugustæ, 1588.

13° Chazot de Nantigny, *Tablettes historiques, généalogiques et chronologiques*, 8 vol. in-24 ; Paris, 1749 et suiv.

14° Cassiodori, *Institutio divinarum lectionum*, dans les œuvres de cet illustre sénateur, 1679 ; 2 vol. in-folio.

15° Dodsworth et Dugdale, *Monasticon Anglicanum*, 3 vol. in-folio ; Londini, 1655.

16° Duchesne (André) : 1° *Généalogies des maisons souveraines*, le tome VI°, in-4° ; 2° Quercitani, *Notæ ad Bibliothecam Cluniacensem*.

17° Dubouchet, *Histoire généalogique de la maison de Courtenay*, in-folio ; Paris, 1661.

18° Eadmer, *Vita B. Anselmi Cantuar. Episc.*, apud Bolland. Aprilis, tom. II, p. 867 et suiv.

19° Fulberti Carnotensis, *Opera varia*, per Carolum de Villers ; Parisiis, 1608, in-12.

20° Guichenon (Samuel) : 1° *Bibliotheca Sebusiana*, in-4°, 1660 ; 2° *Histoire de Bresse ;* Lyon, 1650, in-folio.

SOURCES HISTORIQUES. 5

21° Gregorii VII papæ, *Epistolæ*, dans les *Acta Conciliorum et Epistolæ decretales ac Constitutiones Summ. Pontif.* Edit. Regal., t. VI, in-folio.

22° Hugo (A.), *France historique et monumentale*, 5 vol. in-4°; Paris, 1841.

23° Hugo Flaviniacensis, *Chronicon*; — B. Lanfranci Cantuar. Episc. *Opera*; Paris, 1648, 1 vol. in-folio.

24° Labbei, *Omnium Conciliorum... Collectio.*

25° Léon de Marsi, *Chronica sacri Monasterii Cassinensis...*, quarta edit., per D. Angelum de Nuce; Lutetiæ Parisiorum, 1668, in-folio.

26° Mabilonii : 1° *Annales Ordinis sancti Benedicti*, 6 vol. in-folio; Lutetiæ Parisiorum. Le sixième volume, par D. Martenne, est rare. 2° *Acta Sanctorum Ordinis sancti Benedicti*, 9 vol. in-folio; Paris, de 1668 à 1702. Les préfaces savantes qui précèdent chaque siècle ont été imprimées à part, sous ce titre : 3° *R. P. D. Johan. Mabilonii Præfationes Actis SS. Ordinis sancti Benedicti;* Rothomagi, 1732, in-4°.

27° Marrier (dom), de Saint-Martin des Champs, *Bibliotheca Cluniacensis*, recueil de la vie et des écrits des abbés de Cluny, par ordre chronologique, de bulles, de chartes données sous leur gouvernement, etc.; 1 vol. in-f°, Lutetiæ Parisiorum, 1614. Cet intéressant recueil n'a eu qu'une édition, mais l'auteur y a introduit plusieurs cartons qui n'ont point été rapportés dans tous les exemplaires. A la colonne 314, il n'y a qu'une seule charte dans l'exemplaire de Paray que nous possédons : *Charta Lotharii Regis... de Sancto Amando*, etc. Dans l'exemplaire de Marcigny, que possède M. Mariller, curé de Saint-Christophe-en-Brionnais, cette charte se trouve suivie d'une autre qui est intitulée : *Charta Theobaldi Cabilonensis, qua donationem monasterii Sancti Marcelli Cabilon., Mayolo Cluniacensi abbati factam, confirmavit.* C'est une page de notre histoire locale qu'il est bon de recueillir.

28° Martenne (dom) : 1° *Thesaurus novorum anecdotorum*; Paris, 1716, 5 vol. in-folio ; 2° *Commentarius in Regulam sancti Benedicti*; Parisiis, 1690, in-4°; 3° le tome VI des *Annales Ord. S. Benedicti.*

29° Marthe (MM. de Sainte-), *Gallia christiana*, le tome IV.

30° Malmesburiensis (Willelmus), *de Regibus Anglorum, etc.*, in-folio.

31° Menennii (Francisci) Antwerpiensis, *Deliciæ equestrium sive militarium Ordinum...* Coloniæ Agrippinæ, 1613, in-12.

32° Otho, Frissengensis Episcopus, une *Chronique* depuis le commencement du monde.

33° Palliot, *la Vraie et parfaite Science des armoiries de Louvan Géliot*, éditée par Pierre Palliot, in-folio; Dijon, 1660.

34° Perez (D. Antoine), *Commentaria in Regulam sancti Bened.*; Lugduni, 1625, in-4°.

35° Platina (Bened.) Cremonensis opus, *de Vitis ac Gestis summorum Pontificum*, in-18 de 800 pages, 1645.

36° Symon (D. Pierre), *Bullarium sacri Ordinis Cluniacensis*, in-folio ; Lugduni, 1680.

37° Severtii, *Chronicon hierarchicon, etc.*

38° Udalric est l'abréviateur du moine Bernard dont nous avons parlé. Ses *Antiquiores Consuetudines Cluniacensis monasterii* se trouvent intégralement imprimées dans le *Spicilegium*, tom. I, in-folio, p. 641 et suiv. On les a réunies à l'*OEuvre du moine Bernard*, in-4° en 126 p.

39° Yépez (D. Antoine, abbé de Valladolid), *Chroniques générales de l'Ordre de Saint-Benoît*, traduites de l'espagnol par Martin Rhitelois, 7 vol. in-folio.

A ces noms viennent se joindre, dans l'occasion, ceux de MM. Dalgairns, de l'historien Daniel, de Fleury, de Longueval, de Lorain, D. Pitra, D. Plancher, D. Rivet, Woigt, etc., etc.

Quant aux manuscrits, nous indiquons sous le signe Mss. C. ceux de Cluny, savoir : 1° le grand *Cartulaire*, 2 vol. in-folio ; 2° le *Necrologium historicum Cluniacense*, de D. Georges Burin. Sous le signe Mss. M., nous indiquons les manuscrits provenant du prieuré de Marcigny. Nous voulons exprimer publiquement notre gratitude à M. Amédée de la Fayolle, petit-neveu par sa mère de dom Potignon, le dernier prieur de Marcigny, et à M. le docteur H. Fricaud, de Semur. Nous devons au premier une bonne partie de nos manuscrits, et au second plusieurs des ouvrages importants contenus dans ce catalogue.

Marcigny, le 16 mars 1851.

Fr. CUCHERAT.

CLUNY

AU ONZIÈME SIÈCLE

> *Cluniacensis congregatio, divino charismate cæteris imbuta plenius, ut alter sol enitet in terris, adeo ut his nunc temporibus ipsi potius conveniat quod a Domino dictum est : Vos estis lux mundi.*
>
> « La congrégation de Cluny, prévenue entre toutes
> » les autres des faveurs divines, brille sur la terre
> » comme un autre soleil ; en sorte que, en nos jours,
> » c'est bien à elle qu'on peut appliquer cette parole
> » du Seigneur : Vous êtes la lumière du monde. »
>
> (URBANUS PAPA II, *in diplomate ad Hugonem abbat. Clun.*, anno 1098. *Bibl. Clun.* col. 250 C. — *Bullar. Clun.*, p. 30.)

La régénération sociale due au génie de Charlemagne avait exercé une salutaire influence sur le neuvième siècle tout entier, malgré l'inintelligence, la faiblesse et les divisions de ses descendants. Mais la confusion des pouvoirs, le morcellement sans limites de l'autorité, l'ignorance et les vices, fruits d'un siècle d'anarchie et d'invasions, de ce dixième siècle que Baronius appelle *de fer, de plomb et d'obscurantisme* [1], l'avaient entièrement ruinée.

Les peuples gémissaient dans l'ignorance, la misère et l'oppression ; les seigneurs, dont les

---

[1]. *Ferreum, plumbeum, obscurum.* Cité par Mabillon, *Ann. Bened.*, t. III, préf.

noirs donjons couvraient le sol, se livraient, sans mesure et sans contrôle, à toute la fougue de leurs passions déchaînées ; le sel même de la terre s'était affadi. « On ne vit jamais une telle corruption, et l'Église, épouvantée de ces désordres, gémissait sur les maux de ses enfants ; mais ses efforts pour y porter remède se trouvaient paralysés par la résistance des rois et des grands. [1] »

Mais Dieu a fait les nations guérissables. La société a, comme l'âme humaine, ses angoisses et ses joies, ses grandeurs et ses défaillances. Quand elle succombe, Dieu se lève pour prendre en main le gouvernement des nations. Heureux le siècle qui reçoit cette manifestation de la Providence ! Ce bonheur fut celui du onzième siècle ; la gloire d'en être l'instrument était réservée à la congrégation de Cluny.

En demandant au concours « quelle fut, pendant » toute la durée du onzième siècle, l'influence de » l'Abbaye de Cluny sur le mouvement religieux, » intellectuel, politique, etc., de cette époque, » l'Académie de Mâcon fait un acte de patriotisme éclairé, dont la France et en particulier le département de Saône-et-Loire sauront lui garder le souvenir. Heureux nous-même, si nous pouvons, sans nous écarter des termes du programme, payer un juste tribut d'honneur et d'affection à la terre natale et à la foi de nos pères !

1. *Histoire de France* du P. Daniel.

PREMIÈRE PARTIE

INFLUENCE DE CLUNY SUR LE MOUVEMENT RELIGIEUX

CHAPITRE I

ORIGINE ET NATURE DE LA RÉFORME DE CLUNY

1

Le dixième siècle était clos; mais le monde demeurait plongé dans un chaos et une telle confusion de tous les droits et de tous les devoirs, qu'il n'est pas étonnant que les pieux fidèles aient cru un moment reconnaître les signes avant-coureurs de sa fin prochaine.

L'institut monastique, en particulier, était dans la plus déplorable situation ; et les lamentations du concile de Trosly, au commencement de ce siècle [1], ne pouvaient, à la fin, que se répéter sur un ton plus triste encore.

L'état régulier était presque partout anéanti, disaient les Pères. Entre les plus anciens monas-

---

[1]. Labb. *Concil.* ad annum 909. Trosly *(Trosleium)* est près de Soissons.

tères, les uns avaient été brûlés ou démolis par les bandes païennes des Sarrasins et des Normands; les autres, pillés et dévastés à tel point qu'ils n'offraient plus aucune trace de la vie régulière. Quand un petit nombre de moines parvenaient à se réunir après la tempête sur les ruines de leur monastère, les princes séculiers les donnaient avec leurs terres à des abbés laïques qui les laissaient tomber dans le relâchement, vivre dans le désordre, subsister et se vêtir comme ils l'entendaient. En sorte que ceux qui auraient dû s'appliquer à la sainteté et vaquer à la contemplation, oubliant leur vocation céleste, s'adonnaient aux choses de la terre ; ou même, poussés par le besoin, quittaient leurs cloîtres et menaient dans le monde une vie toute séculière. On voyait, dans les monastères voués à Dieu, au milieu des moines, des chanoines et des religieuses même, des abbés laïques qui vivaient installés là avec leurs femmes et leurs enfants, leurs hommes de guerre et leurs meutes. [1]

Cependant, les principes n'étaient pas totalement oubliés. Les Pères de Trosly fulminaient de sages décrets ; ils voulaient que *les abbés fussent des personnes religieuses et qui eussent l'intelligence de la discipline régulière.* Ils déclaraient que la

1. In monasteriis Deo dicatis monachorum, canonicorum, imo et sanctimonialium, abbates laïci cum suis uxoribus, filiis et filiabus, cum militibus et canibus morantur. (Mabil., *Ann. Ben.*, t. III, p. 330.)

vie monastique, *sans les soins d'un abbé régulier*, ne pourrait être ramenée à son ancien état, et ils terminaient par cette observation que l'expérience de tous les âges a constamment justifiée : « Tant » que les prérogatives de l'état ecclésiastique ont » été respectées, le gouvernement civil ne s'est pas » seulement maintenu, mais amélioré ; au con- » traire, depuis qu'on les a foulées aux pieds, » on a vu l'État chanceler d'abord, et puis s'abî- » mer entièrement, après avoir été si florissant » autrefois. [1] »

Mais que pouvaient les protestations de l'Église contre le droit du plus fort ? Toutefois, confiante dans la justice éternelle, elle ne cessa, durant toute la durée du onzième siècle, de renouveler ses plaintes dans tous les conciles, de condamner, comme à Reims [2], en 1049, la vente simoniaque des bénéfices ecclésiastiques par les princes du siècle, l'apostasie des moines, c'est-à-dire leur vie toute séculière, et l'usage déplorable de donner des bénéfices sacrés à des laïques, pour des services de courtisan ou d'homme de guerre ; jusqu'à ce qu'enfin elle vint à bout de gagner sa cause, qui était celle de Dieu et de la civilisation, et de rendre

---

1. Denique aiunt Patres, dum privilegia status ecclesiastici servata sunt, statum regni, non modo conservatum fuisse, sed in melius profecisse. At, postquam hæc parvipendi cœperunt, labefactatum in dies, et jam pene ad nihilum redactum esse qui olim florentissimus exstiterat.(Mabil., *Ann. Ben.*, t. III.)

2. *Act. Conc. Reg.*, t. VI, pars prima, p. 999.

à tout l'Ordre monastique une face nouvelle et digne de ses plus beaux jours. Dans cette œuvre de restauration, l'Église trouva son plus puissant appui dans l'ordre de Cluny.

II

Un an avant le concile de Trosly [908], Guillaume, duc d'Aquitaine, fondait Cluny. Ce prince vraiment pieux, comme il en eut le surnom, avait entendu et compris les cris de détresse de la religion monastique; et ce n'est pas une petite gloire pour lui d'en avoir préparé la restauration.

L'esprit de Cluny se dessine dès son berceau ; nous ne pouvions nous dispenser de le saluer, bien que notre tâche soit rigoureusement circonscrite dans les limites du onzième siècle. Mais en rappelant les principales données de l'acte de fondation, c'est la nature même de l'institut de Cluny, arrivé au onzième siècle à sa virilité, que nous faisons connaître. Car Cluny, jusque-là, ne s'est pas écarté un instant de son esprit primitif, de sa mission providentielle qui reposait tout entière sur la séparation des deux puissances garantie par sa dépendance immédiate de l'Église romaine, de laquelle il devait relever à jamais, et par la liberté d'élection dans le choix de ses abbés.

« C'est aux saints apôtres Pierre et Paul que

» Guillaume donne [1] tout ce qu'il possède à
» Cluny,... pour l'entretien et l'intégrité de la
» religion catholique,... pour tous les orthodoxes
» des temps passés, présents et à venir;... de
» telle sorte que cette maison devienne la véné-
» rable demeure de la prière. Il insiste encore à la
» fin pour que la Congrégation de Cluny, du jour

---

1. Après un touchant préambule où Guillaume reconnaît que Dieu ne lui a donné les richesses que pour se faire des amis dans les pauvres, ce prince continue : *Igitur omnibus in unitate fidei viventibus..., notum sit quod... res juris mei sanctis apostolis, Petro videlicet et Paulo, de propria trado dominatione Cluniacum... pro statu ac integritate catholicæ religionis..., pro cunctis præteritorum, præsentium, sive futurorum temporum orthodoxis. Eo siquidem dono tenore, ut in Cluniaco... venerabile orationis domicilium votis ac supplicationibus fideliter frequentetur... Sint ipsi monachi... sub potestate et dominatione Bernonis abbatis.. Post discessum vero ejus, habeant iidem monachi potestatem et licentiam quemcumque sui ordinis, secundum placitum Dei atque regulam sancti Benedicti promulgatam, eligere maluerint abbatem atque Rectorem, ita ut nec nostra, nec alicujus potestatis contradictione, contra religiosam dumtaxat electionem impediantur. Per quinquennium autem Romæ ad limina Apostolorum, ad luminaria ipsorum continuanda, decem solidos præfati monachi persolvant, habeantque tuitionem ipsorum apostolorum atque Romanum Pontificem defensorem... Placuit etiam huic testamento inseri ut ab hac die, nec nostro, nec parentum nostrorum, nec fascibus regiæ magnitudinis, nec cujuslibet terrenæ potestatis jugo subjiciantur iidem monachi ibidem congregati...* (Bibl. Clun., col. 1, 2, 3, 4.) Viennent ensuite de formidables imprécations contre ceux qui oseront toucher aux biens des moines de Cluny, ou plutôt des pauvres qu'avait surtout en vue le fondateur, comme il le dit lui-même : *Præcipimus... ut maxime illis sit hæc nostra donatio ad perpetuum refugium qui pauperes de seculo egressi, nihil secum præter bonam voluntatem attulerint, ut nostrum supplementum fiat abundantia illorum.* Donné à Bourges.

» même de sa fondation, soit pleinement affran-
» chie de sa puissance et de celle de ses parents...
» Il veut qu'après la mort de Bernon, les moines
» aient le droit et la faculté d'élire librement pour
» abbé et seigneur un homme de leur ordre, sui-
» vant le bon plaisir de Dieu et la règle de Saint-
» Benoît, sans que lui-même ou tout autre puisse
» contredire ou empêcher cette élection religieuse.
» Les moines paieront pendant cinq ans à Rome
» la redevance de dix sous d'or pour le luminaire
» de l'église des Apôtres ; et ils se mettront ainsi
» sous la protection du pontife romain qui sera
» leur unique défenseur. »

Mais le bras séculier ne pouvait seul exécuter un si haut dessein. En eût-il eu le pouvoir, il n'en avait pas le droit. Il lui fallait le concours de la papauté; la papauté ne fit jamais défaut aux grandes inspirations. Une bulle de Jean XI [mars 932], adressée à saint Odon, contient des paroles qui nous arrivent comme un écho fidèle de celles qu'on vient de lire [1]. « C'est le devoir de notre

---

[1]. *Bull. Clun.*, p. 1, 2, 3. Convenit apostolico moderamini benevola compassione pie poscentium votis succurrere... Igitur, quia petistis a nobis... Sit illud monasterium cum omnibus rebus liberum ab omni dominatu cujuscumque Regis, aut Episcopi, sive Comitis, aut cujuslibet ex propinquis ipsius Willelmi. Nullus ibidem contra voluntatem Monachorum Prelatum eis post tuum decessum ordinare præsumat : sed habeant liberam facultatem, sine cujuslibet Principis consultu, quemcumque secundum Regulam sancti Benedicti voluerint sibi ordinare. Si autem cœnobium aliquod ex voluntate illorum, ad quorum dispositionem pertinere vide-

» charge apostolique de nous rendre, avec une
» bienveillante compassion, aux vœux de ceux
» qui s'adressent à nous avec une filiale confiance,
» et de courir avec joie au-devant de leurs désirs…
» C'est pourquoi, puisque vous nous en faites la
» demande…, nous voulons que votre monastère,
» avec tout ce qui lui appartient…, soit affranchi
» de toute dépendance de quelque roi, évêque ou
» comte que ce soit, et des proches même de
» Guillaume. Que personne, après votre mort,
» n'ait la témérité d'imposer aux moines un supé-
» rieur contre leur gré. Qu'ils aient la libre fa-
» culté de se donner, sans consulter aucun prince,
» mais seulement suivant la règle de Saint-Benoît,
» tel chef qu'ils voudront. » Le Pontife autorise
ensuite Cluny à recevoir sous sa tutelle et à s'ad-
joindre tous les monastères qui viendraient lui
demander la réforme. Il permet aux moines
d'avoir, comme le roi des Francs Raoul [1] leur en
avait donné la permission, une monnaie particulière au couvent [2]. Pour reconnaître leur dépendance

tur, in sua ditione ad meliorandum suscipere consenseritis, nostram licentiam ex hoc habeatis… Monetam quoque propriam, sicut filius noster Rudolphus Rex Francorum concessit, ita habeatis… Sane ad recognoscendum quod prædictum Cœnobium sanctæ apostolicæ sedi ad tuendum atque fovendum pertineat, dentur per quinquennium decem solidi.

1. Raoul mourut le 15 janvier 936. Cluny avait donc déjà le droit de monnaie à cette époque. (*Tabl. hist.* II, p. 6.)

2. Le pape Jean XI, mort en 936, confirme au monastère de Cluny, en sa qualité de chef spirituel, le droit de monnaie qu'il devait à la libéralité du roi des Francs Rodolphe :

du Siége apostolique, qui accepte la charge de les protéger d'une manière spéciale et immédiate, ils paieront dix sous d'or pendant cinq ans. Tels sont les termes propres de la bulle de Jean XI.

La charte du duc d'Aquitaine respire un parfum de grandeur et de catholicité qui semble venir du ciel. Ce qui rend plus admirables les sentiments et les idées qu'elle exprime si noblement, c'est leur contraste avec les idées et le mouvement de l'époque. Car alors, dans le monde entier, selon

Monetam quoque propriam, sicut filius noster Rodulphus Rex Francorum concessit, ita habeatis. (Bull. Clun., p. 1.)
Il est encore parlé de la monnaie propre de Cluny, dans un diplôme du pape Eugène III, de l'an 1147. Ce Pontife, après avoir rappelé les bienfaits du comte Guillaume de Mâcon, ajoute : *Vos vero pro tanto beneficio sexdecim millia solidorum Cluniacensis monetæ, et quatuor mulas ei dedistis.* (Bull. Clun., p. 50. Le Bibl. Clun., col. 1410, B, reproduit cette bulle; mais le mot essentiel du fragment que nous citons, *mulas,* a été omis par l'imprimeur.)
« La monnaie de Cluny, dit M. Anatole de Barthélemy (dans
» un *Essai sur l'histoire monétaire de l'abbaye de Cluny,* 1842,
» p. 8, tiré à 25 exemplaires), la monnaie de Cluny était d'un
» meilleur aloi que celle fabriquée par le roi ; elle était taillée
» de telle sorte que les sous clunisois valaient cinq sous
» parisis. Il en résultait que la livre clunisoise avait 13 sous
» 4 deniers de valeur au-dessus de la livre parisis. Le type
» des monnaies de Cluny est uniforme. Les seules différences
» que l'on peut y remarquer ne sont que dans la fabrique...
» D'un côté on voit une croix à deux branches égales, avec
» la légende peu commune : CENOBIO CLVNIACO... Au revers,
» on voit une clef avec les mots : PETRVS ET PAVLVS. »
Ce n'est pas seulement dans la maison-mère que Cluny avait le droit de monnaie. Moitié de la monnaie de Souvigny lui appartenait, et André Duchesne, dans ses notes au *Bibl. Clun.,* p. 65, nous donne la gravure d'un denier de Souvigny offrant l'effigie de saint Mayeul.

le témoignage de Mabillon, les seuls monastères de Corbie et de Fleury conservaient encore quelque ombre de la vie bénédictine [1]. Guillaume s'élevait comme une âme inspirée et enchérissait sur la pensée de saint Benoît, en obtenant tout d'un coup pour Cluny l'affranchissement de l'ordinaire et sa dépendance immédiate du Pontife romain. Par là, il semblait préluder à l'idée si catholique et formellement exprimée par Jean XI d'une vaste

---

Le *Spicilegium* (2ᵉ édit., t. III, p. 413) contient une charte de Guillaume, duc d'Aquitaine, sans date et sans signe numérique attaché au nom de Guillaume. Ce prince donne aux Clunistes la monnaie de Niort. Après un préambule pieux et solennel, il continue ainsi : *Est autem moneta de Niort quam dono, et de mea potestate... in monachorum Cluniacensium transfundo, ea convenientia, ut memoria mei in memorato loco et in omnibus appenditiis ejus perpetualiter teneatur.* Cette charte est revêtue des signatures de *Guillaume*, d'*Agnès*, sa femme, et de leurs deux fils *Guillaume* et *Odon*. Donc elle est de Guillaume V, dit le Grand, qui fut en effet l'époux d'Agnès et le père de Guillaume et Odon qui régnèrent successivement après lui. (*Tabl. hist.*, t. II, p. 271.) Guillaume V, dit le Grand, duc en 993, se fit religieux à Maillezais, où il mourut le 31 janvier 1029, laissant, pendant la minorité de son fils aîné Guillaume, la régence du duché à sa femme Agnès.

Agnès, à son tour, dans une charte que Mabillon rapporte à l'année 1005 (*Ann. Ben.*, t. IV, p. 183), donne à Cluny la monnaie de Saint-Jean-d'Angély et celle de Mongon, au diocèse de Poitiers.

Enfin, Guillaume VI le Gros, devenu majeur et investi de son duché, confirme avec joie et empressement aux Clunistes ces donations faites par son père et sa mère : *Ego Willelmus... confirmo et stabilio monetam Engeriacensem et Niortensem ac perpetualiter Cluniacensi Ecclesiæ... stabiliendo contrado, etc...* (*Cartul.* de Cluny, Mss. C.)

1. *Ann. Ben.*, t. III, p. 330.

association religieuse, tandis que saint Benoît n'avait eu en vue que des monastères isolés et soumis à l'évêque diocésain.[1]

Le temps change les situations et les besoins des sociétés. Ce qui aujourd'hui ne serait ni opportun ni désirable, était alors d'une rigoureuse nécessité pour la réforme sérieuse de l'ordre monastique. Le clergé séculier, dans tous les rangs de la hiérarchie, était soumis à des influences locales, humilié trop souvent sous le joug des passions, jeté par position et par éducation dans le tourbillon des affaires du siècles. La réforme ne pouvait venir d'ailleurs que de la papauté. Rome pouvait seule la protéger efficacement et rendre à l'ordre religieux ce caractère de grandeur toute divine qu'il avait perdu.

Il faut remonter tout à la fois à cette charte souveraine et aux désordres signalés par les Pères du concile de Trosly, constatés, quelques années plus tard, dans la bulle que nous venons de citer, où il est dit expressément qu'*il n'est que trop constant que presque tous les monastères ont oublié les devoirs de leur institut*[2]. Alors on comprend que l'exemption de Cluny et les prétentions des Pontifes romains n'étaient pas une affaire d'amour-propre ou d'orgueil, pas même seulement un

---

1. *Regula S. Bened.*, c. LIV.
2. « Sicut nimis compertum est, jam pene cuncta monasteria a suo proposito prævaricantur. »

droit, mais un devoir, et un devoir de salut public pour l'Église et pour la société. Rome trouvait un point d'appui pour ramener l'ordre dans la société claustrale ; elle allait faire, dans le silence du cloître, l'essai de cette autorité qu'elle emploiera plus tard à rendre à la société chrétienne une face nouvelle. L'artiste qui veut élever un monument durable ébauche son sujet avec un peu d'argile ; puis, quand il l'a étudié, il le transporte sur l'or ou sur le bronze. Nous verrons, dans la troisième partie, comment la réforme de Cluny a été le principe et le modèle de la réforme sociale.

III

Aussi, voyez comme Rome affectionne Cluny ! Dès le commencement, elle a les yeux sur lui ; elle le protége, elle le cultive, elle l'excite à faire le bien, comme l'aigle excite son aiglon à prendre son vol. Ouvrez le *Bullarium sacri Ordinis Cluniacensis* [1], vous trouverez que, dans la durée des dixième et onzième siècles, la voix pontificale s'élève près de soixante fois en sa faveur. C'est presque toujours pour maintenir et défendre les glorieuses immunités qui l'affranchissent efficacement de la dépendance du siècle et de

1. De la page 1 à la page 41.

l'intervention des princes, aussi bien que pour féliciter et récompenser sa ferveur croissante par la confirmation et l'extension de ses priviléges.

De son côté, combien Cluny se montre reconnaissant, docile et fidèle! Quatre fois nous retrouvons saint Odon à Rome [1]; trois fois saint Mayeul [2]; trois fois, au moins, saint Odilon [3]. Yépez [4] signale la présence de saint Hugues à Rome, lors de l'élection de Léon IX. Une autre fois, Léon de Marsi nous le montre au Mont-Cassin [5], formant, avec l'abbé Didier, une communauté de prières et de bonnes œuvres. Il assiste au concile romain; et Platina [6] le fait apparaître à Canosse, à côté de Grégoire VII. Les uns après les autres, ils s'en allaient avec amour reconnaître leur chef suprême, le servir, le consulter, recevoir et rapporter aux frères ses avis et ses décisions souveraines.

Car ce n'est pas sans de grands efforts et des luttes continuelles que pourra se réaliser la pensée d'affranchissement qui a présidé à la naissance de la congrégation de Cluny. Ce n'est pas sans user de sages précautions et de pieuses industries que le monastère pourra se conserver dans la dépendance immédiate du souverain Pontife, et procéder

---

1. *Ann. Ben.*, t. III, p. 431, 444 et 459.
2. *Ann. Ben.*, t. III, p. 616, 626.
3. *Ann. Ben.*, t. IV, p. 238, 289 et 482.
4. *Chroniques générales...*, t. VI, p. 117.
5. *Chronica Cassinensis*, p. 395.
6. *Vitæ Pontif.*, p. 382.

librement à l'élection de son chef. Deux fois on verra ses abbés obligés, pour prévenir les troubles et les prétentions séculières, de se donner des coadjuteurs, des successeurs dès leur vivant, en les soumettant au choix de la communauté. Ainsi saint Mayeul [1] et saint Odilon [2] arriveront à la prélature abbatiale. C'était l'unique moyen de mettre en vigueur les droits du monastère contenus dans la charte de fondation, et d'empêcher les étrangers laïques ou ecclésiastiques de s'immiscer dans l'élection claustrale. On prenait les devants pour en faire une affaire de famille. Mais, dès le onzième siècle, c'est une question jugée, un grand procès gagné ; et saint Odilon mourant, assuré désormais de la liberté des suffrages, se refuse à désigner son successeur, malgré la demande que lui en font les frères [3]. Il ne faut pas en douter, c'est à cette parfaite liberté d'élection que Cluny est redevable des choix qui ont mis à sa tête des hommes comme ceux qui l'ont gouverné jusqu'au milieu du douzième siècle. La crainte de Dieu, l'humilité chrétienne, le seul désir du bien général, guidaient les suffrages des pauvres moines. Le produit de leur scrutin était toujours un élu de Dieu, un instrument d'honneur et de vertus.

1. *Bibl. Clun.*, col. 283, D, E.
2. *Bibl. Clun.*, col. 317, A, B.
3. « Beatus autem pater Odilo, rogatus in extremis suis » quid sibi de successore videretur, non acquievit ad hoc » quemquam nominare. »(*Antiq. Cons. Clun. mon.*, lib. III, c. 1.)

Udalric, au livre des *Anciennes Coutumes de Cluny,* nous a conservé les circonstances de l'élection de saint Hugues, en l'an 1049. Sur un point aussi fondamental de la réforme de Cluny, nous croyons devoir reproduire une partie de son récit.

IV

Le temps était venu de pourvoir au besoin du bercail désolé. Après s'être livrés au jeûne et à la prière, pour obtenir du prince des pasteurs un pasteur selon son cœur, les fils d'adoption se réunissent, uniquement préoccupés du salut des âmes. Le grand-prieur [1] se prosterne au milieu du chapitre général, et, après le chant des psaumes, il se lève et adresse à Dieu une longue et touchante prière, pour demander la pureté d'intention, la lumière et la force du Saint-Esprit..... « Soyez,
» dit-il en finissant, soyez notre salut, inspirez-
» nous, conduisez-nous, vous qui, seul avec le
» Père et le Fils, possédez un nom glorieux. Ne
» souffrez pas que nous troublions l'économie de
» votre justice, vous qui aimez la souveraine

---

1. Le grand-prieur *(Prior major),* dès l'instant de sa promotion, assiste l'abbé en toutes choses spirituelles et temporelles. Il en est le vicaire général, et tient sa place quand il meurt ou s'absente. Le prieur claustral *(Prior claustralis)* est le vicaire du grand-prieur. Les fonctions et les prérogatives de ces deux dignitaires, les premiers après l'abbé, sont longuement exposées dans *Udalric* (lib. III, cap. IV et VI) et dans *Bernard* (pars prima, cap. III et IV).

» équité. Ne permettez pas que l'ignorance nous
» égare,.que la faveur nous séduise, que la cupi-
» dité ou l'acception des personnes nous corrompent
» et nous fassent dévier du droit chemin. Mais
» unissez-nous à vous efficacement par le don de
» votre grâce, afin que nous soyons un en vous et
» que nous demeurions dans la vérité !...... »
Quand il eut fini sa prière, les religieux, toujours
prosternés, répondirent *amen*. Alors, le grand-
prieur les fit asseoir, et, s'adressant à eux, il leur
recommanda de ne point douter de l'assistance
d'en-haut. Il proteste, pour sa part, que, quel que
soit leur élu, fût-il le plus petit des enfants, de
toute son âme et sans le moindre orgueil il est
prêt à lui obéir. Le prieur claustral fut invité à
dire le premier qui il pensait qu'on dût élire. Après
quelques instants d'hésitation, cédant enfin à sa
conscience à laquelle il était incapable de mentir,
il nomme le grand-prieur et lui donne son suffrage.
Il n'y eut qu'une voix pour applaudir à ce choix,
et le grand-prieur fut nommé par acclamation [1].

1. L'élection par acclamation emporte l'unanimité des suffrages exprimés, sans discussion préalable, au milieu d'un saint et religieux enthousiasme. La règle de Saint-Benoît(c.LXIV) et les Coutumes de Cluny n'exigeaient pas un tel concours de circonstances. Le plus souvent, l'élection se faisait au scrutin et à la majorité absolue des voix ; quelquefois même, la simple majorité des suffrages exprimés pouvait suffire. Voir de longs et intéressants détails sur les élections bénédictines, dans Perez, *Comm. in Reg. S. Ben.*, p. 612, etc.; — D. Martenne, *Comment. in Reg.*, p. 834, — et saint Benoît d'Aniane, *Concord. Reg.*, p. 134, 140 et 142.

L'élu seul faisait entendre de sincères réclamations. On ne savait, disait-il, ce qu'on faisait ; on ne le connaissait point ; on trouverait en lui un homme sévère. N'étant encore qu'inférieur, il avait déjà laissé paraître plus de présomption que tous les autres prieurs ; que serait-ce donc si on l'élevait plus haut [1] ? Il mêlait aux paroles d'abondantes larmes qui faisaient bien voir qu'il n'avait pas un sentiment sur les lèvres et un sentiment contraire dans le cœur. Mais, quoi qu'il pût dire, il n'obtint rien. On donna l'antienne *Confirma hoc, Deus*, etc. On le conduisit sur le siége abbatial. Tous les frères, l'un après l'autre, vinrent s'incliner devant lui et l'embrassèrent... Ainsi savait-on entourer l'élu de la pieuse considération due aux prélats...[2] Plaise à Dieu, ajoute Udalric, que la postérité imite toujours ces nobles exemples que nous avons crus dignes de lui être transmis ! La bénédiction abbatiale fut faite ensuite par l'archevêque de Besançon, toujours en vertu des franchises de Cluny. »

1. Udalrici, *Antiq. Consuet. Clun. mon.*, l. III, c. VII.
2. Quod cum non sit indignum memoria posteritatis, ipsis quoque posteris utinam libeat imitari. *Antiq. Cons.*, l. III, c. I.

CHAPITRE II

ORGANISATION DE LA CONGRÉGATION DE CLUNY.

I

Cluny, apparaissant au monde avec ce double caractère d'indépendance absolue vis-à-vis du siècle et de dépendance immédiate du saint-siége, fixait sur lui les regards de la chrétienté. De toutes parts les monastères étaient soumis à sa réforme. Cette réforme puisait sa force dans l'esprit d'association.

L'idée d'une vaste association religieuse, qui pût mieux résister qu'une maison isolée et aux interventions laïques et au relâchement dans la discipline régulière, appartient d'abord à Cluny. « La pensée du grand patriarche des moines » d'Occident, dit M. Dalgairns, était que chaque » monastère formât une petite république, sous » la direction exclusive de son abbé. Les abbayes, » d'après sa règle, n'étaient point liées les unes » aux autres..... Chaque monastère formait une » communauté indépendante. Ce système grossier » et imparfait était la ruine des institutions mo- » nastiques. » [1]

---

1. *Vie de saint Étienne Harding,* p. 262.

Aussi, saint Benoît d'Aniane, au neuvième siècle, avait-il essayé de réunir toutes les abbayes de l'empire carlovingien en une seule congrégation [1]. Mais, sans autres liens que le génie du fondateur et la bonne volonté des membres associés, cet essai n'avait pas eu de suite : à la mort de Benoît d'Aniane, toutes choses étaient retombées dans le même état.

Au sein même de Cluny, si cet esprit d'agrégation se produisit de bonne heure [2], il fut néanmoins très lent à se réaliser d'une manière solide et durable. Sous saint Odon, au milieu du dixième siècle, la congrégation de Cluny apparut au monde vaste et belle comme les tentes d'Israël. Les nombreux monastères que le saint abbé avait été appelé à réformer, jusqu'au sein de Rome [3], avaient accepté les mêmes règles de conduite et de discipline. Mais ils n'étaient attachés entre eux par aucun lien commun ; ils ne tenaient qu'à la personne de l'abbé, dont la grande réputation de prudence et de sainteté avait attiré leur confiance. A la mort d'Odon, l'œuvre d'unité fut encore une fois ébranlée et dissoute. Car les idées les plus fécondes ont leurs années d'enfance, et n'arrivent

---

1. *Concord. Regul.*, p. 21, 22, 23.
2. La bulle déjà citée de Jean XI contient ces paroles expresses : « Si cœnobium aliquod... ad meliorandum suscipere consenseritis, nostram licentiam ex hoc habeatis. »
3. D. Plancher, *Hist. de Bourg.*, t. I, p. 151 ; Mabill. *Ann. Ben.*, t. III, p. 432.

à leur maturité qu'au jour marqué par la Providence. C'est saint Hugues qui est regardé comme le vrai fondateur de la congrégation de Cluny, et qui l'est en effet [1]. C'est lui qui sut faire accepter et aimer ces liens d'émulation, de vigilance, d'activité et d'humble subordination qui l'ont conservée jusqu'aux derniers temps grande et illustre. Aussi est-il appelé Hugues le Grand, dans les chroniques contemporaines. Sous son gouvernement, qui remplit plus de la seconde moitié du onzième siècle [1049-1109], Cluny prit à tous égards des développements qu'il n'avait point eus encore, et qu'il n'a plus surpassés depuis. Si le onzième siècle tout entier est le grand siècle de Cluny, on peut dire que sa première moitié est à la seconde, sous le rapport de l'éclat, de l'influence et des services, ce qu'était, dans la grande basilique de saint Hugues, la première église à la seconde. [2]

II.

Par quels moyens saint Hugues vint-il à bout d'assurer la solidité de son œuvre mieux que n'avaient su faire ses illustres prédécesseurs ; de la

1. Mabilonii Præfat. in tom. IV *Act. SS. Ord. S. Bened.* — D. Plancher, *Hist. de Bourg.*, t. I, p. 151.
2. *Hist. de Cluny*, 2ᵉ édit., p. 64.—Mabill., *Ann. Ben.*, t. V, p. 252. A cette page, le savant bénédictin donne la gravure du monument.

transmettre à ses successeurs, non-seulement dans toute sa force de cohésion, mais encore avec des éléments d'avenir et de prospérité indéfinis?

Le premier moyen fut un redoublement de vigilance. On multiplia les visites aux monastères agrégés, pour les conserver dans la ferveur, ou les ramener dans les sentiers de la paix et de la régularité, ou les réconcilier avec de redoutables voisins. Saint Mayeul [1] et saint Odilon [2] succomberont à la tâche et loin de Cluny, dans le cours de leurs visites abbatiales; mais peu importaient à ces hommes de Dieu les fatigues et les périls inséparables, à cette époque surtout, des longs voyages. — Que dirons-nous de saint Hugues? Comment expliquer sa prodigieuse activité? Tantôt, au moment où nous le croyons à Cluny, il arrive brusquement à la Charité-sur-Loire [3], et démasque, parmi les frères, un homme imbu des détestables doctrines du manichéisme; — tantôt nous sommes transportés avec lui au fond de l'Aquitaine [4], en Normandie [5] ou à St-Jean-d'Angély [6]. Là, une voix intérieure lui révèle des désordres à Cluny; il y accourt, corrige le coupable et le ramène dans les sentiers de la vertu. Ce n'est pas seulement la

---

1. *Ann. Ben.*, lib. I, cap. LXXXVIII.
2. *Bibl. Clun.*, col. 327 D.
3. *Bibl. Clun.*, col. 422, 440.
4. *Bibl. Clun.*, col. 444 B, C.
5. *Monast. Angl.*, t. II, p. 615.
6. *Bibl. Clun.*, col. 444 C.

France, mais l'Europe entière qui le verra souvent apparaître, comme le soleil qui éclaire et réchauffe. Les routes d'Angleterre, d'Espagne et de Portugal, d'Italie, d'Allemagne, de Hongrie, de Pologne lui sont familières. Ce n'est point la curiosité, le plaisir ou l'orgueil qui lui font entreprendre et exécuter ces nombreux et pénibles pèlerinages, mais le zèle du bien et l'intérêt de la réforme.

On conçoit donc que l'unité de sentiments et d'action devait se maintenir dans les rangs d'une armée dont le chef savait ainsi se multiplier et se trouver partout en personne ou par d'autres lui-même.

III

Le second moyen fut la rédaction des statuts et des coutumes de Cluny. Il n'y a rien d'absolu dans la discipline monastique. Elle peut, elle doit se modifier selon les époques, se régler sur les exigences des lieux et les besoins des sociétés. Saint Benoit [1] laisse au supérieur le soin d'adoucir ou de changer avec prudence sa règle dans quelques circonstances. Le bonheur de Cluny, c'est que ses saints et illustres chefs aient mieux compris que personne les aspirations de leur siècle, le milieu où la Providence les avait placés.

1. *Regula Sancti Bened.*, cap. XL, p. 61.

De là, des observances particulières à Cluny, et qui dérogeaient quelquefois ou suppléaient au texte de saint Benoît.

Pour obvier au disparate et aux divisions qui pourraient naitre plus tard, saint Hugues donna à ses religieux des statuts, et chargea, vers l'an 1060, l'un de ses plus pieux et plus savants disciples, nommé Bernard [1], de rédiger les coutumes de son monastère. Plus tard [1085], et sur les instances de Guillaume, abbé d'Hirschau, au diocèse de Spire, Ulric ou Udalric, autre disciple de saint Hugues, se livrait à un semblable travail, et laissait à ce célèbre monastère ses *Antiquiores Consuetudines Cluniacensis monasterii*, en échange de la touchante hospitalité qu'il y avait reçue [2]. Guillaume envoyait jusqu'à trois fois deux de ses religieux à Cluny observer, le livre d'Udalric à la main, les pratiques du grand monastère, et s'assurer qu'elles étaient fidèlement reproduites. Vivement sensible à cette filiale affection, l'abbé de Cluny les accueillait avec joie, les secondait dans leur œuvre d'exploration ; et, à leur départ définitif, il recommandait à l'abbé d'Hirschau de modifier ces coutumes, en les appliquant à son monastère, d'après l'avis des anciens, et d'avoir

---

1. *Bibl. Clun.* Dans les notes d'André Duchesne, col. 24.
2. *Antiq. Consuet.*, *in præmio* : « Panem vestrum sum co-
» messurus, dignum est etiam ut interim voluntati vestræ
» obedire non sim imparatus. »

égard aux usages des Allemands, à la position de lieu, au climat, etc. ; d'en retrancher ce qui lui paraîtrait inutile, d'y faire les changements et les additions qu'il jugerait convenables [1]. Nous dirons donc des *Coutumes de Cluny,* comme de la règle de Saint-Benoît, qu'elles n'avaient rien non plus d'absolu. Et, toutefois, elles devaient être un puissant lien de centralisation.

Il y a entre Bernard et Udalric une grande ressemblance, puisqu'ils traitent le même sujet. Le premier est plus détaillé, le second plus méthodique. Tous deux nous transportent successivement dans tous les lieux réguliers, devant tous les dignitaires de l'ordre monastique. Les lire, c'est assister, non pas un jour, mais l'année entière, à tous les exercices, à toutes les solennités du cloître. On conçoit qu'il ne nous est pas possible de les suivre. Qu'il nous suffise de citer leurs ouvrages comme le second moyen de conserver dans son unité la congrégration de Cluny. Du reste, nous aurons souvent occasion, dans la suite, de puiser à ces deux sources intéressantes.

---

[1]. *Ann. Ben.*, t. V, p. 222 : « Quibus novissime reverten-
» tibus Hugo... injunxit suo nomine Willelmum monere ut
» ex his Consuetudinibus, seniorum suorum consilio seligeret
» quæ secundum morem patriæ, situm loci, aerisque tempe-
» riem monasterio suo convenire judicaret, et ex eis, si quid
» esset superfluum, demeret; si quid mutandum, mutaret; si
» quid addendum, adderet. » Mabilonii, *Vetera Analecta,*
p. 155.

IV

Ce n'est pas assez : la grande institution des chapitres généraux surgira, en ce siècle, au sein de la congrégation de Cluny ; et, à des époques rapprochées et périodiques, on verra de l'Europe entière accourir, à la voix de l'abbé, les supérieurs ou les délégués des monastères. Saint Benoît voulait que, dans les affaires importantes, l'abbé consultât toute la communauté [1]. Cette sage précaution, cette espèce de liberté religieuse sera transportée en grand dans l'immense congrégation de Cluny. Au chapitre général, on discutera les intérêts et les besoins spirituels du cloitre, comme les conciles font les intérêts et les besoins de l'Église. On rendra compte de l'état de chaque communauté ; toutes seront groupées par provinces monastiques, et le chapitre général, avant de se séparer, nommera deux visiteurs pour chacune de ces provinces. Leur devoir sera d'y aller assurer l'exécution des mesures décrétées dans le chapitre général, de voir de près l'état des choses, d'entendre et d'accueillir au besoin les plaintes des faibles, et d'y régler toutes choses pour le bien de la paix.

Dès le temps de saint Odilon, on préludait à

---

1. *Reg. S. Ben.*, cap. III, p. 13.

l'établissement des chapitres généraux. Mais ils n'avaient point encore la forme parfaite que le temps et l'expérience leur donneront plus tard. Dans un acte public de Gervais, évêque du Mans, nous lisons ces paroles : « Cette excommunication » a été prononcée par les évêques et prêtres sous-» signés, *et par plus de cinq cents prêtres dans le* » *saint synode du très saint abbé de Cluny, Odilon,* » sous l'inspiration duquel nous avons agi [1]. » Cet acte nous a été conservé par Mabillon.

V

Pour mettre le sceau à toutes ces sages précautions, saint Hugues, dans une de ces assemblées générales, sans doute, et avec ce don de persuasion que Dieu lui avait donné, fera agréer partout l'abolition du titre abbatial, conservé jusqu'à lui aux monastères soumis à la discipline de Cluny. Ils seront réduits en simples prieurés, et leurs chefs, par une modestie que la foi seule peut

---

1. « Hæc excommunicatio facta est ab episcopis et sacer-» dotibus subscriptis, et a plusquam quingentis sacerdotibus » in sancta synodo sanctissimi abbatis Cluniacensis monas-» terii Odilonis, cujus admonitione hæc egimus. » (Mabill. *Ann. Ben.*, anno 1047, liv. LIX, n. 3.) — Un peu plus tard, dans le *Bull. Clun.*, p. 39, nous retrouvons le chapitre général de Cluny : « Neque ipsi Cluniacensis loci Presbyteri, aut » etiam Parrochiani, ad cujuslibet, nisi Romani Pontificis, et » Cluniacensis abbatis cogantur ire Synodum vel Conventum. »

inspirer, s'empresseront de substituer le titre subalterne de prieur à celui d'abbé ou de pro-abbé.

Dans le catalogue des abbés de Sauxillanges (Celsiniæ) en Auvergne, conservé manuscrit à Cluny, on trouve d'abord neuf abbés jusqu'à Étienne de Mercœur, en 1034 : « *IXus Stephanus de Mercorio, abbas Celsiniarum.* » Puis, immédiatement après : « *Xus Hugo de Mercorio, abbas et* » *prior,* 1060, *quia tunc reducta est abbatia in* » *prioratum, per S. Hugonem Magnum.* » Tous les supérieurs qui suivent ne sont plus qualifiés que du seul titre de prieur [1]. Dès l'an 1060, cette grande mesure est donc en vigueur. Elle fut solennellement sanctionnée dans une bulle de Paschal II, de l'an 1100 [2]. Le pontife y énumère, entre autres, trente-six monastères ainsi transformés en prieurés. Il y ajoute le nombre de onze abbayes, qui devaient, à cause de leur gloire antique ou de leur éclatante fondation, conserver le titre abbatial, même sous la dépendance de Cluny. Ce sont celles de Vezelay, Saint-Gilles, Saint-Jean d'Angély, Saint-Pierre de Moissac, Maillezais, Saint-Martial de Limoges, Saint-Cyprien de Poitiers [3], Figeac, Saint-Germain

---

1. Ce catalogue se trouve dans le manuscrit in-folio, intitulé : *Necrologium historicum Cluniacense,* etc., etc., etc., page 119. Georges Burin.

2. Voir cette bulle dans le *Bull. sacr. Ord. Clun.*, p. 32; — et dans Guichenon, *Hist. de Bresse,* aux preuves, p. 216 et 217.

3. Saint-Cyprien de Poitiers est le même que Moustierneuf *(Novum Monasterium).* Ses abbés se trouvent, comme les

d'Auxerre, Saint-Austremoine de Mauzac et Saint-Bertin de Lille.

Dans ces abbayes toutefois, comme dans les simples prieurés, la nomination du supérieur était expressément réservée à l'abbé général. L'application de ce droit est constatée dans la lettre de saint Hugues aux religieux de Moissac, où il leur recommande la soumission à l'abbé *qu'il leur a donné* : « *Domnus abbas quem vobis præfecimus, etc.* » [1078.] [1]

Déjà, cinq ans auparavant, saint Hugues ne consentait à se charger du monastère de Lézat qu'à la condition que l'élection de l'abbé lui serait abandonnée et à ses successeurs après lui. En pareille circonstance, dit Mabillon [2], il mettait toujours cette condition, *afin*, comme l'exprime la charte, *de ne point travailler en vain, et dans la crainte que le monastère réformé ne vînt bientôt à retomber dans un état pire que le premier.* Les moines de Lézat consentirent à tout, et on obtint du saint-siége la confirmation de cette *charte faite le quatrième jour après la Toussaint, l'an de l'Incarnation* 1073, *en présence de D. Hugues, abbé de Cluny; D. Hunald, abbé de Moissac, et de Guillaume, évêque d'Auch,* sous le pontificat de

---

abbés et prieurs de Sauxillanges, dans le *Necrologium historicum Cluniacense,* manuscrit, p. 135.

1. *Ann. Ben.*, t. V, p. 130.
2. *Ann. Ben.*, t. V, p. 70.

Grégoire VII et sous le règne de Philippe, roi des Francs.[1]

Urbain II, à son tour, *priait* saint Hugues et lui *enjoignait*, au besoin, *de regarder le monastère de Beaulieu comme un membre de son ordre, de le gouverner avec sollicitude et de lui donner toujours pour abbés des religieux de sa congrégation.*[2]

Paschal II va plus loin. Ce Pontife blâme hautement un pieux solitaire, nommé Bernard, de s'être laissé élire et bénir abbé de Saint-Cyprien de Poitiers, sans avoir eu recours à Cluny, *inconsultis Cluniacensibus*. Il reprend sévèrement l'évêque de Poitiers d'avoir procédé à cette bénédiction abbatiale : « Comme vous êtes membres de l'Église
» romaine, nous nous étonnons que vous osiez
» vous insurger contre votre chef ; car vous
» n'ignorez pas que le monastère de Saint-
» Cyprien, par une disposition du siége aposto-
» lique a été confié au monastère de Cluny. Et
» vous, nous a-t-on dit, vous avez donné la consé-
» cration à un abbé élu clandestinement, sans
» tenir compte des priviléges concédés par l'Église
» romaine. Nous ordonnons donc que cet abbé
» soit privé de son office, jusqu'à ce qu'il ait donné
» satisfaction à l'abbé de Cluny, et que l'église de

---

1. *Ann. Ben.*, t. V, p. 70.
2. *Bibl. Clun.*, col. 525, E : « ..... rogantes atque præci-
» pientes ut Belli-Loci monasterium omnino deinceps...regas;
» et abbatem illic de Cluniacensi semper congregatione con-
» stituas... »

» Saint-Cyprien, en exécution des constitutions
» émanées de Rome, soit maintenue sous l'autorité
» de l'abbé de Cluny. » [1]

Dès lors, le glorieux travail de l'unité est consommé, et nous pouvons emprunter les expressions suivantes de l'écrivain anglais que nous avons déjà cité : « Au temps de saint Hugues, Cluny était un
» grand et magnifique royaume. Sa domination
» s'étendait sur trois cent quatorze monastères et
» églises. Son abbé était un prince temporel qui,
» pour le spirituel, ne dépendait que du saint-siège.
» Il battait monnaie sur le territoire même de
» Cluny, aussi bien que le roi de France dans sa
» royale cité de Paris... [2] » Ajoutons que cette monarchie spirituelle était tempérée par des institutions qui ont précédé de six cents ans ces institutions constitutionnelles, regardées généralement comme une des plus belles conception de l'esprit humain et comme une création des temps modernes. Les conseils des anciens, des grands dignitaires de l'ordre et les chapitres généraux préludaient à nos conseils des ministres, à nos assemblées délibérantes.

1. *Ann. Ben.*, t. V, p. 460. « Cum Romanæ Ecclesiæ mem-
» bra sitis, miramur quod vestro capiti scienter contra itis.
» Neque enim ignoratis Sancti Cypriani monasterium per
» Sedis apostolicæ dispositionem Cluniacensi monasterio esse
» commissum. Tu vero, ut audivimus, abbatem illic repente
» electum adversus Romanæ Ecclesiæ privilegia consecrasti.
» Unde præcipimus, ut idem frater abbas officio careat, donec
» Cluniacensi abbati satisfiat, et Ecclesia ipsa juxta Romanas
» constitutiones in abbatis Clun. ordinatione persistat. »
2. *Hist. de saint Étienne Harding*, p. 264.

CHAPITRE III

CARACTÈRE PARTICULIER DE CLUNY

I

Il n'y avait rien que de magnifique dans cette vaste unité, rien que d'aimable et de sagement tempéré dans cette suprême autorité de l'abbé. Et nous aimerions à nous étendre sur les *Caractères généraux* qui attiraient tous les cœurs vers Cluny et rendaient sa discipline si délectable. Le relâchement et la tiédeur en étaient impitoyablement bannis. Mais aussi, rien qui ressemblât à cette sévérité brutale qui marquait souvent les vertus mêmes de ce siècle. Douceur et modération, telle semblait être la devise de Cluny, et saint Odilon l'avait admirablement formulée, en disant *qu'il aimait mieux pécher par excès de douceur que par excès de sévérité*. [1]

On vit bien cet esprit se manifester solennellement dans le temps où saint Hugues reçut [vers l'an 1602] une première visite de l'illustre et saint cardinal Pierre Damien. Un jour, dans un élan

---

1. « Etiamsi damnandus sim, malo tamen de misericordia » quam ex duritia vel crudelitate damnari. » (*Bibl. Clun.*, col. 318, B.)

de ferveur, Pierre ouvre naïvement son âme à saint Hugues. Il voudrait qu'on soumît les frères à une observance plus rigoureuse de l'abstinence, à des jeûnes plus austères et plus multipliés. Saint Hugues, avec la même simplicité, lui demande de se soumettre huit jours seulement à la discipline régulière de Cluny, de se livrer, pendant ce temps, aux exercices et aux travaux habituels de ses frères, et d'ordonner ensuite tout ce qu'il voudrait [1]. Admirable esprit de fraternité et de vraie tolérance qu'on vit souvent paraître dans la vie de notre saint, toujours également en garde contre l'exagération et le relâchement [2]. L'ardent promoteur de l'usage des cilices et des disciplines de fer [3] en fut touché, et s'avoua

---

1. *Hist. de l'Église gallicane,* t. VII, p. 377, in-8º.—*Damiani Epist.,* lib. VI, epist. II.
Bibl. Clun., col. 461 et 462. Voici les paroles de saint Hugues : « Si, inquit, Pater charissime, vultis augere nobis
» coronam mercedis, per additamentum jejunii, tentate prius
» nobiscum pondus laboris vel per octo dierum spatium, et
» deinceps æstimabilis quid adjiciendum censere debeatis.
» Nam quamdiu non gustaveritis pulmentum, nescire pote-
» ritis quid exigat condimentum salis, et si non adhibueritis
» saltem minimum digitum vestrum, nequaquam judicare de
» onere fraterno discrete ac digne valebitis. »
2. *Bibl. Clun.,* col. 416, E.
3. *Ann. Ben.,* t. IV, p. 559. « Per id tempus maxime inva-
» luit spontanearum flagellationum usus quas Petrus Damiani
» *virgarum scopas,* vulgus *disciplinas* vocat. Earum auctores
» habiti sunt idem Petrus Damiani et Dominicus cognomento
» *Loricatus* (Dominique le Cuirassé), quo nullus umquam in
» se flagellando durior et severior fuit. Rectius ambos ejus-
» modi flagellationum propagatores dixeris quam auctores. »
Suit une intéressante dissertation de deux pages in-folio.

vaincu. Et personne, peut-être, n'a prodigué plus de louanges à la sagesse et à la ferveur de Cluny que saint Pierre Damien, dans les lettres qu'il écrivit depuis à saint Hugues. [1]

Le grand abbé de Cluny savait aussi condescendre avec discrétion aux infirmités de ceux qui étaient novices dans la voie de Dieu ou le désir de la perfection. Depuis longtemps, le comte Guy d'Albon lui exprimait l'attrait intérieur qui l'appelait vers son institut. Mais une répugnance invincible et naturelle chez un grand seigneur accoutumé aux molles pelleteries, aux vêtements de soie, le retenait toujours. Il aurait embrassé volontiers des pratiques plus rigoureuses que celles de Cluny; il ne pouvait se résoudre à porter sur sa chair la bure grossière du moine bénédictin. Saint Hugues, *ne calamum quassatum contereret*, dit la chronique, l'autorise à porter sous la bure des étoffes de soie; et voilà notre comte d'Albon, dans le noviciat, le plus fervent et le plus humble des frères, parce qu'il sentait qu'il avait à racheter par les sentiments du cœur ce qu'il se reprochait lui-même comme une mollesse des sens. Bientôt il a honte de sa faiblesse, et se demande comment il peut se résigner à être le dernier dans les saintes pratiques du cloître, lui qui était toujours le premier dans les choses du siècle!... Il quitte, il

---

[1]. *Bibl. Clun.*, col. 477 jusqu'à la col. 490 inclusivement.

repousse avec une sainte horreur l'usage de la soie, pour se soumettre pleinement aux observances communes. C'est ainsi qu'une concession faite à propos peut devenir quelquefois le principe des plus héroïques vertus. [1]

Qu'on ne se figure pas que cette aimable et prudente tolérance tînt seulement au caractère particulier de saint Hugues. C'est vraiment là l'esprit de la congrégation tout entière, et il nous serait aisé de multiplier les faits, en prenant au hasard quelques-uns des grands personnages sortis en ce siècle de l'ordre de Cluny. Saint Odilon, par exemple, dont nous avons déjà cité la touchante maxime, et le bienheureux Guillaume de Saint-Bénigne [2] ne sont-ils pas admirables de prudence et de condescendance dans leur conduite vis-à-vis de l'abbé Hugues de Farfa *(États de l'Église)?* Ils arrivent en ce lieu au moment où Hugues, qui en était devenu abbé, comme il n'était alors que trop commun, par simonie, reconnaissant et déplorant son crime, songeait à donner sa démission et à s'en aller ailleurs vouer le reste de ses jours à la vie pénitente. Nos deux Clunistes, touchés de ses saintes dispositions, le dissuadent de sa pensée, l'engagent, au contraire, à conserver son abbaye, mais pour la réformer. C'était, lui disaient-ils, la manière la plus parfaite d'expier et de réparer sa

1. *Bibl. Clun.*, col. 459.
2. *Ann. Ben.*, t. IV, p. 206, 207, 208—238.

faute, que de s'employer à ramener la vertu et la perfection dans cet asile désolé [1]. Hugues de Farfa ne se résigna qu'à la condition que son monastère serait soumis immédiatement à la discipline de Cluny. Plus tard, il réussit à faire agréer sa démission, pour aller, dans un autre monastère, se livrer à cette pénitence dont il avait une soif si ardente. Mais, après cinq ans de retraite, cédant aux instances du pieux empereur Henri, de saint Odilon surtout, et aux conseils du concile romain, Hugues consentit à remonter sur le siége abbatial de Farfa [1014].

II

Laissons les faits particuliers. Une des pensées fondamentales de Cluny était de diriger les passions des hommes au lieu de les heurter, et de faire servir les sens aux progrès de la vertu. Pour mieux saisir l'imagination de ces hommes qui venaient du milieu des agitations et de l'ignorance du siècle chercher un refuge à Cluny, on multipliait les cérémonies, le chant et la lecture des psaumes. Et nous pensons que Fleury a tort d'en faire un reproche à notre institut bourguignon. Il oublie que ces esprits simples et grossiers

---

[1]. « Ut dignam pœnitudinem perficerem, me admonuerunt, » et ne abbatiam dimitterem omnimodis interdixerunt. » *Ann. Ben.*, t. IV.

n'étaient ni aussi cultivés que le sien, ni aussi capables de se soutenir dans les hauteurs de la contemplation sans le secours extérieur de la prière vocale.

Cluny, au onzième siècle, est la transition entre l'époque séculière qui l'a vu naître et l'institut plus austère, plus abstrait de Cîteaux, qui naîtra au siècle suivant. Cîteaux consacrera la pauvreté jusque dans le culte de Dieu; Cluny sanctifie le luxe et la richesse. Aussi, quoi de plus magnifique que les offices de Cluny aux grandes solennités, dans cette basilique incomparable!..... Quoi de plus riche que ces ornements chargés de l'or et des pierreries de l'Orient! Depuis les fêtes de Sion, aux jours du premier temple, rien d'aussi grandiose n'avait peut-être frappé les regards des hommes; rien de plus digne du Dieu de l'univers n'avait captivé les anges du ciel. Que de grandeur aussi et quelle majesté entoure l'abbé de Cluny, quelque part qu'il nous apparaisse! Sa maison ressemble à celle d'un roi. Le but était d'honorer, dans la personne de l'abbé, l'autorité de Dieu même. Toute cette magnificence était cependant une extension à la règle de Saint-Benoît, une sorte de transaction avec les sens que la féodalité avait rendue nécessaire et qui forme un des traits spéciaux et caractéristiques de la réforme de Cluny.

Nous aimerions à contempler dans le silence

ces nobles enfants du désert qui ont étonné le monde et dont la vie était celle des anges plutôt que celle des hommes. Nous aurions des pages bien touchantes à écrire sur l'unanimité de sentiments et d'action, sur la sainte rivalité de perfection et de pénitence de ces quatre cents religieux [1] qui animaient alors et parfumaient de leurs vertus l'humble vallée de la Grosne, aujourd'hui muette et désolée. A côté de Geoffroy de Semur, frère de saint Hugues [2], du comte d'Albon, du comte Guy de Mâcon [3], du duc de Bourgogne [4], nous admirerions, dans la pratique de l'humilité, des noms étrangers dignes de ceux-là : un Sigefroid de la maison de Saxe, devenu moine d'archevêque de Mayence [5]; un comte Hermann de Zeringhen [6], grand autrefois par sa puissance terrestre, plus grand aujourd'hui par sa vertu, qui lui faisait

---

1. 400 *Religieux*... *Bibl. Clun.*, col. 1651. « Pavit per annum » (Henricus Wintoniensis) 460 monachos tunc existentes in » dicto monasterio Cluniacensi, ut habetis in libro capituli » dicti Cœnobii. »

2. *Bibl. Clun.*, col. 599, 742, 1289, etc.

3. Guy de Mâcon. Voir Guichenon, *Bibl. Sebus.*, p. 412. — *Spicilegium*, in-folio, t. III, ad annum, 1078.

4. Gregorii VII Epist., lib. *in Actis conciliorum*, t. VII, p. 1409, anno 1079. — *Bibl. Clun.*, col. 459 D, 1646 B.

5. Sigefroid fut rendu plus tard aux vœux de son peuple, et dut, sur un ordre formel de saint Hugues, retourner à Mayence pour préserver cette illustre Église des malheurs du schisme. (Bucelin, *Ann. Ben.*, an. 1077, — et Fuldens, *Antiq.*, lib. I, p. 73 et 74.)

6. Bertholdus Constantiensis. — Yépez, *Chroniques générales de l'Ordre de Saint-Benoît.*

trouver son bonheur et sa gloire à garder un ignoble troupeau après avoir été, selon l'expression homérique, pasteur des peuples. Mais nous dépasserions les limites d'un mémoire académique. Et puis, aujourd'hui, on ne goûte plus guère généralement, on ne comprend plus les vertus purement intérieures, les mérites silencieux!

Nous ne pouvons pas davantage nous mettre à contempler dans le ravissement le rayon lumineux des prophètes et la vertu toute-puissante des thaumaturges que l'esprit de Dieu se plaisait à faire briller, comme une double auréole, dans saint Odilon et dans saint Hugues. Et cependant il est certain que, en ces siècles de foi, sur une société inculte et impressionnable, ce double attrait des vertus intérieures et surnaturelles avait dû contribuer beaucoup à la renommée incomparable de Cluny. Les biographies contemporaines de nos saints abbés sont toutes remplies de faits de cette nature. Nous y renvoyons le lecteur, et nous passons aux services extérieurs et éclatants rendus à l'humanité.

CHAPITRE IV

EXPANSION DE CLUNY DANS LES CHOSES DU DEHORS.

I

Les services rendus à l'agriculture, et par là même aux peuples de la campagne, par les moines de la congrégation de Cluny, sont incontestables.

Le docte Mabillon, dans la sixième préface de ses *Acta Sanctorum* [1], parlant du défrichement des contrées germaniques, ne tarde pas à prononcer le nom de Cluny, et arrive bientôt aux efforts laborieux de ses enfants, surtout dans les premiers temps, pour rendre partout la terre féconde et lui restituer son nom de nourricière du genre humain. Pour nous, obligés de nous restreindre, nous ne toucherons qu'aux souvenirs locaux.

Ce sont les moines de Cluny qui ont rendu à l'action bienfaisante du soleil la riche et belle vallée de la Grosne, qu'ils trouvèrent en grande partie couverte de forêts. La charte de fondation fait remarquer que Cluny n'était en lui-même qu'une *villa* composée d'une toute petite ferme *(cum cortile)* et d'une maison qui n'avait pas le

---

[1]. *Act. SS. Ord. S. Bened.*, t. V, nos 48 et 49.

titre de seigneurie, qui n'était qu'un pied-à-terre, un rendez-vous de chasse *(et manso indominicato)* : expressions importantes que M. Lorain oublie dans sa traduction [1]. Quand le prince y appela les moines, il ne s'y trouva point d'habitation convenable pour les recevoir : *Perparva conciola... quia princeps dominium in promptu non habebat* [2]. Cluny fut choisi par Bernon, précisément parce qu'il se présentait à lui dans l'état où les moines aimaient à trouver les lieux où ils devaient se fixer, c'est-à-dire retirés, sauvages, incultes et incapables d'exciter la convoitise des séculiers [3]. « Ils arrivèrent, dit la chronique citée » par Lorain [4], dans un lieu écarté de toute société » humaine, si plein de solitude, de repos et de » paix, qu'il semblait, en quelque sorte, l'image » de la solitude céleste. » Quoi qu'en dise Raoul Glaber [5], c'eût été déjà bien quelque chose que ces quinze métairies qui furent données à Cluny dès le principe, si elles eussent été en état de culture passable : *quindecim terræ colonias* [6]. Et cependant, selon cet historien, il n'y avait là que pour nourrir douze frères à peine. La charte du fondateur donne expressément *cultum et*

---

1. *Bibl. Clun.*, col. 2, linea secunda.
2. Radulphus Glaber, apud *Bibl. Clun.*, col. 6, B.
3. *Bibl. Clun.*, col. 5, C.
4. *Hist. de l'Abb. de Cluny*, 3ᵉ édit., p. 16.
5. *Historia Francor.*, lib. III, cap. 5.
6. *Bibl. Clun.*, col. 7, E.

incultum. Il fallait que ces terres incultes fussent considérables pour qu'il valût la peine d'en faire mention dans un acte public et solennel. Puis ces vignes, prés, moulins, maisons, chapelle, etc., ne sont pas à Cluny même, mais disséminés dans le comté de Mâcon et ailleurs : *Quæ res sunt sitæ in comitatu Matisconensi vel circa* [1]. Enfin, ce qui, dans le principe, suffisait à peine pour douze moines, en nourrissait, à la fin du onzième siècle, plus de quatre cents, sans compter les aumônes aux pauvres et aux voyageurs [2]. Sans doute, de nouvelles donations étaient venues agrandir les propriétés du monastère, mais pas dans cette immense proportion. La culture, mise en honneur et bien dirigée, fut pour beaucoup dans cet accroissement de bien-être et de prospérité.

Cluny est bien l'ouvrage des moines ; les beaux sites, les riches campagnes qui l'avoisinent sont bien le fruit de leur intelligence et de leurs persévérants efforts. Nous devions tenir à rétablir ce point d'histoire locale trop légèrement contesté de nos jours.

Ce sont les Clunistes qui ont commencé, au onzième siècle, à défricher les montagnes du Beaujolais, à orner de vignes ces coteaux, et à rassembler autour de leur monastère de Salles

---

1. *Bibl. Clun.*, col. 2, A.
2. *Bibl. Clun.*, col. 1651, C.

quelques habitants, qui trouvèrent à l'ombre du cloître aide, secours et protection.

Quand saint Hugues fonda le royal asile de Marcigny [1], les belles plaines de la Loire, comme les fraîches collines du Brionnais, n'étaient guère fréquentées que par les loups et les sangliers.

Ce sont deux moines du diocèse de Mâcon, Etienne, abbé de Saint-Rigaud, et son prieur Erménalde [2], qui s'en allèrent avec Guillaume, moine de Cluny, munis de la seule bénédiction de saint Hugues, s'établir d'abord sur le rocher de Cordouan. Ils y vécurent quelque temps du produit des pêches de frère Guillaume, et revinrent ensuite, selon le vœu des populations voisines, se fixer sur le continent, bâtir des cellules, et remuer le sol de Grave ignoré alors, et aujourd'hui même connu seulement par les vins fins et recherchés que produisent ses coteaux défrichés jadis et plantés par nos utiles et intelligents solitaires.

Il faudrait parcourir ainsi toute l'Europe. Partout où paraissait dans le monde une petite colonie de Clunistes, on voyait le sol remué se couvrir bientôt de vignobles, ou de riches moissons, ou de fraîches et verdoyantes prairies. L'église, le monastère s'élevaient laborieusement. Tout près se dressaient, timides d'abord, les humbles cases du

---

1. *Bibl. Clun.*, col. 491, D.—*Grand Cartul. de Cluny*, fol. 138.
2. *Acta SS. Ord. S. Bened.*, t. V, nos 48 et 49 de la préface. — *Ann. Ben.*, t. V, p. 647 et 648, in appendice.

pauvre ; puis, à force de travail, d'ordre et d'économie, l'aisance se faisait autour du monastère, au sein de cette petite et bien-aimée *plèbe*, qui était venue chercher un abri contre la misère, un asile contre la tyrannie, à l'ombre protectrice du cloître. Ainsi sont nées un grand nombre de bourgades et de cités trop oublieuses du sein qui les a conçues, des entrailles qui les ont portées. Cluny, Paray-le-Monial, Marcigny-les-Nonnains, Charlieu, etc., n'ont pas une autre origine.

II

Si la terre était cultivée avec amour, les pauvres de Jésus-Christ l'étaient avec la plus affectueuse tendresse. Il devait en être ainsi parmi les disciples les plus parfaits d'un Dieu pauvre. Ecoutons Udalric : [1]

« Comme les hôtes à cheval étaient reçus par le
» *custode* ou *gardien de l'hôtellerie*, ainsi les
» voyageurs à pied l'étaient par l'aumônier. A
» chacun, l'aumônier distribuait une livre de pain
» et une mesure suffisante de vin. En outre, à la
» mort de chaque frère, on distribuait pendant
» trente jours sa portion au premier pauvre qui se
» présentait. On lui donnait en sus de la viande
» comme aux hôtes, et à ceux-ci un denier au

1. Udalr. *Antiq. Cons.*, lib. III, cap. 24.

» moment du départ. Il y avait tous les jours dix-
» huit prébendes ou portions destinées aux pauvres
» du lieu, auxquels on distribuait, en conséquence,
» une livre de pain ; pour pitance, des fèves quatre
» jours de la semaine, et des légumes les trois
» autres jours. Aux grandes solennités, et vingt-
» cinq fois par an, la viande remplaçait les fèves.
» Chaque année, à Pâques, on donnait à chacun
» d'eux neuf coudées d'étoffes de laine, et à Noël
» une paire de souliers. Six religieux étaient
» employés à ce service, le majordome, qui faisait
» la distribution aux pauvres et aux hôtes, le por-
» tier de l'aumônerie ; deux allaient chaque jour
» au bois dans la forêt avec leurs ânes ; les deux
» autres étaient chargés du four. On distribuait
» des aumônes extraordinaires à certains jours
» anniversaires et en mémoire de quelques illustres
» personnages, tels que saint Odilon, l'empereur
» Henri, le roi Ferdinand [1] et son épouse et les
» rois d'Espagne. Chaque semaine, l'aumônier
» lavait les pieds à trois pauvres, avec de l'eau
» chaude en hiver, et il leur donnait à chacun une
» livre de pain et la pitance. En outre, chaque
» jour on distribuait douze tourtes (*tortæ duode-*
» *cim*), chacune de trois livres, aux orphelins et
» aux veuves, aux boiteux et aux aveugles, aux

---

1. Ce Ferdinand, fils de Sanche le Grand, avait été roi de Castille et de Léon. Il était mort le 27 décembre 1065. (*Tabl. hist. généal. et chron.*, t. I, p. 161.)

» vieillards et à tous les malades qui se présen-
» taient. C'était encore le devoir de l'aumônier de
» parcourir, une fois la semaine, le territoire de
» l'abbaye, s'informant des malades, et leur remet-
» tant du pain, du vin et tout ce que l'on pouvait
» avoir de meilleur. »

Udalric, qui nous a conservé tous ces détails, ajoute, dans un autre endroit [1], que l'année où il écrivit ses *Coutumes,* on avait distribué deux cent cinquante jambons, et fait l'aumône à dix-sept mille pauvres, ce qui donne en moyenne près de cinquante par jour. Et encore nous n'avons parlé que des pratiques propres au monastère de Cluny. Les autres imitaient ces nobles exemples, selon leurs moyens. Dans la préface de son deuxième livre, Udalric raconte qu'à Hirschau, dans une bien mauvaise année, les moines, à force de sobriété et de privations, trouvèrent le moyen d'assister environ trente pauvres tous les jours, ce qui fait près de douze mille dans l'année [2]. Deux fois saint Odilon fit vendre, en temps de famine, ce que le monastère avait de plus précieux, et même les vases sacrés, pour subvenir aux besoins des malheureux. Il disait, avec saint Ambroise,

---

1. *Antiq. Consuet.,* lib. III, cap. XI. Les derniers mots : « Ut
» non aliud dicam quam quod contigit hoc ipso anno, illi
» qui pauperes recensuerunt, testati sunt septemdecim millia
» fuisse, quibus et in Christi nomine ducenti quinquaginta
» baccones divisi sunt. »
2. *Antiq. Consuet.,* lib. II, præfatio.

que *l'or de l'Église n'est pas fait pour être entassé, mais pour être distribué.* ¹

III

Quoi de plus touchant que le tableau suivant, où Hildebert met en relief la tendresse de saint Hugues pour les pauvres ! « Doux et patient, il
» rendait grâce quand il souffrait personnellement
» quelque injure ² ; il pleurait quand c'étaient les
» pauvres qui en étaient victimes. Et parce qu'il
» avait lu cette parole de Jésus-Christ : *Ce que
» vous faites au plus petit des miens, c'est à moi
» que vous le faites,* il pourvoyait à tous leurs
» besoins avec une piété si attentive, qu'on eût
» dit qu'il assistait Jésus-Christ en personne. Aussi
» était-il partout escorté d'une grande multitude
» d'indigents, auxquels, *dispensateur fidèle et
» prudent,* il aimait à offrir une nourriture et des
» vêtements préparés de ses propres mains. Du
» reste, il ne négligeait aucune œuvre de misé-
» ricorde, aucun moyen de les soulager. Il con-
» sultait leur goût et leur désir, lorsque les temps
» n'étaient point trop mauvais. Quand il était en
» voyage, des troupes nombreuses de pauvres

---

1. *Ann. Ben.,* t. IV, p. 343. « Aurum enim Ecclesia habet,
» non ut servet, sed ut erogat. »
2. *Bibl. Clun.,* col. 416, 417. — Bolland., 29 aprilis, *Vita
S. Hugonis,* ab Hildeberto, cap. 1, n° 4.

» accouraient à sa rencontre partout où ils ap-
» prenaient qu'il dût passer. Il leur distribuait
» l'or en abondance, donnant avec d'autant plus
» de bonheur qu'il savait que sa couronne en serait
» plus belle et sa récompense plus magnifique.
» Si les provisions qu'il faisait porter pour les
» pauvres venaient à lui manquer en route, il
» envoyait de côté et d'autre acheter de quoi
» subvenir aux besoins de la multitude, de quoi
» satisfaire les désirs des malades. Or, tous ceux
» à qui se faisait sentir le poids des années ou des
» infirmités plus graves, il les plaçait près de lui,
» entrait dans le détail de leurs afflictions avec un
» tendre intérêt, leur demandait avec une tou-
» chante sollicitude de quoi ils pouvaient avoir
» besoin, ce qu'ils pouvaient souhaiter. Leur
» langage grossier ne le rebutait point ; leurs
» importunités ne le lassaient jamais. Il était beau
» surtout de le voir auprès des vieillards, qui
» joignaient à des plaies dégoûtantes de sempi-
» ternelles lamentations. C'est auprès d'eux qu'il
» laissait éclater toute la compatissance de sa belle
» âme, qu'il multipliait les bienfaits, qu'il était
» empressé à tous ces petits services qui n'ont leur
» récompense que dans les cieux. »

Nous renonçons, pour abréger, à rapporter les traits nombreux où nous voyons nos courageux solitaires se montrer et prendre hautement la défense du faible et de l'opprimé contre les oppresseurs même couronnés [1]. Ce n'était pas un petit service rendu aux populations, et il ne fallait pas une vertu médiocre pour l'entreprendre dans ces âges malheureux.

Nous n'essaierons pas aussi d'énumérer tous les coupables auxquels il leur fut donné d'offrir, dans le sanctuaire de l'innocence, un refuge honorable et salutaire. Nous pourrions montrer, à Cluny, l'accomplissement de la prophétie d'Isaïe [2], le loup paissant à côté de l'agneau, le léopard auprès de la brebis, le chef de voleurs [3] à côté de l'innocence baptismale et rivalisant de vertus avec elle ; le meurtrier du frère de saint Hugues [4] venant se jeter aux pieds de ce frère désolé et recevant de lui pardon, asile et salut · « Hugues,
» dit Hildebert, voulant imiter et reproduire, à
» l'égard des meurtriers de son père et de son
» frère, la douceur de David, pardonna à ces deux
» grands coupables. Ce n'est pas tout : l'assassin
» de son frère, ne voyant plus où se réfugier
» contre la vengeance des proches de sa victime,

---

1. *Bibl. Clun.*, col. 429, 430 et 417, C, D : « Præterea tyran-
» nidem principum, qua incessanter adversus Christi pau-
» peres grassabantur, non minus exhortatione proficeret,
» muneribus mitigabat. »

2. « Semper enim sub eo, et per eum, juxta illud Isaïæ,
» lupus habitavit cum agno, et pardus cum hædo. » *Bibl. Clun.*, col. 458, E.

3. *Ann. Ben.*, t. III, p. 432.

4. Ce frère de saint Hugues s'appelait *Jocerand de Semur*. Il était le cinquième des six enfants du comte Dalmace. Mss. M., *Généalogie de la maison de Semur*.

» trouva sur son sein une héroïque protection.
» Admis à Cluny, il y gagna la vie du temps et
» celle de l'éternité. Attentif aux exhortations du
» saint abbé et touché de componction, il prit enfin
» l'habit de la pénitence, sous lequel il acheva
» heureusement le dangereux pèlerinage de ce
» monde, et ne quitta cette vie que pour une
» meilleure. » [1]

1. *Bibl. Clun.*, col. 430, B.

CHAPITRE V

DIFFUSION DE L'ORDRE DE CLUNY, EN FRANCE ET EN EUROPE.

I

Ainsi s'épanouissait dans le monde cette rose mystérieuse d'Hermon, transplantée au pied de nos montagnes, acclimatée dans nos vallées. Ainsi Cluny se montrait digne de ces regards que le ciel et la terre tenaient fixés sur lui : le ciel pour le bénir, la terre pour avoir part à ses bénédictions. Et ces bénédictions s'étendaient sur toute l'Europe, et jusqu'en Palestine avec les premières croisades.

L'état, par provinces, de la congrégation de Cluny n'occupe pas moins de quarante-sept colonnes in-f° du *Bibliotheca Cluniacensis* (col. 1705 à 1752). Nous ne pouvons étaler ici cette glorieuse nomenclature de provinces et de monastères illustres qui venaient, la plupart, dès le onzième siècle se grouper autour de l'église de Cluny et la reconnaissaient pour mère. La prédominance de Cluny sur tout l'Ordre monastique au onzième siècle est un fait incontesté. Si l'on voulait suivre en détail le mouvement et les conquêtes de cette grande congrégation, il faudrait multiplier les volumes. Nous nous bornerons donc à donner un rapide tableau de ses provinces de France, et à noter l'époque principale de son apparition dans les divers royaumes de l'Europe avec les circonstances qui l'y ont appelée.

La France eut les prémices et la plus grande part des bénédictions de Cluny. Elle fut de bonne heure partagée en sept provinces clunisiennes, savoir : la province de Lyon ; la province de France ; la province de Provence, Tarentaise, Dauphiné et Vienne ; la province de Poitou et Saintonge ; la province d'Auvergne ; la province de Gascogne ; la province de Lorraine et de Franche-Comté, annexe de la province d'Allemagne.

La gloire de la province bénédictine de Lyon est d'avoir donné Cluny à l'Église. Cluny avait dans cette seule province vingt-quatre abbayes ou prieurés, ayant sous leur juridiction immédiate cinquante-quatre autres monastères, parmi lesquels je me contenterai de nommer l'abbaye d'Ainay, à Lyon ; le prieuré de Gigny qui fut, avant la naissance de Cluny, sous la conduite du bienheureux Bernon, en même temps que Baume ; celui de Nantua qui eut pour prieur le pape Urbain II ; celui de Paray-le-Monial, illustré par les miracles de saint Odilon et de saint Hugues, et qui fut toujours si particulièrement cher aux abbés de Cluny ; celui de Saint-Marcel-lès-Chalon, tout plein encore des souvenirs du roi Gontran ; et enfin celui de Mesvres près d'Autun, lequel, vers le milieu du quatorzième siècle, a eu pour prieurs Hugues de Beaufort, frère du pape Clément VI et abbé général de l'ordre de Cluny, puis le neveu de ces deux grands personnages, Pierre de Beaufort, qui sera à son tour cardinal et pape sous le nom béni de Grégoire XI.

La province clunisienne de France proprement dite comprenait cinquante abbayes ou monastères soumis immédiatement à Cluny. Ils avaient, à leur tour, sous leur juridiction directe deux cent trente-six autres monastères.

Dans la province de France, je ne signalerai que l'*abbaye de Beaulieu*, fondée en 642, dans la forêt d'Argonne au diocèse de Verdun, par saint Roding, évêque écossais venu en France pour embrasser la discipline monastique. Beaulieu fut annexé à la congrégation de Cluny sous le pape Urbain II ; et il fut du petit nombre des monastères dont le titre abbatial sera conservé par saint Hugues.

Après l'abbaye de Beaulieu nommons la Charité-sur-Loire, au nom suave et caractéristique, et Saint-Martin des Champs près Paris, d'où est sortie une foule de savants religieux qui n'ont pas peu contribué à la gloire et à la renommée de l'ordre bénédictin et de Cluny plus particulièrement.

La province clunisienne de Provence avait quarante-quatre monastères relevant directement de Cluny, et ayant sous leur dépendance immédiate quatre-vingt-un autres établissements monastiques, dans les anciens diocèses de Nîmes, Uzès, Viviers, Valence, Sisteron, Grenoble, Gap, Riez, Saint-Paul-trois-Châteaux, Belley, Apt, Genève et Orange.

La province de Poitou comprenait, outre l'abbaye de Saint-Jean et celle de Saint-André de Moustierneuf, vingt-un prieurés soumis à Cluny, et qui en avaient quarante-deux autres sous leur dépendance directe.

La province d'Auvergne avait onze monastères de la dépendance directe de Cluny. Mais ceux-ci, à leur tour, en comptaient soixante-deux soumis à leur propre juridiction. Je nommerai seulement les abbayes de Mozac et de Thiers, et le prieuré de Souvigny, au diocèse de Clermont. Les restes et l'église de Souvigny rappellent sa grandeur antique. C'est à Souvigny que sont morts saint Mayeul et saint Odilon, abbés de Cluny. C'est dans l'église de Souvigny que les ducs de Bourbon venaient prendre possession de leur duché; c'est là qu'ils avaient leur tombeau. Pour ces nobles et puissants seigneurs Souvigny était tout à la fois Reims et Saint-Denis.

La province clunisienne de Gascogne, qui s'étendait depuis Mende jusqu'aux Pyrénées, ne comptait en tout que trente-trois abbayes ou prieurés, parmi lesquels les abbayes de Moissac, de Saint-Pierre de Lézat, de Sainte-Marie d'Arcelles, des Saints-Gervais-et-Protais et de Figeac.

Enfin la province de Lorraine et Franche-Comté n'avait aussi, en tout, que trente-sept monastères clunisiens; mais il en est deux qui ont marqué avec éclat le commencement et la fin de la grande congrégation, savoir : Saint-Vanne de Verdun, d'où est venue au dix-septième siècle la réforme de Saint-Vanne et Saint-Hidulfe; et Baume, qui fut le berceau de Cluny. C'est de Baume que le B. Bernon vint s'établir dans la vallée de la Grosne, sur l'appel de Guillaume-le-Pieux, duc d'Aquitaine, et avec les bénédictions du souverain Pontife.

Avant de quitter son prieuré de Baume, Bernon avait eu la consolation d'y recevoir le jeune Odon qui lui succédera dans le gouvernement avant d'être appelé, à son tour, sur le trône abbatial de Cluny.

II

Mais les limites de la France étaient trop étroites pour contenir le zèle et les bienfaits de Cluny. Ils ne tardèrent pas à s'étendre au delà; et il nous est doux de recueillir l'éclatant et solennel hommage

64   CLUNY AU ONZIÈME SIÈCLE.

de l'empereur Henri II [1]. Le pape Benoît IX offrait à ce prince, le jour de son couronnement, un globe d'or enrichi de pierreries et surmonté d'une croix d'or. « A nul autre, dit-il, ce présent ne convient » mieux qu'à ceux qui, ayant foulé aux pieds les » pompes du monde, suivent avec ardeur la croix » du Sauveur »; et, en présence du Pontife, il remet le globe d'or aux Clunistes, dans la personne de saint Odilon qui assistait au couronnement. [2]

Ce n'est pas assez : en revenant d'Italie, il veut passer à Cluny, accompagné de saint Odilon et de saint Meinverc, évêque de Paderborn [1015] [3]. Il reconnaît que Cluny est au niveau de sa renommée, et, dans son saint enthousiasme, le jour de la Chaire de saint Pierre, à la messe, il lui donne sa riche couronne d'or, demande et obtient d'être affilié à l'ordre, et se recommande aux prières de tous les frères.

Meinverc, de son côté, emmène quatorze religieux fonder une colonie au cœur de l'Allemagne, à Paderborn [1015]. Les possessions de Cluny étaient le patrimoine des pauvres; les religieux ne s'en réservaient rien; et quand la fervente colonie

---

1. Henri II, de Saxe, régna de 1006 à 1024. (*Tabl. hist. généal.*, t. I, p. 57.)

2. « Nullis, inquit, melius hoc donum congruit, quam illis » qui, mundi calcatis pompis, Salvatoris crucem expeditius » sequuntur; » statimque globum illum misit ad Cluniacense monasterium. (*Ann. Ben.*, t. IV, p. 235.)

3. *Ann. Ben.*, t. IV, p. 241, 242.

se mit à l'ouvrage, elle n'avait, disent les *Annales Benedictini*, qu'*une livre de pain, un peu de breuvage et la règle de Saint-Benoît* [1]. La prospérité du nouvel établissement, grâce au travail, à la science et à la ferveur des religieux, prit une rapide extension, et tint, dès ce jour, les regards des Allemands merveilleusement attachés sur Cluny. Nous verrons, dans la troisième partie, les relations, presque de famille, que saint Hugues entretiendra avec les empereurs et les plus saints personnages de ces contrées. En attendant, les diocèses de Lausanne, de Bâle, de Constance, etc., ouvriront à notre institut un grand nombre de leurs monastères, tels que ceux de Payerne, Saint-Alban, la Selle, dans la Forêt Noire, fondée par saint Udalric, dont elle prendra le nom plus tard. [2]

III

C'est le tour de la Pologne. Le nom et l'institut de Cluny ont pénétré aux extrémités de l'Europe ! Le prince Casimir, dégoûté du monde par les agitations dont ce royaume était le théâtre, était venu furtivement demander un asile à Cluny [1034]. Il avait pris le froc avec amour et reçu l'ordre sacré du diaconat [3]. Exilé de la Pologne par les

---

1. « lisque secum adductis cum libra panis ac potus, nec-
» non regula Sancti Benedicti... » (*Ann. Ben.*, t. IV, p. 242.)
2. *Bibl. Clun.*, col. 1742. — *Ann. Ben.*, t. IV, p. 228, etc.
3. *Ann. Ben.*, t. IV, p. 430, 431 ; — 397, 398.

révolutions, les révolutions l'y rappelèrent. Par une mesure aussi hardie que sage d'intérêt social, saint Odilon consent à le perdre, et le pape Benoît IX le relève de ses vœux religieux et ecclésiastiques. Le nouveau roi, dans sa ferveur, un peu indiscrète peut-être, s'engage à faire porter, par tous les Polonais, les cheveux coupés à la manière des Clunistes, et à ajouter l'étole de diacre aux ornements royaux. Ce vœu fut plus tard commué en la fondation du monastère de Tynéetz, pour soixante moines. Le roi fit bientôt une seconde fondation en faveur des Clunistes, celle du monastère de Mohilow (Magilicensis).[1]

L'auteur moderne du *Chronicon Cluniacense*[2] commet tout à la fois un anachronisme et une erreur de nom, quand il place ce récit au temps de l'abbé Hugues II [1123], et appelle Boleslas le prince dont il est ici question. Il n'y a pas eu deux rois de Pologne relevés de leurs vœux sacrés et arrachés à la solitude pour s'asseoir sur le trône. Casimir est bien réellement le nom du moine de Cluny devenu roi, comme l'a écrit l'auteur des *Chroniques polonaises* (ch. XIII). La double erreur que nous relevons n'étonne point de la part d'un auteur qui place au même temps[3] la retraite à Cluny du duc de Bourgogne, objet, plus d'un

1. *Ann. Ben.*, t. IV, p. 398.
2. *Bibl. Clun.*, col. 1648 et 1649.
3. *Bibl. Clun.*, col. 1646, B.

demi-siècle auparavant, des plaintes touchantes de Grégoire VII [1] ; et qui renvoie plus bas encore celle du comte Guy de Mâcon [2]. Le P. François de Rives, dans ce récit, qualifie son personnage du titre de duc, et ne nous parle que du duché de Pologne. Or, la Pologne avait des rois depuis l'an 1001, et Casimir était le troisième [3]. Le récit de Mabillon, que nous avons suivi, mérite seul confiance. Mais, hélas ! l'œuvre de Casimir n'a pu traverser les siècles. Soit à cause des distances, soit par suite des révolutions fréquentes que ce malheureux pays a eu de tout temps à traverser, les liens qui unissaient les Clunistes de Pologne à la maison-mère se relâchèrent de bonne heure, et la province Polonaise ne figure plus dans l'état de la congrégation de Cluny aux derniers siècles.

IV

Dès l'an 936, saint Odon avait été appelé en Italie par le Pontife romain pour établir les moines et la réforme de Cluny au monastère de Saint-Paul de Rome et en d'autres lieux [4]. Mais ce n'était pas encore la grande congrégation de Cluny. L'isolement laissa bientôt s'éteindre l'esprit de la communauté mère et modèle, et dix ans

---

1. *Act. Conc.*, édit. reg., t. VI, col. 1409.
2. *Bibl. Clun.*, col. 1647. Guy se fit moine en 1078.
3. *Tabl. hist. généal. et chron.*, t. I, p. 182.
4. *Ann. Ben.*, t. III, p. 431.

seulement après, Saint-Paul avait besoin d'une nouvelle réforme que le pape Agapet II demandait cette fois aux religieux de Gorze, diocèse de Metz.[1]

La véritable origine de la province Cluniste d'Italie date de la fondation du monastère de la Cava, l'an 1025[2]. Alfier, né à Salerne d'une famille lombarde, homme très instruit dans les lettres et attaché à la personne du prince Guaimar, tombe malade au monastère de Saint-Michel de Cluse[3], où il était venu remplir une mission, de la part du prince, auprès du roi de Germanie[4]. Dégoûté du siècle, il demande l'habit religieux à saint Odilon, qui se trouvait à la suite du monarque. Odilon l'emmène à Cluny, et, après l'épreuve, lui accorde sa demande. Alfier consacre dès lors à la religion l'activité et l'habileté qu'il avait jusque-là consumées pour le siècle, et arrive bientôt à une haute perfection; sa renommée revient aux oreilles de Guaimar qui le réclame, lui confie tous les monastères de sa principauté, parmi lesquels il y en avait un de Bénédictins

1. *Ann. Ben.*, t. III, p. 432.
2. *Ann. Ben.*, t. IV, p. 316.
3. Cluse, fondé par un seigneur d'Auvergne, est près de Turin (*Ann. Ben.*, t. III, p. 580).
4. Conrad le Germanique qui régna de 1024 à 1043 (*Tabl. hist. général.*, t. I, p. 57.) On sait que les souverains d'Allemagne ne prenaient le titre d'empereur qu'après leur couronnement à Rome; Conrad se rendait à la Ville éternelle pour cette auguste cérémonie, qui eut lieu effectivement l'an 1025. (*Romanorum Imperatorum Effigies... Johan. Bapt. de Cavalleriis, Romæ* 1583, p. 129.)

que les Sarrasins avaient entièrement ruiné. Puis Alfier quitte la ville [1] et se retire sur le flanc du mont Fenestra, appelé depuis Saint-Hélie. Mais, dit la légende, tout ce qu'il construisait le jour s'écroulait pendant la nuit. C'est pourquoi, franchissant une étroite vallée où coule le Sélano, il vint s'établir sur une montagne qui s'élevait en face de la première, et se fit une retraite de la Cava de Métellien. « Là, dit l'auteur de sa Vie, » caché dans les profondeurs d'une grotte vaste et » imposante, conversant seul à seul avec Dieu, » l'unique objet de ses affections, il veut fuir la » gloire du monde, et la gloire le poursuit; ses » louanges sont sur toutes les lèvres dans les » villes voisines. » Ses vertus attirent des disciples, et parmi eux Léon de Lucques, qui lui succédera, et Didier, qui deviendra abbé du Mont-Cassin et pape sous le nom de Victor III. La charte de Guaimar commence en ces termes : « Nous, » Guaimar père et Guaimar fils, par la clémence » divine, princes des Lombards, autant pour ac- » céder à la demande de la sérénissime et très glo- » rieuse princesse Gaiselgrina, notre bien-aimée » épouse et mère, que pour la rédemption de nos » âmes et le salut de notre patrie, nous vous accor- » dons, vénérable abbé dom Alfier, notre père » spirituel et notre homme de prière, dans sa tota- » lité et intégrité, l'église que vous avez construite

---

1. *Ann. Ben.*, t. IV, p. 317.

» à vos frais, avec la grotte célèbre où elle s'élève,
» à la louange de la sainte et indivisible Trinité,
» en dehors de notre ville de Salerne, etc. [1] » Telle
fut l'origine du monastère de la Cava, c'est-à-dire
de la Grotte. Ce monastère dépendait encore de
Cluny à la fin du siècle dernier, et fut le berceau
de la province italienne ou lombarde.

Rien de pittoresque et de grandiose à la fois
comme l'aspect de la Cava, dont Mabillon nous a
conservé la gravure [2]. Au pied de la montagne
reposait le corps principal du monastère. A droite
et à gauche, sur le flanc et jusqu'au sommet de la
montagne, se présentaient gracieusement à l'œil
plus de trente ermitages ou chapelles, jetés à pic
sur les rochers, d'où s'élançaient vers les cieux
autant de tours surmontées d'une flèche conique.
A côté de chaque ermitage, une touffe de verdure,
et un petit champ cultivé par un solitaire. Tout ce
tableau s'encadrait dans de frais et religieux
ombrages.

---

1. « Nos Guaimarius et Guaimarius, pater et filius, divina
» opitulante clementia, Longobardorum gentis principes, tam
» per postulationem Gaiselgrinæ serenissimæ atque glorio-
» sissimæ principissæ, dilectæ conjugis et matris nostræ,
» quam et pro redemptione animæ et patriæ nostræ salva-
» tione, concedimus tibi, domino Alferio, venerabili abbati
» et spirituali patri oratori nostro, totam et integram eccle-
» siam illam cum inclita crypta in qua ipsam ecclesiam a
» novo fundamine construere fecisti cum tuo expendio, in
» nomine sanctæ et individuæ Trinitatis, foris hanc nostram
» Salernitanam civitatem, etc., etc. »
2. *Ann. Ben.*, t. IV, p. 316.

Parmi les trente-six prieurés que la province Lombarde comprenait jusque dans les derniers temps [1], nous nous plaisons à signaler le monastère de Polironne ou *San-Benedetto (Sanctus-Benedictus ad Padum)*, au diocèse de Mantoue. San-Benedetto avait lui-même neuf prieurés sous son obédience immédiate. Mabillon rapporte à l'année 1080 le privilége de Grégoire VII en faveur de ce monastère [2] et son entrée dans la congrégation de Cluny. Ce titre est adressé à saint Hugues. Le Pontife rappelle l'origine et l'étymologie de Polironne [3]. La comtesse Mathilde, petite-fille du fondateur, l'a remis entre ses mains ; il le donne à Cluny..... « Vous donc, bien-aimé frère
» et vénérable abbé, vous nous avez envoyé pour
» le gouverner..... frère Guy, homme de piété et
» de doctrine, qui s'appliquera, avec l'aide de
» Dieu, à le réformer selon la règle de Saint-
» Benoît et conformément à votre institut..... C'est
» pour cela que nous vous l'avons confié, à vous
» et à vos successeurs à perpétuité..... A la mort
» de l'abbé, il vous appartiendra de pourvoir à
» son remplacement [4]. » Mais sortons d'Italie.

---

1. *Bibl. Clun.*, col. 1744, 1745, 1746.
2. *Ann. Ben.*, t. V, p. 157, 158.
3. Ibid. « ..... Monasterii..... consistentis inter littora *Padi et Larionis* fluminum, » unde, ait D. Mabilonius, « *Padolironense* vocabulum accepit. »
4. *Ann. Ben.*, t. V, in append., p. 640.

V

En Espagne, les institutions monastiques avaient été ruinées par les mêmes causes qu'ailleurs, l'*invasion de la chrétienté par les infidèles*, et l'*invasion du sanctuaire par le siècle* [1]. Dès l'an 1022, Sanche le Grand, roi de Navarre, de Castille et d'Aragon, voulant se montrer reconnaissant envers Dieu de ses victoires sur les Maures, entreprend de rendre à l'Ordre monastique sa jeunesse et lui donne de l'extension dans ses États. Il commence par abandonner le monastère de Leyre au vertueux évêque de Pampelune, nommé aussi Sanche. Le motif exprimé de cette donation, c'était d'*arracher ce monastère aux mains laïques et séculières* [2]. L'évêque envoie aussitôt à Cluny demander quelques religieux. Partout les immunités de Cluny portent leur fruit. Quand on veut, dans le monde, affranchir quelque monastère du joug séculier et de la prélature laïque, il suffit de le soumettre à la discipline de Cluny. Paterne, formé

---

[1]. « In illis partibus..... pene omnino defecerat (ordo » monasticus) tum ex Maurorum cladibus, tum ex cupiditate » et rapacitate hominum sæcularium qui res ecclesiasticas » tunc pervaserant. » (*Ann. Ben.*, t. IV, p. 296.)

[2]. « Ne hunc locum occuparent laici sæcularisque ordo, » qui post Maurorum invasionem totius Hispaniæ ecclesias » invaserant. » (*Ann. Ben.*, p. 895.)

à l'école de saint Odilon [1], arrive avec quelques religieux ; et tel fut l'éclat que jeta tout d'abord leur sainteté et leur doctrine que, l'année suivante, le roi obtint du concile de Pampelune un décret qui ordonnait que désormais les évêques d'Irun [2] seraient toujours pris dans ce monastère cluniste. Il joint à cette première donation celle du monastère d'Onia. Un peu plus tard, son fils Ramire, généralisant la pensée de Sanche le Grand, fit étendre ce décret à tous les évêques d'Aragon, dans le concile tenu à Saint-Jean de la Pegna.

Jérôme Blanca, dans ses *Commentaires sur l'histoire d'Aragon* [3], nous a conservé l'acte de ce décret solennel.

« En présence du glorieux prince Ramire, des
» vénérables évêques Sanche, Garcie et Gomez,
» des abbés Blaise et Paterne du monastère de
» Saint-Jean ; en présence de tous les frères et de
» tout le clergé du royaume, réunis dans la salle
» capitulaire du susdit monastère, Sanche, évêque
» d'Aragon, a pris la parole. » Suit le discours. Après un préambule sur la nécessité de régler et définir, selon la loi de Dieu et le concile de Nicée, tout ce qui tient au sacrement de l'ordre ; après avoir rappelé ce qui s'était fait précédemment,

---

1. *Ann. Ben.*, t. IV, p. 297. — L'évêque Sanche, qui avait été précepteur du grand roi d'Aragon, vint mourir sous la discipline de saint Odilon, à Cluny.—*Fr. litt.*, t. VII, p. 426.
2. *Ann. Ben.*, t. IV, p. 297.
3. *Rerum Aragon. Commentarii*....., p. 99.

sous Sanche le Grand, dans un concile qui avait réuni les évêques de toute l'Espagne catholique, Sanche continue en ces termes : « Or, voici notre » décret : Que tous les évêques d'Aragon soient » formés et choisis parmi les moines du susdit » monastère. » Le roi Ramire, debout au milieu du concile dit : « J'approuve et je confirme le » décret de Sanche, mon père, et je souscris à » votre décision. » Tous les évêques, les abbés et le clergé, d'une commune voix, s'écrièrent : « Nous approuvons et nous signons avec vous. » Le roi reprend la parole pour vouer à la malédiction ceux de ses successeurs qui oseraient porter atteinte à ce décret, et il appelle les bénédictions du ciel sur ceux qui s'y conformeront. « Cette décision a été proclamée le 7 des calendes » de juillet 1062. » Pour reconnaître tant de gloire et de vertus, ajoute Blanca, le souverain pontife Grégoire VII honora Ramire du titre, devenu illustre et cher, de roi très chrétien. [1]

Le fils de Ramire, Sanche 1er, roi d'Aragon (Sanche le Grand, aïeul de celui-ci, était le troisième du nom, mais comme roi de Navarre) [2], confirme et amplifie les donations faites par son père et son aïeul, dans une charte de l'an 1080, et dans

---

1. *Rerum Aragon. Comm.*, p. 99.—Item Gaufredus Malaterra, *Indices rerum ab Aragonis regibus gestarum;* Cæsaraugustæ 1578, p. 29.

2. *Tabl. hist. généal. et chron.*, t. I, p. 159, 162.

une seconde de l'an 1090, toutes deux reproduites intégralement par Jérôme Blanca [1]. La deuxième, qui est très intéressante, n'a pas moins de cinq pages in-folio. Le prince, après avoir rappelé ce qu'a fait son illustre aïeul en faveur du monastère de Saint-Jean, sépulture de sa famille, « Et main-
» tenant, continue-t-il, moi Sanche, le plus humble
» des serviteurs de Dieu, roi sans aucun mérite
» personnel....., je veux que, comme les Clunistes
» sont libres, ceux-ci soient affranchis de même
» de toute servitude..... Pour couper court à
» toutes difficultés qui pourraient survenir, je
» vais nommer les monastères qui lui ont été
» donnés jusqu'à ce jour, et qui sont ceux de
» Sainte-Cécile, de Saint-Torquatus, de Saint-
» Sébastien, de Saint-Pierre de Fonas, de Zérapuz,
» et les églises qui en dépendent..... » Sanche ajoute de nouvelles églises et de nouveaux monastères qu'il donne et concède à son tour aux Clunistes. Cette charte est signée du roi, de son fils aîné Pierre, et contre-signée par le secrétaire du roi Sanche, Garcias, qui l'a écrite sur l'ordre de son maître.

On nous pardonnera de nous arrêter si longtemps à l'Espagne. Aucune nation n'a autant reçu de Cluny, aucune ne s'est montrée aussi magnifique dans sa reconnaissance. Cluny, par la prédi-

---

[1]. *Rerum Aragon. Comm.*, p. 102, 103, etc.

cation de ses moines-missionnaires, contribuait, à sa manière, à éloigner de l'Espagne l'idée et la nationalité mauresques, fécondes jusque-là en malheurs et en ruines. Il prêtait aux armes catholiques, non-seulement l'appui de la vertu et le tribut de l'intelligence, mais il dirigeait aussi vers elle l'ardeur de nos guerriers; et, sans doute, il était parti avec la bénédiction et les encouragements de saint Hugues [1], son grand-oncle, ce vaillant Henri de Bourgogne qui, par ses exploits contre les Maures, méritait de devenir le gendre du roi Alfonse VI de Castille, et la tige des rois de Portugal. Cluny rendait à l'Espagne renaissante sa place dans le concert européen [2], en lui faisant adopter l'ère commune de l'Incarnation, le rit romain [3], et en réorganisant chez elle les autres institutions chrétiennes. Il ne reculait devant aucun sacrifice quand il s'agissait de cette Église, de cette société si longtemps affligée, et il lui cédait ses plus grands personnages, tels qu'un Bernard qui devint le premier archevêque de Tolède, un Dalmachius qui fut élevé sur le siége de l'apôtre de la Galice. [4]

---

1. *Tabl. hist. gén.*, t. I, p. 165.—*Généal. histor. des Maisons souver.*, t. IV, tabl. de la descendance de Robert Ier.
2. *France littér.*, t. VIII, p. 150.
3. *Spicileg. Dacher.*, in-fol., t. III, p. 407 : « De Romano autem officio quod tua jussione accepimus..... » écrit Alfonse à saint Hugues. — *Annal. Bened.*, t. V, p. 42. — Voir aussi Greg. VII, epist. XI, libri IX, apud Binium.
4. Bucelini, *Ann. Ben.* ad annum 1104. — Yépez, *Chro-*

L'Espagne, de son côté, invoquait avec amour le grand nom de Cluny, multipliait ses dons et ses tributs; et l'univers, il y a cinquante ans, contemplait encore avec admiration le monument....., hélas! nous allions dire impérissable, de ses royales largesses. Comme si ce n'eût pas été assez de nous avoir dotés de la basilique de Saint-Hugues, le roi Alfonse songeait encore à se donner lui-même [1]. Et il ne fallut rien moins qu'un ordre formel de saint Hugues pour l'engager à rester en Espagne, et à continuer avec zèle l'œuvre de la régénération religieuse et sociale. Cependant, pour le consoler et se montrer reconnaissant à son tour, le glorieux patriarche de Cluny n'hésitera pas à passer les Pyrénées, à visiter cette généreuse nation; et, pour lui exprimer tous ses sentiments dans la personne de son souverain, il ordonnera à toute sa congrégation [2] d'accorder une part spéciale dans ses prières et bonnes œuvres à Alfonse, roi d'Espagne, « notre fidèle

―――――

niques générales, t. VI, p. 503 et suiv. — Bernard fut légat du saint-siège et en cette qualité présida le concile de Toulouse [1084] : « Bernardus Toletanus archiepiscopus, quem » rebus sacris in Hispaniam provinciis Gregorius VII pontifex » maximus præfecerat, et omnium antistitum primarium » constituerat, Tolosæ concilium celebrat : cui adsedere » Narbonensis archiepiscopus et Galliæ Gothicæ episcopi. » (Hieronimus Blanca, *Indices rerum ab Aragonis regib. gestarum*, p. 35.) On peut lire la biographie de Bernard de Tolède dans le *Menologium benedictinum*, au 2 avril.

1. Bertholdus Const., apud *Ann. Ben.*, t. V, p. 316.
2. *Spicilegium Dacherianum*, in-fol., t. III, p. 408.

» ami, qui nous a déjà fait tant de bien et ne
» cesse de nous en faire..... Pendant sa vie, on
» chantera tous les jours, pour lui, le psaume
» *Exaudiat* à tierce, et à la grand'messe, l'oraison
» *Quæsumus omnipotens Deus, etc.* En mémoire
» de ce prince, il y aura, le jeudi-saint, un lave-
» ment des pieds particulier pour trente pauvres,
» et, le jour de Pâques, cent pauvres seront fes-
» toyés par le camérier. Chaque jour la prébende
» du roi sera servie à la grande table, comme s'il
» y était, et ensuite distribuée à quelque pauvre
» de Jésus-Christ..... Pour mettre le comble à ces
» bénédictions, nous lui avons donné dans l'église[1]
» des bienheureux apôtres Pierre et Paul, qu'il a
» lui-même élevée de ses propres biens, un des
» autels principaux où les divins mystères seront
» célébrés chaque jour pour son salut... » Suivent
d'autres dispositions analogues, messes, offices,
aumônes, auxquels saint Hugues engage sa congrégation envers ce prince lorsqu'il aura payé le
tribut de la nature, et envers la reine sa très
dévote épouse.

VI

Cependant, voici le redoutable conquérant de
l'Angleterre, Guillaume de Normandie, qui, à son

---

1. *Spicil. Dacher....*, t. III, p. 408.

tour, incline devant l'abbé de Cluny son invincible front, comme autrefois le fier Sicambre devant saint Remi. Il déclare qu'il s'estimera heureux s'il peut obtenir, pour son nouveau royaume d'Angleterre, quelques-uns de ses religieux, et il s'offre à les payer au poids de l'or. [1]

Le mot, tout glorieux qu'il est pour ses enfants, effraie saint Hugues, dans un siècle où les princes du monde achetaient et vendaient sans remords tout ce qu'il y a de plus sacré dans la conscience et dans le sanctuaire. Il répond qu'un bon religieux est quelque chose de si excellent que tout l'or du monde ne saurait lui être comparé. Et il ne craint pas d'adresser un refus honnête au fier monarque, qui ne s'en offensera pas. Ce n'est pas dire assez : en grand homme qu'il est, Guillaume sera le premier à admirer de si hauts sentiments de dignité et de religion. [2]

« Votre demande, Seigneur Roi, écrivait le
» saint abbé, provient d'une bonne volonté ; vous
» voulez, dites-vous, diriger dans les voies du
» salut la nation que Dieu vous a confiée. Mais si
» une pareille demande est digne de Votre Majesté,
» elle est incompatible avec notre salut. Nous ne
» pouvons, séduits par un esprit mercantile et
» terrestre, vendre des âmes dont nous sommes
» chargés au péril de notre âme, dont nous

1. *Bibl. Clun.*, col. 453, 454.
2. *Bibl. Clun.*, col. 454, D, E.

» répondrons sur notre tête..... Devant Dieu, l'or
» est sans valeur, l'argent sans profit..... *Que sert*
» *à l'homme de gagner l'univers*, s'il perd son
» âme ?..... A aucun prix, très cher Seigneur, je
» ne veux vendre la mienne. Or, ce serait la
» vendre, assurément, que d'envoyer un seul des
» frères qui me sont confiés là où je suis con-
» vaincu qu'il se perdrait. J'ai, du reste, grand
» besoin de moines pour les divers lieux que nous
» avons à pourvoir. Plutôt que d'en vendre, je
» donnerais de l'argent pour en avoir. Quelle
» crainte auraient-ils de notre chapitre dans une
» contrée où ils ne verraient aucun monastère de
» l'ordre ? A quel port aborder ? Où jeter l'ancre ?
» Ordonnez donc autre chose, et souffrez patiem-
» ment un refus que nous ne vous adressons que
» parce qu'il y va du salut de votre ami. Adieu. »

Saint Hugues, pensons-nous, avait d'autres motifs de refus que ceux qu'il met en avant. Le passage de la mer lui faisait considérer l'Angleterre comme beaucoup moins à la portée de Cluny que le reste du continent. Il craignait que l'esprit de sa congrégation ne pût s'y acclimater ou s'y maintenir. Mais voici la vraie raison. Le conquérant voyait de mauvais œil le clergé et les moines saxons qui avaient pris part, dans leurs prières et par leurs vœux, à la résistance nationale contre l'invasion normande. Il eût été bien aise de les molester en faisant apparaître des moines français, en s'efforçant de substituer ou d'imposer ceux-ci aux anciens monastères. Il cachait habilement son jeu sous les dehors d'un beau zèle, en appelant en Angleterre ce qu'il y avait alors de plus fervent et de plus renommé au monde entier dans l'Ordre monastique. Saint Hugues était trop prudent pour ne pas pénétrer le rusé monarque ; il aimait trop l'Église et la paix pour se prêter à tous ces calculs de la politique mondaine.

Mais, quelque temps après, le beau-frère du roi, Guillaume de Warennes, comte de Surrey, passait à Cluny, dans un pèlerinage qu'il faisait à Rome avec Gondreda, son épouse [1]. Ils furent si touchés des vertus qu'ils purent contempler et de la royale hospitalité qui leur fut donnée, qu'ils firent de nouvelles instances et obtinrent le B. Lanzon et deux autres bénédictins de Cluny pour fonder, à Saint-Pancrace de Lewes, le berceau de la congrégation en Angleterre.

L'acte de cette fondation, avec l'approbation du roi, se trouve dans le *Bibliotheca Cluniacensis* [2]. Il avait été envoyé à Cluny où on le conservait aux archives. Mais les Clunistes anglais, sous le règne de Guillaume le Roux, craignant d'être inquiétés dans leurs possessions, prièrent le fondateur de leur en donner un double exemplaire, ce que Guillaume de Warennes fit avec empres-

---

1. *Monasticon Anglic.*, t. II, p. 615, etc.
2. *Bibl. Clun.*, col. 532.

sement. Ce second acte, plus long et plus solennel que le premier, est reproduit intégralement par Dodsworth [1]. Le comte rappelle d'abord dans quelles circonstances il avait été amené à Cluny avec Gondreda, son épouse; combien il avait été édifié des vertus dont il y avait été témoin et des attentions qu'on avait eues pour lui; son désir d'en obtenir quelques religieux, les difficultés, le succès; puis il continue :

« Je veux donc que ceux qui vivent présente-
» ment et ceux qui viendront plus tard sachent
» que moi, Guillaume de Warennes, comte de
» Surrey, j'ai donné et je donne de nouveau à
» Dieu, à saint Pierre, à l'abbé et au couvent de
» Cluny, l'église de Saint-Pancrace, au pied de
» mon château de Lewes....., pour le salut de mon
» âme, de l'âme de Gondreda, mon épouse, du roi
» Guillaume, mon seigneur, qui m'a amené sur
» le sol anglais....., de la reine Mathilde, mère de
» mon épouse, et pour le salut du seigneur roi
» Guillaume, son fils, dont l'avénement au trône
» d'Angleterre a précédé cette charte et qui m'a
» fait comte de Surrey [2]..... » Vient ensuite une colonne in-folio où sont énoncées les donations faites à Saint-Pancrace. Le monastère d'Acra, que le prince a l'intention de fonder, en dépendra lui-même. Saint-Pancrace est véritablement établi

---

1. *Monast. Anglic.*, t. II, p. 616.
2. On voit qu'il s'agit évidemment de Guillaume le Roux.

comme le centre et le chef des monastères de la congrégation de Cluny en Angleterre. Le fondateur l'affranchit de toute espèce de charge ou de tribut. Il veut que, au besoin, les moines aient le droit de lui intenter une action à lui-même. Guillaume, selon l'usage, sanctionne sa charte par de terribles malédictions contre les violateurs de la justice, et par les bénédictions qu'il appelle avec effusion sur ceux qui respecteront sa volonté. « Je veux aussi, continue-t-il, que mes moines et
» mes héritiers sachent que, lorsque nous nous
» adressâmes, Gondreda mon épouse et moi, à
» l'abbé Hugues, qui était venu en Normandie
» pour parler au roi, mon seigneur, nous le
» priâmes de nous rendre dom Lanzon, notre
» prieur, qu'il avait retenu une année entière à
» Cluny. De quoi nous avions été tellement indis-
» posés, que la pensée nous était venue d'aban-
» donner notre œuvre, de renvoyer les Clunistes
» et de donner notre église à Marmoutiers. Mais
» l'abbé acquiesça encore cette fois à notre
» demande, et, cédant à nos instances, il nous
» promit que, si Dieu bénissait notre établisse-
» ment, il l'élèverait au rang des plus considé-
» rables, toutefois après la mort de dom Lanzon,
» ou sa promotion à quelque dignité plus impor-
» tante. » L'esprit normand [1] se révèle ensuite à

---

1. « Normanni, cauti et dolosi, nullas externas leges ferunt,
» suarum adusque pertinaciam retinentes, litium avidi, et

côté des intentions les plus pures, par les précautions les plus flatteuses pour les enfants de Cluny. « L'abbé nous a promis que, lorsque les moines
» de Saint-Pancrace enverraient à Cluny demander
» un prieur [1], on leur enverrait un des meilleurs
» religieux de la congrégation, celui qui serait
» jugé le plus capable de conduire les âmes, et le
» plus apte à gouverner le temporel de la maison,
» après le grand-prieur de Cluny et le prieur de
» la Charité-sur-Loire [2]; qu'il résiderait et ne
» serait jamais rappelé [3], sinon pour des motifs
» tellement justes et plausibles que personne ne
» puisse raisonnablement y trouver à redire. Et
» l'abbé a pris cet engagement dans un écrit
» scellé de son sceau et que je conserve. Nous
» avons pris toutes ces précautions dans la crainte
» où nous étions de nous voir enlever Lanzon
» bientôt après son retour; car le roi élevait aux
» grandes dignités de l'Église tous ceux qui en

» omnium ambagum scioli : quare a peregrinis vitantur;
» cæterum ingenio urbano, et ad omnes artes et scientias
» idoneo. » (*Gallia*..... Lugduni Batavorum, ex officina Elzeviriana, 1629, p. 125.)

1. Nouvelle preuve que les prieurs étaient à la nomination de l'abbé, et que la suppression du titre abbatial n'était pas une question purement nominale.

2. Le monastère de la Charité occupait dès lors une place importante dans la congrégation. Plusieurs monastères de la province d'Angleterre lui étaient immédiatement soumis. (*Bibl. Clun.*, col. 1719.)

3. Nouvelle constatation des droits et pouvoirs ordinaires de l'abbé de Cluny.

» étaient les plus dignes, et nous l'avions entendu
» nous-mêmes demander à l'abbé de Cluny douze
» de ses plus saints religieux pour en faire des
» évêques ou des abbés dans ses États héréditaires.
» nous pensions aussi qu'un changement fréquent
» de prieur, dans une maison récemment fondée,
» dans un pays nouveau, serait nuisible aux
» progrès et à la perfection... Nous sommes con-
» venus que Cluny recevrait de Saint-Pancrace cin-
» quante sous d'or, monnaie d'Angleterre...; mais
» que l'abbé s'en rapporterait, pour le reste, au
» prieur, et n'aurait à s'occuper de Saint-Pancrace
» que pour ce qui concerne les observances monas-
» tiques, la correction des mœurs, dans le cas où
» l'autorité du prieur serait insuffisante... »

Lewes, où se trouve Saint-Pancrace, est une petite ville du diocèse de Chichester. Cette fondation eut lieu l'an 1077, qui est celui où Lanzon vint en Angleterre, selon la chronique de Bermundsey.[1]

L'an 1101, le comte de Montgomery appelait les Clunistes à Venelock, sur le tombeau oublié de sainte Milburge, dont les reliques furent alors fortuitement découvertes.[2]

Le monastère de Dudley était aussi de l'ordre de Cluny, et le pape Lucius lui accordait de grands priviléges, *saufs l'autorité du Siège apostolique*,

1. *Monast. Anglic.*, t. II, p. 639.
2. *Monast. Anglic.*, t. II, p. 613.

les droits de l'évêque diocésain et le respect dû à l'église de Cluny [1]. « Salva..... diœcesani Episcopi » canonica justitia, » était sans doute encore une condition imposée au Pontife romain par cette nation, qui mêla toujours quelque peu de finesse et de défiance jusque dans la manifestation de ses sentiments religieux. Néanmoins, cette province cluniste fut florissante jusqu'au temps de la réforme, et dom Marrier nous a conservé [2] l'état de ses établissements à cette fatale époque.

VII

Nous ne terminerons point cet aperçu sur la diffusion de l'ordre de Cluny dans le monde sans revenir à la France, sans recueillir pieusement un souvenir local, sans parler de Marcigny.

Touché du sort et des soupirs d'un grand nombre de dames illustres qui vivaient isolées au milieu du monde, saint Hugues voulut leur préparer un asile où elles trouveraient les avantages que Cluny offrait aux hommes [3]. Il consacra à

---

1. *Monast. Anglic.*, t. II, p. 614.
2. *Bibl. Clun.*, col. 1748, 1749, 1750.
3. « Bonum etenim nobis visum est ut sicut per sanctorum » Patrum nostrorum fundationem peccatores homines Clu- » niacum habebant, si sæculo et pompis ejus abrenuntiare » vellent, ita et peccatricibus fœminis de mundi laqueis ad » locum hunc fugientibus, et pro commissis suis ex corde » gementibus, divina clementia regni cœlestis non clauderet » introitum. » (Extrait de la charte inédite de saint Hugues,

cette œuvre la portion de son héritage terrestre, l'humble villa de Marcigny. Aidé des libéralités de Geoffroy II de Semur, son frère, il commença son établissement en 1056, et, dès l'an 1061, l'ordre régulier y était solennellement installé.

« Bientôt le désert se réjouira ; la solitude sera
» dans l'allégresse et fleurira comme le lis : elle
» germera de toutes parts ; ses hymnes, ses trans-
» ports témoigneront de sa joie. La gloire du
» Liban lui est donnée, la beauté du Carmel et
» la fertilité de Saron. »

L'asile pieux de Marcigny, à peine ouvert, attire déjà les regards de toute la chrétienté ; et il nous est glorieux de pouvoir proclamer que jamais, probablement, monastère n'a réuni à la fois autant de majestés de ce monde accourues de tous les royaumes de l'Europe pour s'ensevelir dans l'humilité et l'oubli de la solitude. [1]

L'Italie nous envoie la tendre dévotion de Mathilde de Bergame et de Gastonne de Plaisance ; l'Espagne nous donne les filles de ses rois, Véraise et Frédoline, toutes deux couronnées de l'auréole des saintes [2]. De l'Écosse nous arrive Marie, fille

---

dont nous possédons plusieurs copies. Elle manque même au grand *Cartulaire* de Cluny où se trouvent cependant celles de Geoffroy, fol. 138 et fol. 157.) Duchêne, dans ses notes au *Bibl. Clun.*, col. 85, en donne un fragment.

1. Voir le document C.
2. Courtépée appelle la première Varelise, nom que nous n'avons rencontré nulle part et qui doit être une faute d'impression. Dans nos manuscrits, et dans l'acte authentique de

de Malcom ; et de l'Angleterre, la sœur de saint Anselme de Cantorbéry [1] et la fille de Guillaume le Conquérant, Adèle de Normandie [2]. Devenue, à la fleur de l'âge, veuve d'Étienne, comte de Blois, elle sut porter avec gloire le sceptre et la couronne jusqu'au jour où, les princes ses enfants étant capables de tenir les rênes de leurs États, il lui fut donné de réaliser le vœu qu'elle formait depuis longtemps, de suivre le choix auquel elle s'était arrêtée, de vivre pauvre et cachée dans la maison de Dieu. La même ambition amenait bientôt à Marcigny Mathilde, fille de Henri Ier, roi d'Angleterre, Hermingarde de Boulogne, sœur de cette princesse, et Émeline de Blois, sa fille. [3]

---

ses reliques, elle est appelée Véraise, *Verasia,* qui semble le même que Thérèse, *Theresia.* (*Menol. bened.*, 10 maii.) Nous lisons dans le *Catalogue manuscrit des dames de Marcigny :*
« 1137, sainte Véraise, fille d'Alphouse, roy d'Aragon. Elle est
» vierge et martyre canonisée ; et on en fait l'office double,
» le 15 juillet, dans le monastère de Marcigny, qui a l'hon-
» neur d'être dépositaire de ses principales reliques.....
» 1138, sainte Fradeline *(ailleurs, Frédoline et Ferréoline)*
» d'Espagne, aussi vierge et martyre canonisée. Elle fut
» prieure. » Aujourd'hui encore, les reliques de l'une et de l'autre demeurent exposées à la vénération sur le principal autel de l'église Saint-Nicolas de Marcigny.

1. *Spicil. Dacher.*, t. III, p. 434. Saint Anselme écrit à son neveu : « Sollicitudinem et tristitiam quam tu habes de tua
» matre, ego quoque tolero. Unde a D. abbate Clun. petii ut
» eam in monasterio ancillarum Dei in Marcinneio susci-
» peret : quod ipse libenter sua gratia annuit propter nos-
» trum amorem, et ipsæ ancillæ Dei voluerunt. »

2. Mss. M. — *Bibl. Clun.*, col. 635, E, 1289, E, etc.

3. *Catalogue manuscrit des Dames de Marcigny.* — Mathilde, fille de Henri Ier, roi d'Angleterre, et nièce d'Adèle de Blois

Les maisons souveraines d'Anjou, de Normandie, de Champagne, de Périgord, de Bourgogne [1], d'Aquitaine, de Bigorre et de Navarre, etc., avaient toutes à Marcigny leurs saintes représentantes parmi ces quatre-vingt-dix-neuf religieuses [2] occupées, jour et nuit, à lever les yeux vers les saintes montagnes, pour appeler sur leurs familles et sur le monde *la rosée du ciel et la graisse de la terre.*

A côté de ces illustrations du dehors, acquises à nos contrées, il nous est doux de retrouver, au premier rang, les gloires indigènes.

nommée plus haut, fut mariée d'abord à Henri V, empereur d'Allemagne (Boulliet et *Tabl. histor.*, t. I, p. 58), puis à Geoffroy Plantagenet, comte d'Anjou. Elle eut de ce dernier Henri II Plantagenet, arrivé au trône d'Angleterre après la mort de son cousin, Étienne de Blois, fils d'Adèle et d'autre Étienne de Blois. (Boulliet. — *Tabl. hist.*, t. I, p. 168.)

1. Extrait d'une charte du comte de Bourgogne Guillaume III, de l'an 1107. (V. Dunod, t. II, p. 162.) « Notum sit cunctis
» amantibus veritatem et pacem ; quod ego Willemus Bur-
» gundionum comes et Matiscensium, laudo et confirmo ad
» Cluniacum... possessionem quoque in pago Leodiensi, quam
» Ayvalliam vocant, quam mater mea regina, quæ fuit uxor
» Raynaldi Matiscentium comitis, dedit ad Marciniacum ; ubi
» et ipsa multis jam annis in habitu Sanctimoniali servit
» Deo sub disciplina Domini ac venerabilis Hugonis abbatis...»
« Actum publice apud Berzianem villam, in manu domini
» Hugonis Cluniacensis abbatis, anno Dominicæ Incarna-
» tionis 1107. »

2. C'était une tradition à Marcigny, et nous la retrouvons exprimée dans nos manuscrits, que saint Hugues fit sa fondation pour cent dames, en y comprenant dans tous les temps *la sainte Vierge*, qui avait sa place à l'église, sous le titre de *Notre Dame abbesse*, et au réfectoire sa portion destinée à un pauvre. Il n'y a jamais eu plus de 99 religieuses. (*Bibl. Clun.*, col. 1751, B.)

Ce sont les nobles femmes de Guy, comte de Mâcon, et de trente autres seigneurs de la province, qui vinrent ensemble, au jour de l'expiation, prendre le froc à Cluny. Le catalogue manuscrit des Dames de Marcigny nomme, entre autres, Élie et Sibille de Mâcon, Marguerite de la Bussière, qui fut ensuite abbesse de Saint-Jean d'Autun, Ricoarde de Salornay, Élisabeth de Chalon, Pétronille de Damas et sa fille, Henriette de Coligny, etc. [1]

C'est la mère de saint Hugues, Aremburge de Vergy, qui vint avec joie, dès l'origine, se ranger sous la discipline de sa fille Hermengarde de Semur, première prieure en 1064. Bientôt une autre fille d'Aremburge, une autre veuve désolée, la pieuse Hélie de Semur, duchesse de Bourgogne, viendra expier, autant qu'elle le pourra, par sa pénitence et par ses larmes, les crimes et les violences de son parricide époux. [2]

---

1. « In patrimonio suo locum statuit (B. Hugo), ubi de
» naufragio mundi fugere possent quæ vellent, quatenus
» VIRIS CLUNIACUM FUGIENTIBUS, et Sodomam relinquentibus,
» uxores..... invenirent portum Marciniacum. » (*Bibl. Clun.*,
col. 455, C.) — Guichenon nous a conservé, dans son *Bibliotheca Sebusiana*, p. 412, l'épitaphe de Guy de Mâcon qu'il avait recueillie à Cluny. La voici : « Hic requiescit Wido,
» comes Matisconensis, boni exempli et memoriæ, qui nul-
» lum hæredem sæculo relinquens, conversionis gratia,
» Domino ducente, *Cluniacum venit, una cum uxore, filiis ac*
» *filiabus*, et triginta militibus suis, qui omnes monachi facti
» sunt..... » Admirable intimité, qui couvre du glorieux nom de Cluny la gloire naissante de Marcigny ! Cette épitaphe se trouve aussi dans le *Bibl. Clun.*, col. 1647, C.

2. Mss. M. — *Bibl. Clun.*, col. 430, B, C.

C'est l'épouse de Geoffroy II de Semur, frère de cette princesse et de saint Hugues, après l'abdication de son époux et sa retraite à Cluny.[1]. Trois de ses filles, Adélaïde, Agnès et Cécile de Semur, suivront leur mère et leur aïeule dans cet asile béni, généreusement doté par leur père.[2]

C'est la bienheureuse Gislas de Bourgogne[3] et la vénérable Raingarde de Semur, dame de Montboissier. Celle-ci donna à Cluny Pierre le Vénérable, et à Marcigny ses propres vertus qui la firent choisir pour être, durant vingt ans, la providence visible, comme elle était le modèle des anges du désert.[4]

---

1. Mss. M. — *Bibl. Clun.*, col. 599, D, E; 742, A; 1289, A; 1657, D, E.

2. Grand *Cartulaire* de saint Hugues (Mss. C.), fol. 138 et fol. 157.

3. Suivant le *Catalogue manuscrit des Dames de Marcigny*, Gislas de Bourgogne avait été reçue en religion en 1078. C'est d'elle, sans doute, qu'il est parlé au *livre I des Miracles*, par Pierre le Vénérable. (*Bibl. Clun.*, col. 1282, A.) Sa noblesse et sa foi sont également mises en relief dans ce récit.

4. Aucun ouvrage imprimé ne fait connaître d'une manière précise l'origine et la famille de Raingarde qui, devenue veuve de Maurice de Montboissier, en Auvergne, vint à Marcigny, dans l'humble et important office de cellerière ou économe qu'elle exerça pendant vingt ans (*Bibl. Clun.*, col. 736, C), mériter le titre de Vénérable, sous lequel elle est honorée dans l'Église. Godescard, au 26 juin, dit qu'elle tenait, par sa naissance, aux premières maisons d'Auvergne et de Bourgogne; et l'auteur du *Légendaire d'Autun* a simplement reproduit cette phrase. Il existe encore à Cluny un manuscrit in-fol. de D. Georges Burin, intitulé : NECROLOGIUM HISTORICUM CLUNIACENSE, etc. Il y a dans ce manuscrit beaucoup de choses qu'aujourd'hui on chercherait vainement ailleurs. On lit dans la table, p. 182 : *Raingarda de Semur,*

La communauté de Marcigny était vraiment la fille bien-aimée de Cluny. Elle croissait et se multipliait à l'ombre de sa mère ; et jusqu'en Espagne, en Belgique et en Angleterre, il y avait des églises et des prieurés de sa dépendance. [1]

---

mater Petri vener. abb. Clun., p. 50. En ouvrant la p. 50, nous avons lu : *Sanctus Petrus de Montboissier, nobilis Arvernus, filius Mauritii Principis de Monte Buxerio, et Raingardæ de Semur, filiæ nobilissimi Principis Goffridi de Sinemuro et Alexiæ de Guines.* Voilà comment Raingarde tenait aux premières maisons d'Auvergne et de Bourgogne.

Le même manuscrit nous fournit une preuve héraldique à joindre à ce témoignage. A la page 50 se trouvent les armes de Pierre le Vénérable. Il portait *écartelé au 1er et au 4e d'or au lion de sable armé, componé de gueules, l'écu semé de croix recroisettées de sable, qui est de Montboissier ; au 2e et au 3e d'argent à trois bandes de gueules, qui est de Semur.* (Voir la Vraye et parfaite Science des Armoiries, de maistre Louvan Geliot. Dijon, Pierre Palliot, 1660, in-fol, p. 73 et 74.—587.)

Enfin, les manuscrits de Marcigny s'accordent avec celui de Cluny. Nous lisons dans le *Catalogue des Dames de Marcigny* : « *Raingarde de Semur, veuve de Maurice de Montboissier, morte en 1134. Elle était mère de Pierre le Vénérable, abbé de Cluny, et cellerière de Marcigny.* »

1. *Bibl. Clun.*, col. 1709, 1710. — Courtépée, *Hist. de Bourg.*, 1re édit., t. IV, p. 279. — A Jérusalem, près l'église Sainte-Anne, récemment donnée à l'empereur Napoléon III, s'élevait un monastère : *in quo loco est abbatissa cum monialibus nigris.* (Cardin. de Vitry, ch. LVIII.) « C'était (dit M. F. Dumont, *Gaz. de Lyon*, 26 décembre 1856) « c'était une abbaye de religieuses bénédictines établie par les rois francs de Jérusalem. » Ne seraient-ils pas venus les demander à Marcigny, ou du moins s'inspirer de l'établissement de Marcigny ? Ces rois y avaient des parentes ; sous Pierre le Vénérable, ils avaient des relations avec Cluny. Cela expliquerait le goût que l'on professait à Marcigny pour tout ce qui rappelait les lieux saints. Marcigny avait son *Calvaire*, sa maison et sa chapelle des *Hébergeries*, où l'on recevait les voyageurs en mémoire de Béthanie. Il avait sa *Maladière* dont le nom demeure encore, comme les villes de la Judée avaient eu

Marcigny, comme Fontevrault, mais avec une hiérarchie et une discipline différente, avait un double monastère. Non loin des bénédictines était la maison des bénédictins, moins nombreux et préposés à l'administration temporelle et au service spirituel de la communauté des dames [1]. C'étaient toujours des hommes de mérite qui étaient chargés de ce double soin. Qu'il nous suffise de nommer ici parmi les prieurs du choix de saint Hugues, le comte Geoffroy II de Semur, devenu moine et prêtre; Rainaud de Semur, neveu de saint Hugues, qui devint abbé de Vezelay, puis archevêque de Lyon et légat du saint-siége; Hugues de Semur, autre neveu de saint Hugues, qui sera élevé à son tour sur le siége abbatial où il ne fera malheureusement que passer; enfin, le

---

leurs *Léproseries*. Marcigny avait son *Haceldama, son cimetière des étrangers*, avec une petite chapelle dédiée à saint Pierre, qui fait aujourd'hui partie d'une maison particulière. Jusqu'à la Révolution, on conserva, avec grande dévotion, à l'abbaye de Marcigny, « dans une grande boîte divisée en
» petits carreaux, une infinité de différents morceaux de
» divers terrains de la Terre sainte, avec des écriteaux latins
» collés sur des papiers au-dedans du couvercle, qui indiquent
» de quel terrain chaque carreau est rempli. » (Procès verbal de la visite des reliques du prieuré de Marcigny, 21 et 22 mai 1714.)

1. *Bibl. Clun.*, col. 1751. « In prioratu Marciniaci, 12 mo-
» nachi, et moniales 99. » Le nombre des moines s'est élevé jusqu'à 30. Nous possédons manuscrit le double catalogue des RR. PP. prieurs et des dames prieures. De Durand, en 1063, à D. Potignon, qui a survécu à la révolution, on compte 64 prieurs. (Mss. M.) Voir le document A, à la fin du volume, et le document B.

pieux et savant Udalric, auteur des *Anciennes Coutumes du monastère de Cluny*, que nous avons déjà si souvent citées. [1]

Saint Hugues mourant laissait, comme son testament spirituel, une chaleureuse et pathétique recommandation aux abbés de Cluny, ses successeurs, en faveur de Marcigny. Rien d'affectueux et de pieux à la fois comme cette solennelle et suprême allocution. [2]

Sa voix fut entendue. Les relations furent intimes comme des relations de famille; et, après la mort de Pontius de Melgueil, les religieux du grand monastère bourguignon jetèrent les yeux, ainsi que nous venons de le dire, sur l'humble prieur de Marcigny, et élurent pour abbé général Hugues II de Semur. [3]

Que dirons-nous de Pierre le Vénérable, petit-neveu lui-même de saint Hugues par sa mère?

Tantôt c'est de Marcigny qu'il écrit à Henri, évêque de Winchester et petit-fils de Guillaume

---

[1]. *Ann. Bened.*, t. IV, p. 612, versus finem.
[2]. *Bibl. Clun.*, col. 496, E; 497, A.
[3]. *Bibl. Clun.*, col. 583. Mais D. Marrier se tait sur la famille de Hugues II. Les manuscrits de Marcigny et le *Necrolog. Clun. historicum*..... manuscrit de Cluny (p. 50) sont explicites sur ce fait, qui n'est pas contestable. Une ancienne généalogie manuscrite de la maison d'Amanzé rend ce fait plus incontestable encore. Nous y lisons, page 43, lignes 10 et 11 : « Geoffroy fonda le noble prieuré des Dames de » Marcigny avec saint Hugues..... Ayant quitté le siècle, il » en fut depuis prieur aussi bien que *Hugues son fils* qui fut » aussi abbé de Cluny, *mort en odeur de sainteté.* »

le Conquérant, pour lui vanter la religion et les vertus de ce sanctuaire où vivait Adèle de Blois, mère de Henri.[1]

Tantôt, sans y songer, au milieu des tendres effusions de son amitié envers le même prélat, il nous révèle que la grande ligne de communication du Nord avec le Midi traversait notre Brionnais. C'est de Cluny qu'il lui écrit cette fois, et il se plaint amicalement de la rareté des courriers venant d'Angleterre. *Ils ont coutume, dit-il, de venir à Marcigny, d'aller à Lyon, de pénétrer ainsi dans la Provence, évitant Cluny, comme s'ils y entendaient les sinistres aboiements de Charybde et de Scylla.* « Solent enim Marciniacum venire, Lugdunum adire, Provinciam penetrare, etc. » Mais laissons ces souvenirs matériels, tout palpitants qu'ils sont d'intérêt.[2]

---

[1]. *Bibl. Clun.*, col. 635 et 636, — surtout 825.
[2]. *Bibl. Clun.*, col. 754, A. C'est en effet la voie la plus courte et la moins difficile. Elle avait conservé la préférence jusqu'au siècle dernier. Dans nos manuscrits nous en trouvons la preuve que nous nous plaisons à produire ici.

Au mois de janvier 1630, le cardinal de Richelieu, partant pour l'Italie avec l'armée du roi, arrivait à Marcigny par la Loire, accompagné de l'archevêque de Bordeaux, de l'évêque de Valence, du maréchal de Schomberg, etc., etc.....

Le 24 octobre de la même année, Marie de Médicis, femme de Henri IV, et mère du roi Louis XIII, revenant de Lyon accompagnée du même cardinal-ministre séjourna aussi à Marcigny.

Le 13 septembre 1642, Gaston de France, duc d'Orléans et frère unique de Louis XIII, arrivait à Marcigny et y passait toute la journée du lendemain, fête de l'Exaltation de la

Ici, c'est à l'infortunée victime de l'égoïsme d'Abeilard que Pierre le Vénérable aime à vanter les charmes et l'édification du monastère brionnais. Il regrette qu'au lieu du Paraclet, Héloïse n'ait pas choisi pour sa retraite le monastère de Marcigny dont il fait le plus magnifique éloge. [1]

Ailleurs, il nous montre cette ferveur en action, et se plait à raconter les victoires de l'obéissance qui arrête subitement l'activité des flammes prêtes

sainte Croix, après avoir entendu la messe chez les pères Récollets !

Le 18 septembre de la même année voyait de nouveau à Marcigny, où il était arrivé en bateau, le cardinal de Richelieu, descendre au prieuré. Avec lui se trouvait une multitude de grands seigneurs et de prélats : Henri de Bourbon, duc d'Enghien et fils du duc de Condé, l'évêque de Redon, l'archevêque d'Auxerre, etc.; plusieurs abbés, le comte de Nogent, le marquis de Senneterre, chevalier de la Toison-d'Or, le seigneur de Phelippeaux de la Vrillère, etc., etc. Le lendemain tout ce grand cortége continuait sa route.

Le 9 août 1643 arrivait des environs d'Angers à Marcigny, en se dirigeant vers Bénissons-Dieu, le R.P. Zacharie, gardien des Récollets de la Balmette; il apportait le cœur du maréchal Philibert de Nérestang tué à la bataille du Pont-de-Cé. Ce cœur était demeuré dans la chapelle des Récollets de la Balmette depuis l'année 1620.

Le 10 juin 1664, le cardinal Chigy, neveu d'Alexandre VII et légat du souverain Pontife en France, arriva à Marcigny avec soixante-cinq bateaux. Il était accompagné et conduit à Paris par le marquis de Montausier, avec un détachement de la maison du roi et par ordre de Sa Majesté.

Peu de temps avant la Révolution, le tracé d'une nouvelle route de Paris à Lyon avait été étudié par le bassin de la Loire jusqu'a Marcigny et de là par la jolie vallée de Semur et Saint-Julien-de-Cray. Nous ignorons quelles influences nous ont déshérités. Mais peut-être la foi et les mœurs y ont-elles gagné !

1. *Bibl. Clun.*, col. 852.

à dévorer le monastère et les maisons couvertes de chaume qui commençaient à se grouper autour. ¹

Un jour il nous fait voir, comme dans un miroir fidèle, la foi et les vertus de ces saintes pénitentes, en laissant son cœur nous retracer longuement les touchantes vertus de leur vénérable cellerière, de sa mère Raingarde que Dieu vient d'appeler à lui. ²

Une autre fois, c'est à ses nièces Pontia et Marguerite de Montboissier qu'il s'adresse. Il les exhorte à persévérer, à s'animer par la pensée du ciel. Cette pensée le ramène à sa pieuse mère qui n'est plus de ce monde. C'est elle qui avait veillé sur leur enfance. Elle était morte contente puisqu'elle avait joui de l'unique objet de ses désirs sur la terre, du bonheur de leur donner le voile à Marcigny, de les consacrer au Seigneur avant de quitter cet exil! ³

C'est toujours et sous toutes les formes, l'éloge de Marcigny, en apparence prison, en réalité vrai paradis sur la terre. ⁴

Aussi avait-il mérité de fixer l'attention des souverains pontifes, d'Urbain II surtout et de Calixte II qui lui accordèrent de grands privi-

---

1. *Bibl. Clun.*, col. 1280, 1281, 1282.
2. *Bibl. Clun.*, col. 735 et suivantes (dix-sept colonnes in-f°).
3. *Bibl. Clun.*, col. 944, C, D.
4. *Bibl. Clun.*, col. 852, C. « Jocundus Marcinii carcer..... »

léges, et plus d'une fois daignèrent faire entendre en sa faveur leur parole apostolique. [1]

Tel fut, jusque dans les derniers temps, l'éclat du monastère de Marcigny, que, par une faveur exceptionnelle [2], les immortels auteurs du *Gallia Christiana* s'apprêtaient à en rédiger l'intéressante histoire, quand l'orage éclata, quand le souffle de la tempête vint disperser à jamais les titres, les feuilles éparses qui recelaient le dernier mot de nos pères et méritaient, comme les institutions elles-mêmes, un meilleur sort ! [3]

Mais il est temps de mettre fin à cette première partie de notre travail. Nous ne sommes point sortis jusqu'ici des idées et des habitudes intérieures et spirituelles du cloître ramené à sa dignité et à sa ferveur primitives ; désormais à l'abri des atteintes du siècle, et sous l'aile maternelle de l'Église, se reposant dans sa force, la congrégation de Cluny touchera avec bonheur à l'arbre de la science, et pourra sans péril et sans témérité se mettre à la tête du mouvement qui doit régénérer la société.

1. *Bullarium S. Ord. Cluniac.*, p. 22 et 41.
2. *Gallia Christiana*, t. IV, p. 486 et 487. — Marcigny, considéré comme prieuré de femmes, n'entrait pas dans le plan général de cet ouvrage.
3. Heureusement tout n'est pas perdu ; et j'ai pu retrouver le travail préparé par les bénédictins de Marcigny pour le *Gallia Christiana* et qui n'avait pas été envoyé en temps utile. On le trouvera à la fin, lettre F.

DEUXIÈME PARTIE

INFLUENCE DE CLUNY
SUR LE MOUVEMENT INTELLECTUEL DU XIᵉ SIÈCLE

CHAPITRE I

NOTION GÉNÉRALE SUR LES ÉTUDES A CLUNY.

I

Si l'homme ne vit pas seulement de pain, le moine ne vit pas seulement de prière. La prière est l'aliment du cœur ; l'esprit a ses besoins particuliers. L'étude et la prière sont aussi inséparables dans la vie du religieux, que la faculté d'aimer et la faculté de connaitre dans l'âme de l'homme. La prière élève l'âme vers les hauteurs célestes ; l'étude la soutient et la repose. Ce sont les deux ailes que Dieu a données à notre humanité déchue pour remonter vers les splendeurs des cieux.

Ainsi l'avaient compris, dès le commencement, les chefs de la congrégation de Cluny. Sans doute, ils avaient encore ajouté aux heures que saint Benoît consacrait à la prière ; ils avaient multiplié outre mesure, à notre point de vue moderne, le chant des psaumes et la lecture des récits et des enseignements bibliques. Mais n'était-ce pas là même la source la plus pure et la plus féconde du beau et du vrai, des grandes pensées et des grandes vertus ? Du reste, on rachètera ce temps, si nous osons ainsi parler. Et c'est ici encore un des points sur lesquels la réforme de Cluny s'éloigne de la règle de Saint-Benoît, et aussi de la pratique qui sera, plus tard, adoptée dans l'ordre austère de Citeaux. Cluny est à Citeaux ce que Mabillon est à Rancé. L'un veut faire prédominer le travail des mains ; l'autre, la culture de l'intelligence. Cluny courait au plus pressé. Une nuit profonde se faisait sur le monde ; les notions du bien et du mal semblaient confondues ; le vice était le fruit de l'ignorance la plus grossière et la plus générale qui fut jamais ; les intérêts matériels, la vie des sens absorbaient tous les cœurs. C'est le champ de la pensée qu'il faut cultiver désormais.

Tout le temps qui n'était pas donné à l'office divin était consacré à l'étude. Le travail des mains était insignifiant à Cluny. Il paraitrait même ridicule, si le réformateur s'était proposé autre chose que d'exercer les frères à l'humilité chrétienne, que de leur rappeler la sentence divine : *Tu mangeras ton pain à la sueur de ton front ; parce que tu es poussière et que tu retourneras en poussière.* Ce travail se réduisait à écosser des fèves, à arracher les herbes mauvaises ou inutiles et à pétrir le pain [1]. On y allait en psalmodiant. A un signal donné, on venait se grouper autour de l'abbé pour entendre une courte lecture, ordinairement dans la Vie des Pères du désert. L'abbé glosait sur ce qui avait été lu, puis l'on regagnait le cloître, toujours avec le chant ou la récitation des psaumes.

II

Nous avons nommé le cloître!... Le cloître était le lieu spécialement consacré à la lecture et à l'étude. Aussi, malgré la régularité et la tranquillité qui y régnaient, ne laissait-il pas d'offrir une scène animée. Qu'on ne se figure pas néanmoins cette animation mondaine et mercantile qui hurle aujourd'hui, ou qui jure sous les beaux arceaux de Cluny désolé [2]. Des fenêtres en fermaient l'accès aux vents et à la pluie. La vue, bornée de toutes parts par les murs de l'église, du dortoir, du réfectoire et du chapitre, ne rencontrait aucun élément de distraction. Au milieu, le puits symbolique de la samaritaine élevait les pensées vers cette eau mystérieuse que le Verbe de vie est venu apporter à la terre. L'œil, en quittant le livre, n'avait d'issue ou d'échappée que vers les

---

1. *Antiq. Consuet. Mon. Clun.*, lib. I, c. xxx.
2. Quand j'écrivais ceci, le beau cloître de Cluny était encore la place du marché public.

cieux. « C'était anciennement le vrai paradis du moine, et il donnait son nom à tout le reste du couvent ; il séparait les religieux du monde *par le rempart de la discipline*, et était une image de la paix du ciel. C'était autour de ses arceaux que les moines, au jour des Rameaux, par exemple, marchaient en procession, des palmes vertes à la main. »

« Après l'office ou le travail, les frères se réunissaient dans le cloître. Ici était le chantre marquant les leçons et écoutant quelque frère qui les répétait en modérant sa voix ; là, un novice s'exerçant à réciter le psautier de mémoire ; plus loin, les frères, assis en ordre sur les bancs, lisaient dans un profond silence, ayant leur capuchon disposé de manière qu'on pût s'apercevoir qu'ils ne dormaient pas. » Ce fut là que saint Odilon et saint Hugues, Grégoire VII et Guillaume de Saint-Bénigne acquirent cette connaissance profonde du cœur humain, cette éloquence persuasive, cette science universelle pour leur époque à laquelle ils eurent la gloire de servir de lumière et de guide. Dans un coin, les enfants du monastère apprenaient leurs leçons sous la direction de deux maîtres au moins, dont l'un était appelé *magister principalis*, et les autres simplement *magistri*. En dehors de la grande bibliothèque (*armarium*), et du *scriptorium*, lieu consacré aux travaux des copistes, on conservait dans le cloître un meuble *(armariolum)* [1], où les frères serraient proprement et allaient reprendre leurs livres de lecture, et les enfants leurs écritures ou les notes qu'ils recueillaient aux leçons du maître.

III

Ulric consacre deux chapitres entiers de ses *Coutumes* aux soins que les maîtres prenaient à Cluny des enfants et jeunes gens qui leur étaient confiés. [2]

« La règle de Saint-Benoit [3] permettait aux parents d'offrir leurs enfants, avant leur quatorzième année, à l'autel du Seigneur pour le servir dans le cloître jusqu'à la fin de leurs jours... La discipline monastique ne paraissait point alors aussi terrible qu'on voudrait maintenant se la représenter ; et le monde, d'autre part, ne s'offrait pas sous un aspect si attrayant, que ce fût un acte de folie de le quitter pour le service de Dieu. Bien plus, on regardait comme heureux ceux à qui Dieu avait fait la grâce de les appeler à la vie monastique, et on ne doutait pas qu'ils ne fussent appelés par lui à l'heureux isolement du cloître, ceux qui y étaient placés par la volonté de leurs

---

1. *Antiq. Consuet. Mon. Clun.*, lib. III, c. IX.
2. Ce sont les chapitres VIII et IX du IIIe livre.
3. *Regula S. Bened.*, ch. LIX.

parents ; de même que nous voyons aujourd'hui le désir d'un père ou d'une mère décider de la profession ou de l'état de vie de leur enfant. D'ailleurs, les vœux monastiques ne sont, en un sens, que le complément de ceux du baptême ; et il ne paraissait pas contraire à la nature que ceux qui avaient établi entre leur enfant et le monde invisible les rapports terribles du baptême, le missent dans la voie de remplir plus sûrement les vœux par lesquels ils l'avaient lié dans son enfance. »

Ces paroles de M. Dalgairns, si sages en elles-mêmes, acquièrent encore une nouvelle autorité de cette circonstance que leur auteur appartenait au ministère de l'église anglicane et à l'université d'Oxford, lorsqu'il écrivait naguère.

Il y avait, dans cet usage, des inconvénients et des périls immenses. Cluny ne les ignorait point ; et Udalric félicite Guillaume d'Hirschau de l'avoir supprimé : « Que les séculiers, s'écrie-t-il, aillent
» donc désormais chercher ailleurs que chez vous
» des nids pour leurs petits, leurs avortons, leurs
» déshérités. » Il appelle ainsi, comme il a le soin de le dire lui-même, les bossus ou difformes, et tous ces êtres sots, ineptes, bons à rien, dont les familles cherchaient dès lors à se débarrasser aux dépens des monastères [1]. Saint Pierre Damien se

---

[1]. Voir ce passage cité et commenté par D. Mabillon dans le vol. intitulé : *R. P. D. Johannis Mabilonii Præfationes Actis Sanctorum Ord. S. Ben.;* Rhotomagi, 1732, in-4°, p. 119, n° 41.

plaignait aussi que l'admission des enfants avait souvent été funeste à la sainteté monastique [1]. On conçoit que le péril était moins grand dans un monastère comme Cluny, assez fort pour tenir tête aux puissants du siècle, et gouverné comme il l'était par des hommes incapables de céder à une considération humaine et de se prêter aux tristes calculs de la cupidité. Et pourtant, au douzième siècle, Pierre le Vénérable supprimera cet usage à Cluny même, en attendant que le concile général de Trente vienne l'interdire dans tout le monde catholique. Mais tous les élèves de Cluny ne lui étaient pas donnés au même titre. Son école était aussi ouverte aux jeunes séculiers, qui rentraient ensuite dans leurs familles, tels que le neveu de Pierre Damien *(ci-après, p. 108, note* 1*)*, et le petit-fils de Guillaume le Conquérant, Henri, évêque de Winchester. [2]

Quoi qu'il en soit, il est impossible de se figurer rien de plus touchant et de plus attentif que la discipline à laquelle ces enfants étaient soumis dès leurs plus tendres années, comme aux jours orageux de la jeunesse. Ils avaient même costume et dortoir commun. Au réfectoire ils mangeaient debout [3], pour apprendre le respect et pratiquer

---

1. « Puerorum scholas rigorem sanctitatis sæpe enervasse... »
2. *Bibl. Clun.*, col. 1651.
3. Pierre le Vénérable, supprimant cet usage au douzième siècle, constate par là même qu'il existait au onzième. (*Bibl. Clun.*, col. 1369, B.)

la mortification. Jour et nuit ils étaient sous les yeux attentifs de leurs surveillants ou préfets de discipline, appelés *magistri*, comme nous l'avons déjà dit. Udalric entre dans les détails les plus minutieux, pensant, avec raison, qu'il n'y a rien de petit quand il s'agit d'un dépôt aussi précieux que l'enfance. Le *magister* principal avait seul le droit de leur infliger des corrections corporelles quand ils causaient ou lisaient mal. Et encore le législateur prend-il garde de s'expliquer si bien sur la nature et le mode des punitions, qu'elles ne puissent jamais être préjudiciables à la santé des enfants ou à leur moralité. On prenait les plus grandes précautions pour éloigner d'eux la vue et jusqu'à la connaissance du mal. Enfin, disent à l'envi Bernard et Udalric son abréviateur : « Le » plus grand prince n'est pas élevé avec plus de » soins dans le palais des rois, que ne l'était le » plus petit des enfants à Cluny [1]. » Et encore, ces soins prodigués avec une égale affection à l'enfant du pauvre et à l'enfant du riche, à l'enfant du monastère et à l'enfant du siècle, étaient gratuits aussi bien que la nourriture et l'enseignement. [2]

1. *Udalrici Antiq. Consuet. Mon. Clun.*, lib. II, c. VIII, finis. — *Bernardi Consuet. Cœnobii Clun.*, pars I, cap. XXVII.
2. *France littér.*, t. VII, p. 33, n. XLI.

IV

Udalric s'arrête malheureusement sur le seuil de l'école, qu'il nomme plusieurs fois. Il ne nous introduit point dans ce sanctuaire si fécond d'où sont sortis tant de grands hommes. Il ne nous fait point assister aux leçons de ces maîtres habiles (*scholastici*), dont les uns s'étaient formés dans le monastère et en continuaient les traditions, et dont les autres, tels que Gérard, écolâtre de Ratisbonne, Alger, écolâtre de Liége, accourus des meilleures écoles de l'Europe, sur la juste réputation de Cluny, étaient venus lui faire hommage de leurs talents et de leur expérience.

Après les doctes leçons des maîtres, nous eussions aimé à voir et à entendre les plus habiles d'entre les frères, obéissant à l'ordre des supérieurs, se livrer, en présence de toute la communauté, sur des questions de doctrines, à des duels plus pacifiques et plus utiles que ceux de la chevalerie. Au lieu de ces étincelles nées du fer, qui éblouissent et s'éteignent à l'instant, les yeux de l'âme étaient éclairés d'une lumière salutaire et toujours croissante, que faisait naître et alimentait le choc d'un ingénieux langage. [1]

---

1. Fuldens, *Antiq.*, lib. IV, auctore R. P. Christophoro Browero, Antwerpiæ, 1612. « Disputandi quoque mutuoque » congressu ceu cote exacuendi ingenii laudem non præte-

Et lorsque l'abbé ou le grand-prieur, pour encourager les jeunes élèves, venait lui-même constater leurs progrès et leur application, nous eussions suivi avec le plus vif intérêt les réponses de cette jeunesse studieuse dont l'intelligence, à l'abri des funestes passions, croissait à l'aise et s'enrichissait chaque jour par le travail. Sans doute il en avait été le témoin, il en avait été ravi plus d'une fois, dans les voyages répétés qu'il fit à Cluny, cet illustre et juste appréciateur des choses, Pierre Damien, qui, du cœur de l'Italie, envoyait son neveu bien-aimé jusqu'à Cluny, et priait saint Hugues de l'initier aux études les plus complètes et les plus brillantes de l'époque. [1]

Ainsi voyait-on accourir à Cluny, de tous les États de l'Europe, non-seulement les jeunes gens désireux de fortes et brillantes études dans les sciences divines et humaines, mais encore les maîtres les plus célèbres qui se sentaient attirés vers le foyer de lumière le plus éclatant qui fût

» riisse ejusdem ætatis cœnobitas. » Saint Bernard, dans son *Apologia ad Guillelmum,* parlant des Clunistes, dit : « Ipsorum » interfui collationibus. » (S. Bern. opera, Parisiis, Gauthier, 1836, in-8º, t. I, p. 447, 1re col.)

1. Petri Dam. Epist. ad Hugonem abb. Clun., in *Bibl. Clun.*, col. 479 : « Rogo præterea Sanctitatis vestræ clementiam » super adolescentulo isto, uterinæ videlicet sororis meæ » filio, ut illi magistrum simul et victum paterna pietate » provideat; et rudem imperitumque suscipias, ac velut » Jacob baculo simpliciter innitentem ad propria postmodum » cum gemina trivii vel quadrivii uxore remittat. »

alors au monde, comme aujourd'hui vers la capitale de l'intelligence.

On en voyait sortir, non-seulement de parfaits religieux qui s'en allaient propager partout le règne des vertus claustrales, mais des pontifes sans nombre que le onzième siècle a vus briller à la tête des plus célèbres églises ; les chefs des nations les plus éclairées, comme un Casimir de Pologne ; des cardinaux, des papes tels que Grégoire VII, Urbain II, Paschal II et Calixte II. Enfin, pour nous servir des expressions de Brower et appliquer à Cluny ce qu'il dit de Fulde, Cluny était comme l'atelier des beaux arts, le réservoir des bonnes doctrines. [1]

Et encore, le monastère chef-d'ordre n'était pas l'unique école des Clunistes. Nous avons déjà dit que l'étude était à leurs yeux, avec la prière, le double élément de la réforme monastique. Aussi, partout où l'autorité de l'abbé de Cluny était invoquée, dans les monastères qui se donnaient tout-à-fait à lui, comme dans ceux qui ne lui demandaient que la réforme, il s'appliquait à mettre l'une et l'autre en honneur. Les écoles célèbres d'Hirschau, de Corbie, de Fleury, etc., lui sont redevables d'avoir conservé en ce siècle l'éclat de leur vieille renommée. Saint-Bénigne de Dijon

---

[1] « Tamquam ex omnium honestarum artium et disciplinarum officina prodirent. » *Browerii Fuldensium Antiquit.*, p. 36.

doit toute la sienne à saint Mayeul qui voulut bien lui céder un autre lui-même dans le célèbre et vertueux Guillaume de Saint-Bénigne [1]. Ce docte et pieux personnage, à lui seul, avait fondé des écoles où l'on enseignait jusqu'à la médecine, dans plus de quarante monastères [2]. Jusque sous les plus humbles cloîtres, Cluny se plaisait à réunir la jeunesse studieuse. Nous voyons, vers l'an 1037, saint Hugues, âgé d'environ douze ans, fréquenter assidûment les classes de Saint-Marcel, près Chalon-sur-Saône. C'est là qu'il commença les études de grammaire, auxquelles il se livrait avec une ardeur angélique, parce qu'il les regardait comme une introduction à l'intelligence des divines Écritures [3]. Il y a, dans le texte de Hildebert, *Chalon* au lieu de *Saint-Marcel*. Mais par *Cabilonum*, il faut entendre Saint-Marcel qui était tout Chalon pour les Clunistes. Pierre le Vénérable, parlant d'Abeilard, dit de même : *Cabilonem a me missus est*. Ce sont les mêmes paroles, et ici, c'est visiblement pour désigner le monastère de Saint-Marcel, où chacun sait qu'Abeilard passa les dernières années de sa vie et mourut. Aussi André du Chêne [4] n'hésite-t-il pas à ajouter au mot *Cabilonem* cette glose : *monasterium videlicet*

---

1. *Ann. Bened.*, t. IV, p. 62.
2. *France litt.*, t. VII, p. 33, n° XLI.
3. *Bibl. Clun.*, col. 415, C.
4. *Notœ ad Bibl. Clun.*, p. 83, 84.

Sancti Marcelli ; et il cite la chronique des archevêques de Sens, dont voici les expressions : « *Non multo post* (Petrus Abailardus), *Cabiloni ad Sanctum Marcellum obiit,* anno scilicet 1140. » Dom Rivet [1] nous semble donc errer lorsqu'il pense démontrer l'existence de l'*école cathédrale de Chalon* en disant que saint Hugues y étudia la grammaire et les autres arts libéraux.

Mais sortons des notions générales et venons à l'objet des études à Cluny.

1. *France litt.*, t. VII, n° XLVI.

CHAPITRE II

OBJET DES ÉTUDES MONASTIQUES.

I

Fleury, dans son cinquième discours sur l'histoire ecclésiastique, exhale outre mesure sa mauvaise humeur contre tout ce qui tient au moyen-âge, et l'attaque dans son état intellectuel avec une persistance qui ne fait honneur ni à sa logique, ni à sa vertu. Il juge le passé avec les idées et avec les préventions de son temps. *Aucuns monuments de cet âge ne lui paraissent estimables* [1]. C'est le temps où *Joinville et Villehardouin* composaient ces histoires *qui nous paraissent*, dit-il, *si grossières...!* C'est le temps de *ces bâtiments gothiques si chargés de petits ornements et si peu agréables en effet, qu'aucun architecte ne voudrait les imiter aujourd'hui.*

C'est avec les mêmes yeux et du même point de vue, mais avec beaucoup moins de ménagements, qu'il juge les études et les ouvrages de l'esprit. Il n'y entrevoit rien de bon, absolument rien de supportable, et il s'indigne contre les hommes. S'il est obligé, par hasard, d'avouer que *Gunther*

---

[1]. *Discours sur l'Hist. ecclés.*, par M. Fleury; Paris, 1747, in-12, p. 223.

et Guillaume le Breton, dans leurs poésies latines, s'élèvent un peu au-dessus des autres, c'est pour leur ravir aussitôt ce faible mérite en ajoutant : *mais ce n'est guère que par des phrases empruntées toutes des anciens;* comme si on avait prétendu rabaisser le mérite de Vida, l'un des grands poètes latins modernes, lorsqu'on a dit de lui qu'*il pensait avec les expressions de Virgile !*

Nous sommes loin, sans doute, de songer à exalter bien haut l'état des sciences et des lettres au onzième siècle. Mais nous voulons tenir compte à nos pères du malheur des temps et de cet état digne d'intérêt où le onzième siècle trouva l'esprit humain. Au moyen-âge, la vieillesse et l'enfance du monde se touchent; l'ancien monde est décrépit, le monde moderne est enfant : mais le monde n'est pas mort; c'est le phénix sur son bûcher. Telle est l'histoire du moyen-âge. Nous demandons pour lui quelque chose de ces attentions délicates que le poète réclame pour l'enfance ; quelque chose de cette vénération dont le beau siècle d'Auguste entourait encore le vieil Ennius.

Les lettres humaines n'avaient, au onzième siècle, d'autre asile que les monastères, d'autres initiateurs que les moines. La principale science des moines était la science des saints; nous devons leur savoir gré de n'avoir pas, dans leur fervent enthousiasme, dédaigné tout à fait ce qu'il y a de plus profane en apparence dans le domaine des intelligences, comme la philosophie, les mathématiques et la médecine. A Cluny ces sciences étaient en honneur, parce qu'on leur reconnaissait une utilité réelle, et qu'on entrevoyait les services qu'elles pouvaient rendre. La philosophie et les mathématiques contribuaient à former et à rectifier le jugement; la médecine, à former et à améliorer l'homme extérieur. Un moine médecin était attaché à la personne de saint Hugues [1]. Et Guillaume de Saint-Bénigne, fidèle aux traditions de Cluny qu'il aimait à faire revivre partout, propageait l'étude de la médecine dans tous les monastères qu'il réformait. [2]

Toute la philosophie de ces temps-là se réduisait ordinairement à la dialectique ou logique qui n'en est qu'une partie. On commença cependant, dès la première moitié du onzième siècle, à étudier dans l'école la morale et la physique, et à en donner des leçons publiques; mais elles furent longtemps bien imparfaites.

II

Dans nos écoles, dit Mabillon [3], on enseignait toutes les sciences; mais aucune n'était en honneur comme l'étude de *l'Écriture sainte et des Pères*, en

1. *Ann. Ben.*, t. V, p. 365, B.
2. *France littér.*, t. VII, p. 33.
3. *Præfat. Actis SS. Ordin. S. Bened.*, p. 119.

quoi consistait alors toute l'étude de la théologie. C'est à l'Écriture sainte qu'on rapportait tout le reste : grammaire, belles-lettres, beaux-arts. C'est à peine si les guerres les plus cruelles, les agitations les plus effroyables suspendaient cette étude sacrée. Aussi, disent les auteurs de la *France littéraire* [1], était-elle poussée aussi loin qu'aux siècles précédents. On apportait un soin extrême à copier les auteurs sacrés et les Pères. On collationnait [2] les divers manuscrits que l'on pouvait se procurer. Qu'on ouvre les vieux livres, qu'on lise les vies et les correspondances volumineuses de Pierre le Vénérable, par exemple, de Pierre Damien ou de Grégoire VII, et l'on verra si à aucune époque il a été fait un usage plus fréquent et plus heureux des divines Écritures.

Indépendamment de l'étude particulière de l'Écriture et de l'exposition qui en était faite régulièrement par les docteurs, on profitait de toutes les occasions, de tous les moyens de s'instruire et de s'édifier. L'abbé élevait fréquemment la voix au milieu des frères, pour leur commenter l'Évangile ou quelque autre livre de l'Écriture.

---

1. *France littér.*, t. VIII, p. 136.
2. *Bibl. Clun.*, col. 1645, D : « Prædictus etiam frater » (Albertus), adjuncto sibi quodam religioso fratre, Opizone » nomine, librum hunc auctoritate aliorum librorum cum » magna diligentia emendaturum bis ex integro perlegit, » bisque correxit. » C'est de la belle Bible de Cluny qu'il s'agit ici. Voir ci-après, p. 127.

Lorsque la bonne fortune de Cluny lui amenait quelques-uns de ces illustres personnages de l'époque, tels que saint Anselme de Cantorbéry ou le légat Hugues, archevêque de Lyon, ces doctes et saints personnages étaient priés d'exposer la parole sainte dans l'assemblée des frères et de résoudre les difficultés qui auraient pu embarrasser leurs esprits.[1]

A côté de l'*histoire sacrée*, Cluny aimait à étudier l'*histoire de la patrie*, et lui préparait les documents les plus précieux qui nous restent sur cette époque. Nous ne faisons pas seulement allusion au recueil intéressant de D. Marrier, sous le titre de *Bibliotheca Cluniacensis*. Mais Raoul Glaber lui-même n'entreprit son histoire que sur les conseils de Guillaume de Saint-Bénigne, ne la reprit et ne l'acheva[2] à Cluny que sur les instances de saint Odilon. Si son mérite, comme historien, ne le met pas au niveau des Plutarque ou des Tite-Live, toujours est-il qu'il a mérité les éloges de Baronius et du cardinal Bona, qui l'appelle l'historien le plus exact de son temps.[3]

---

[1]. Saint Anselme, pendant son séjour à Cluny, fut souvent invité à édifier et à instruire les âmes. Voir *D. Anselmi opera, accurante Raynaud ad calcem.* — Saint Bernard (t. I, p. 447, col. 1re) dit, de son côté : « Ipsorum (Cluniacensium)..... interfui collationibus; sæpe et de Scripturis, et de salute animarum habui sermonem cum multis, et publice in capitulis, et privatim in cameris. »

[2]. *France litt.*, t. VII, p. 399.

[3]. *Historiarum sui temporis accuratissimus scriptor.*

Mabillon fait aussi l'éloge du zèle avec lequel les grandes écoles monastiques, parmi lesquelles il cite Cluny [1], se livraient à l'étude de l'histoire civile, transcrivaient, dit-il, pour la postérité, les monuments historiques des anciens, et rédigeaient les chroniques contemporaines. Puis il ajoute qu'on venait leur demander non-seulement des évêques, mais aussi des professeurs pour les écoles cathédrales. Ne serait-ce pas dans cette pensée que l'on voyait des évêques donner à Cluny une ou deux prébendes de leurs chapitres, tels que Arald, évêque de Chartres [2], et Isemberd, évêque d'Orléans?

III

Après les sciences, les lettres qui leur servent d'interprètes et d'ornement. Les lettres étaient comprises sous le nom modeste de grammaire. La grammaire embrassait l'étude des langues, les éléments des belles-lettres et la lecture des bons auteurs de l'antiquité.

---

1. *Præfat. actis Sanctor.*, p. 121. « Magnam diligentiam
» adhibuere majores nostri in studia historiæ sacræ et civilis,
» transmittendo ad posteros tum monumenta antiquorum,
» tum memoriam rerum suo tempore gestarum..... In quibus
» præcipue monasteriis..... Cluniacensis (abbatia)..... Inde
» educti episcopi..... Præceptores ecclesiarum cathedralium
» academiarumque..... »
2. *Annal. Bened.*, t. IV, p. 593. — *Spicilegium*, t. III, ad annum 1074.

La langue romane, que nous pouvons considérer [1] comme l'embryon de notre langue française, avait commencé à se produire dès la fin du dixième siècle. Néanmoins on ne soupçonnait point son avenir et ses glorieuses destinées. Qui eût dit, au onzième siècle, que ce langage sans forme et sans règle grandirait et serait appelé à dominer comme le soleil et à éclairer toute la civilisation européenne ?

Nous ne voyons nulle part que l'étude des langues grecque, hébraïque et arabe ait fait partie de l'enseignement public et commun à Cluny. Nous soupçonnons qu'on y appliquait les intelligences d'élite, les mémoires les plus heureuses. Nous voyons des moines de Cluny, tels qu'Anastase [2], envoyés chez les Sarrasins prêcher l'Évangile. Ils devaient être initiés à la langue des infidèles. On gardait aussi à Citeaux une traduction de l'Alcoran faite par ordre de Pierre le Vénérable, qui en avait fait présent aux disciples de saint Etienne Harding. [3]

La langue latine était donc demeurée la langue savante et généralement cultivée, d'autant mieux que, seule alors, elle était universellement employée dans les actes publics, et qu'elle était la langue de l'Église romaine. Cluny, on le conçoit dès lors, se livrait à cette étude et la propageait

1. *Fr. litt.*, t. VII, p. 107.
2. *Ann. Bened.*, t. IV, p. 123.
3. *Bibl. Clun.*, col. 1109.

avec une filiale affection ; et ses progrès, en ce siècle, sont faciles à constater. La première moitié en est bien inférieure à la deuxième. De la latinité de saint Odon à celle de Grégoire VII, d'Urbain II, du B. Raynaud ou de Pierre le Vénérable, la distance est considérable, et nous fait concevoir une haute idée de l'influence littéraire de Cluny à cette époque, dans la poésie comme dans la prose. Raynaud, surtout, dans sa double histoire de saint Hugues, laisse apparaître un vrai génie ; il pense avec une verve, il s'exprime avec une élégance et une facilité, un ton de dignité et de convenance qui font juger de quoi il eût été capable, placé à une époque plus favorable.

Dom Rivet [1] constate comme nous que la langue latine, *sur la fin du onzième siècle, acquit parmi nos Français quelques degrés de perfection;* et il croit en devoir rapporter l'honneur à la seule école du Bec. Nous osons penser que, s'il se fût mieux rendu compte de ses impressions à la lecture de Pierre le Vénérable ou de Raynaud, s'il eût moins perdu de vue les écrivains clunistes, formés, comme ceux-là, à la fin du onzième siècle, son jugement eût été moins exclusif ; il aurait admis l'école de Cluny à partager l'honneur qu'il adjuge à l'école du Bec, et que nous sommes loin de lui contester autrement.

1. *France litt.*, t. VII, p. 106.

IV

On a trop exagéré, peut-être, le mépris et l'ignorance de l'antiquité chez les hommes d'étude du moyen-âge. Sans doute, dans leur foi vigoureuse, ils étaient loin de les goûter comme ils faisaient les Écritures et les Pères. Aussi bien, en faisant abstraction de la forme, il y aura toujours une distance infinie de la fable à la vérité. Mais nos moines intelligents savaient rendre à Virgile ce qui est à Virgile. Ils transcrivaient les auteurs anciens dont nous leur devons la conservation. Ils savaient si bien en admirer les beautés littéraires, qu'il fallait que les supérieurs prissent soin, dans leurs exhortations, de les tenir en garde contre le charme humain qu'ils recèlent. Et encore quelquefois la tentation l'emportait [1]. Une nuit, étant en cours de visite, saint Hugues, fatigué d'une journée pénible, se disposait à prendre un peu de sommeil; mais il ne pouvait s'endormir. Il lui semblait avoir sous la tête une multitude de hideux reptiles dont la vue lui causait une agitation fébrile. Il soulève le traversin et trouve un Virgile. Il le rejette loin de lui avec une sainte indignation et dort paisiblement... On raconte de saint Odilon un trait presque semblable. Nous croyons que si la légende

---

[1]. *Bibl. Clun.*, col. 422, 423.

fait intervenir le démon dans ces deux circonstances, c'est à cause de l'infraction à la règle qui ne permettait pas de conserver et de lire de pareils auteurs au dortoir, bien plutôt qu'à cause de la lecture elle-même de Virgile. Nous voyons, au contraire, l'ami de saint Hugues, *Anselme de Cantorbéry, recommander au moine Maurice de s'appliquer autant qu'il le pourra à lire Virgile et les autres auteurs de l'antiquité, à l'exception toutefois de ceux qui sont immoraux*[1]. Ce moine était sans doute appliqué ou destiné à l'enseignement, car il est bien vrai que, si la lecture des auteurs profanes, faite dans les conditions indiquées par saint Anselme, faisait partie du cours classique des jeunes gens, une fois parvenus à la virilité et appelés à des affaires plus sérieuses, ils auraient regardé comme indigne d'eux d'en faire leur occupation. Aussi Lanfranc, devenu archevêque de Cantorbéry, répondait-il ainsi à un ami qui lui proposait des difficultés purement littéraires et classiques : « Quæstiones sæcularium litterarum
» nobis solvendas misitis : sed episcopale propo-
» situm non decet operam dare ejusmodi studiis.
» Olim quidem juvenilem ætatem in his detrivi-
» mus ; sed accedentes ad pastoralem curam abre-
» nuntiandum iis decrevimus. » Il n'y avait donc pas, chez les moines, système de repulsion, mais

---

[1]. *Anselmi Epist.*, lib. I, epist. 56.

plutôt sacrifice de raison et de foi, dans cet adieu fait à un certain âge aux muses païennes.

Il est aisé de reconnaitre dans leurs écrits une foule d'imitations ou d'allusions qui laissent voir qu'ils connaissaient leurs auteurs aussi bien que nous, et savaient les apprécier sous leur bon côté. Hildebert, dans le prologue de la Vie de saint Hugues, fait visiblement allusion au début de l'art poétique d'Horace, quand, énumérant ceux qui ont écrit avant lui la vie du saint abbé, il dit modestement de lui-même : « Quos velut a longe » secutus, pro homine [1] simiam pinxisse, et fin- » xisse pro amphora urceum inveniar. » Et Jotsauld, dans le chant funèbre sur la mort de saint Odilon, son maître et son ami, reproduit presque le *durum sed levius*, etc. [2], du même poète : « *Quod nequit absolvi, debet patienter haberi.* » Et quelques vers plus loin : *Musa mihi causas memora*, etc..... Les trois préfaces qu'Udalric a placées à la tête de chacun des trois livres de ses *Antiquiores Consuetud. Clun. Monast.* sentent la bonne antiquité, ont un air de dignité et de bonhomie à la fois, qui touche et intéresse vivement. On croirait entendre le sage Platon ou le bon Plutarque. Sénèque ne dédaignerait point des maximes formulées comme celle-ci de Hildebert : *Turpior jactura est* [3] *nomen*

---

1. *Bibl. Clun.*, col. 413, B, C.
2. *Bibl. Clun.*, col. 329, E.
3. *Bibl. Clun.*, col. 413, 414.

amittere comparatum, quam minime comparasse, et Tacite s'en serait fait honneur. Nous trouvons dure et barbare leur latinité. Si elle n'a pas toutes les qualités de celle des anciens, elle ne laisse pas d'être agréable et claire. Je doute, avec toute notre littérature, qu'il nous fût donné aujourd'hui de faire mieux ou aussi bien, si nous avions à écrire dans la langue des anciens Romains.

V

Si l'étude des lettres était en progrès sensibles à Cluny, à la fin du onzième siècle, les arts y étaient déjà portés à une perfection avancée.

Quel intéressant mouvement dans le *scriptorium* ouvert aux seuls copistes *(amanuenses)* ou au bibliothécaire *(armarius)* [1]? Voyez ces reli-

[1]. « Jam vero si cui prima sequenti, vel natura, vel inge-
» nium, hæc artium ac divinarum rerum altiora fastigia
» negasset, huic in secundis tertiisve consistere, et locum
» inibi honestum occupare, difficile non erat. Adminicula
» igitur sufficiebant hi primis ; alii spargendis in membra-
» neas paginas apicum et diversi generis characterum notis ;
» alii nobilibus operimentis involvendo vel claudendo codi-
» ces ; alii minio et rubrica ut quodque in sententiis aut
» capite versuum emineret, signando et enotando, illustra-
» bant. Nonnulli quod temere conjectum in schedas, vel dic-
» tando elapsum, ad purum exscribendo mundabant, et
» ordine quæque suo venuste digerebant. Pictura quoque et
» multiplici colorum fuco, et imaginum exprimendarum usu,
» haud pauci Fuldæ excellentes monachi floruere. » — Les beaux jours de Fulde étaient passés depuis longtemps. C'est à Cluny et dans les monastères qui en dépendaient que se trouvait alors transportée toute la belle activité de l'art chrétien. (*Fuldens. Antiq.*, p. 45.)

gieux devenus artistes tout à la fois par vocation divine, par obéissance et par amour! L'un prépare ou dispose ces belles feuilles de vélin dont nous admirons encore la blancheur et la netteté; un autre y transporte, d'une main sûre et rapide, le texte qui lui est confié, réservant avec soin la place des majuscules et autres ornements. Celui-ci recueille successivement ces feuilles détachées les unes des autres, révise le travail, corrige les fautes, enlève les taches et rapproche les feuillets; celui-là, avec toute la grâce d'une riche imagination, avec la justesse d'un coup d'œil accoutumé à mesurer et à fixer les proportions, avec le brillant de son coloris inimitable, et son secret d'appliquer dans son œuvre l'or en relief, consacre des jours, des mois, des années à enrichir le volume bien-aimé, de grandes lettres, de vignettes et d'enluminures.

C'est le tour du relieur. Lui aussi aura des entrailles de père pour ce fils du couvent, pour cet enfant destiné à vivre des siècles et à voir passer bien des générations, en attendant qu'une ignare et brutale révolution vienne le jeter au feu, sans jugement et sans raison. C'est de lui qu'il recevra son brillant et solide manteau de maroquin, orné quelquefois de pierreries, et qui se ferme avec deux agrafes d'or d'un travail fini. Car, fidèles à l'esprit de leur ordre, qui était, nous l'avons dit, de consacrer les beautés de la nature et de faire servir le luxe à la gloire du Dieu des vertus et des sciences, les moines artistes de Cluny chargeaient leurs œuvres de figures de saints enluminées, de lettres capitales ornées d'arabesques qui rampent le long des marges, de fermoirs d'or et de couvertures enrichies de pierreries.

On ne croyait jamais prodiguer trop de richesses et déployer assez de talent quand il s'agissait, par exemple, de recueillir les paroles du Verbe de vie [1]. Pénétrés de ce mot de saint Augustin, que le Verbe de Dieu n'est pas moins adorable que le corps de Jésus-Christ, ils regardaient la Bible comme un autre tabernacle. Ils se plaisaient à en orner les copies sacrées, comme à ciseler un calice ou à enrichir un ciboire.

Nous ne hasardons rien quand nous attribuons ces nobles sentiments à nos religieux artistes ; nous ne faisons que rendre justice à leur esprit de foi. En se livrant avec ardeur et succès à la culture des arts, ils ne travaillaient point au hasard, sans autre but que l'objet matériel, sans autre fin que les fumées de l'orgueil. Ils avaient présent à l'esprit et au cœur ce beau passage de Cassiodore, que leur main avait plus d'une fois copié : « Qu'elle est heureuse l'occupation, qu'il » est digne d'éloges le zèle de ces hommes qui se

---

[1]. Homilia XXVI, *Ante aliquot*..... « Si vultis respondere, » dicere debetis quod non minus sit Verbum Dei quam cor- » pus Christi..... »

» servent de la main pour instruire, des doigts
» pour délier les langues, qui, sans rompre le
» silence, annoncent le salut aux mortels, et com-
» battent avec l'encre et la plume les criminelles
» suggestions du démon ! Car, autant de paroles
» du Seigneur reproduites par le copiste *(anti-*
» *quarius)*, autant de coups portés à Satan. Immo-
» bile au même lieu, par la diffusion de son
» œuvre, le copiste parcourt les diverses contrées.
» On lit dans le lieu saint le fruit de ses labeurs.
» Les peuples attentifs apprennent à corriger
» leurs mauvais penchants et à servir le Seigneur
» avec un cœur pur. Son action se continue loin
» de sa présence. On ne saurait dire tout le profit
» qu'il retire lui-même des enseignements des
» docteurs, pourvu toutefois qu'il soit animé tou-
» jours de bonnes intentions, et non par la cupidité
» et l'orgueil. L'homme multiplie le Verbe céleste;
» et, si nous osons faire un rapprochement, avec
» trois doigts il reproduit ce que révèle la vertu
» toute-puissante de la sainte Trinité. O spectacle
» glorieux aux regards attentifs et intelligents !
» Un roseau court sur le vélin, et les paroles
» célestes y demeurent fixées; afin que le même
» instrument dont le démon se servit, aux jours
» de la Passion, pour en frapper la tête du Sei-
» gneur, contribuât à ruiner ses artifices. Ce qui
» ajoute encore à la gloire des copistes, c'est qu'ils
» semblent imiter en quelque sorte l'action du

» Seigneur qui, selon le témoignage figuré de
» l'Écriture, grava sa loi par la vertu de son doigt
» tout-puissant. » [1]

Le *Chronicum Cluniacense* [2] nous a conservé les noms de plusieurs religieux de Cluny qui se sont signalés dans le genre d'ouvrage qui nous occupe. Albert, disciple de saint Hugues, conjointement avec le bibliothécaire Pierre, avait copié une Bible admirable, le plus beau livre que possédât Cluny. La couverture était ornée de bérils, etc..... Ce travail avait été revu et collationné avec soin et à plusieurs reprises par frère Opizon. Ces bons religieux, pour toute ambition, demandaient en tête de leur œuvre un souvenir devant Dieu à ceux sous les yeux desquels elle pourrait passer. Albert, dans cette touchante note, nous apprend qu'il était venu de Trèves avec son père, nommé André, recevoir conjointement à Cluny l'habit monastique des mains de saint Hugues. Il demande aussi un souvenir pour son père. Car la vraie religion, loin d'étouffer les sentiments de la nature, les élève et les perfectionne.

Un autre disciple de saint Hugues, frère Durand, s'était appliqué avec tant de zèle et de distinction à la reproduction des livres d'office, que le saint abbé voulut le récompenser d'une manière inso-

---

1. Magni Aurelii Cassiodori Senatoris..... *Institutio divinarum lectionum*, lib. I, cap. xxx.
2. *Bibl. Clun.*, col. 1645, C, D.

lite. Il ordonna donc qu'après la mort de Durand le service qu'on avait coutume de célébrer pour les moines défunts serait élevé pour celui-ci à un rit d'un degré supérieur [1]. C'était bien l'encouragement le plus précieux pour ces grandes âmes dont toute l'ambition était dans les cieux.

VI

Saint Hugues, qui ne perdait jamais de vue la position exceptionnelle et grandiose faite à Cluny, entreprit, à l'âge de soixante-cinq ans, de bâtir au Seigneur un temple digne à la fois du souverain pontificat d'où il relevait immédiatement, et de cette catholique suprématie qui était donnée à sa communauté sur tant de monastères et d'églises.

La grandeur et la beauté incomparables de la basilique de Cluny nous donnent la mesure du progrès que l'architecture et les arts qui en dépendent ou qu'elle suppose avaient fait parmi nos solitaires.

Après avoir salué une croix de pierre, on entrait dans le parvis [2] situé entre deux tours carrées, l'une au midi où se rendait la justice, l'autre au nord où étaient les archives. Du parvis, on

---

1. *Bibl. Clun.*, col. 1645, E.
2. *Ann. Bened.*, t. V, p. 252.

descendait dans le vestibule de la basilique par quarante degrés, à partir de la croix de pierre. Ce vestibule à trois nefs, et présentant trois étages d'architecture superposés, avait cent dix pieds de longueur, quatre-vingt-un de largeur et cent dix-huit de hauteur. Cet édifice, élevé par l'abbé Roland, vers 1220, aurait suffi pour donner une haute idée de l'église de Cluny; elle vous eût paru déjà au niveau de sa renommée. Ainsi le monde visible fait quelquefois oublier le ciel dont il n'est de même que le vestibule! Franchissant la grande porte romane, ornée de huit colonnes et enrichie de bas-reliefs, qui s'ouvrait au fond du vestibule, vous mettiez le pied dans la vraie basilique hugonienne, longue de quatre cent dix pieds et large de cent vingt. Elle formait une croix archiépiscopale et avait cinq nefs, terminées par une hardie et gracieuse abside dont l'église de Paray-le-Monial nous offre en petit la copie exacte. A Cluny, les huit colonnes qui supportaient les murailles du chœur et la voûte au-dessus de l'autel matutinal, étaient de marbre précieux venu de la Grèce. Deux hommes auraient pu en embrasser le contour; mais leur hauteur était colossale. Les tuiles, reposant immédiatement sur les voûtes, ne laissaient point appréhender les effroyables désastres de l'incendie; et dans un laps de sept cents ans, la solidité de l'édifice ne se démentit pas un instant. « L'édifice avait plus de

» 300 fenêtres. Elles étaient étroites [1], ce qui
» répandait dans la basilique une douce obscurité.
» C'est ainsi que nos pères aimaient leurs églises.
» Ils pensaient avec raison qu'une trop vive clarté
» dissipe les pensées, et qu'une lumière douteuse
» recueille les esprits. » Nous avons signalé les deux tours carrées du parvis, hautes de cent quarante pieds. Elles étaient sans flèches et loin de rivaliser en grâce et en élévation avec le *Clocher des Lampes*, au milieu de la deuxième croisée, avec les deux clochers octogones qui s'élançaient à triple étage des deux extrémités de la première croisée, et surtout avec le clocher quadrangulaire qui s'élevait majestueusement au milieu des précédents. « Hæc moles (a écrit quelque part un
» auteur moderne) tanta se majestate in nubes
» attollit ut stupore defixus eminus spectans ali-
» quando steterim, ea est turrium frequentia, ea
» fornicatæ testudinis sublimitas! » [2]

M. Lorain [3] a donné une description détaillée

---

1. « Fenestræ omnes angustæ, adeoque basilica tota sub-
» obscura; quales amabant majores nostri, quod immodica
» luce cogitationes dispergi, parciori ac veluti dubia colligi
» animos, intendique pios sensus persuasum haberent. »
(Mabilonius, loco citato.) Il ne faut pas oublier que Mabillon voit l'étroitesse des fenêtres au point de vue de son siècle, époque à laquelle on détruisait partout les vitres peintes pour avoir plus de jour. Les fenêtres de Cluny sont plus grandes que presque toutes celles de la même époque. C'est même un des caractères de l'architecture clunisoise.

2. *Bibl. Clun.*, in notis Quercitani, p. 96, E.

3. *Hist. de Cluny*, 2ᵉ édit., de la page 58 à la page 77.

de l'église de Cluny. Nous renvoyons à ces pages intéressantes que la rapidité de notre récit ne nous permet pas de reproduire.

Le premier architecte de cette merveille digne autrefois d'être la demeure des anges [1], et qui aujourd'hui n'attend plus, hélas! qu'un autre Jérémie, fut un Cluniste nommé Gauzon, ci-devant abbé de Baume, alors retiré à Cluny et sur le point de mourir. Les dimensions et l'ornementation lui furent montrées d'une façon surnaturelle, confirmée par sa guérison subite, selon la légende. Ordre lui fut donné de les bien fixer dans sa mémoire et d'aller les communiquer à l'abbé Hugues, qui n'avait rien de mieux à faire que de se mettre immédiatement à l'œuvre, malgré ses soixante-cinq ans [an. 1089], s'il ne voulait pas abréger le terme de ses jours. Quelle que soit la valeur que l'on veuille attacher à cette légende, toujours en ressort-il ce point historique que Gauzon ou Gonzon est le premier architecte de l'église de Cluny, celui qui en a conçu et produit le plan. [2]

Mais ce n'était pas assez d'un seul homme pour soutenir et diriger un si gigantesque effort, durant vingt ans entiers et au delà. Dieu suscita un autre

---

[1]. *Deambulatorium Angelorum*..... *Bibl. Clun.*, col. 458, B.
[2]. « Affuit tamen stimulus qui eum fortiter pupugit et » adsurgere compulit architectum nostrum. » *Bibl. Clun.*, col. 457, D.

religieux qu'il conduisit comme par la main et amena, de la cathédrale de Liége où il enseignait, dans l'humilité du cloître de Cluny. Ézelon ou Hézelon est le principal architecte de la grande église de Cluny; et nous ne donnerons pas son nom d'une manière dubitative, comme l'historien de Cluny [1], mais avec certitude, fondé sur le témoignage de Pierre le Vénérable. Dans sa lettre à Albéron, évêque de Liége, il fait l'éloge des trois illustrations que cette église avait envoyées à la fois à Cluny sous saint Hugues : Hézelon, Tezelin et Alger ; un artiste, un maître de la vie spirituelle, un docteur dans la théologie dogmamatique, « quorum primus multo tempore pro » ecclesia ad quam venerat laborans, singulari » scientia, et prædicabili lingua, non solum au- » dientium mores instruxit, sed *corporalem novæ* » *ecclesiæ fabricam*, quam aliqui vestrorum vide- » runt, *plus cunctis mortalibus*, post reges His- » panos et Anglos *construxit.* » Ces rois fournissaient les fonds et les matériaux; Hézelon, son génie et son application. [2]

Cluny avait adopté dans ses constructions le style roman modifié et embelli par le style importé

---

1. *Hist. de Cluny*, 2ᵉ édit., p. 75.
2. *Bibl. Clun.*, col. 794. — *Epist. Petri Ven.*, lib. III, ep. II. — C'est sans doute le même Ézelon, dont on vante ici la science et la doctrine, qui a écrit, de concert avec Gilon, une Vie abrégée de saint Hugues que les Bollandistes nous ont conservée au 28 avril (Aprilis, t. III).

de Bysance, et il sut le glorifier par la perfection où il l'éleva bientôt, et par la majesté et l'ampleur des proportions dans lesquelles il se plaisait à l'employer. Ce n'est pas seulement le souvenir de son incomparable basilique qui nous fait parler ainsi. Longtemps avant qu'il fût question de l'élever, avant que saint Hugues eût fait rédiger officiellement les coutumes de son abbaye, Hugues de Farfa avait envoyé [1009] un de ses disciples, nommé Jean, observer sur les lieux et décrire pour l'usage particulier de son monastère les *us et coutumes de Cluny*. Cet ouvrage, demeuré manuscrit dans la bibliothèque Vaticane, n. 6808 [1], contient des choses que nous ne retrouverions pas ailleurs aujourd'hui. Le livre deuxième commence par la *position et les dimensions des lieux réguliers*. Nul doute que ces dimensions que l'on veut transporter à Farfa ne soient celles de Cluny au temps de saint Odilon. Quand nous serions dans l'erreur à cet égard, toujours est-il certain que ces proportions ont été fournies et ces plans élaborés à Cluny, dont nous surprenons ainsi la glorieuse influence jusqu'au cœur de l'Italie, cette terre classique des lettres et des arts. « L'église devait
» avoir 140 pieds de long, 160 fenêtres vitrées,
» 2 tours à l'entrée formant un parvis pour les
» laïques......; le dortoir, 140 pieds de long, 34 de
» hauteur, 92 fenêtres vitrées ayant chacune plus

1. *Ann. Ben.*, t. IV, p. 207 et 208.

» de 6 pieds de hauteur et 2 1/2 de largeur ; le
» réfectoire, 90 pieds de long et 23 de hauteur...;
» l'aumônerie, 60 pieds de longueur ; l'atelier des
» verriers, bijoutiers et orfèvres, 125 pieds de
» long sur 25 de large [1] ; les écuries des chevaux
» du monastère et des étrangers, 280 pieds de
» long sur 25, etc., etc., etc..... » Ces chiffres
suffisent pour justifier ce que nous avons dit, que
Cluny faisait les choses en grand et maintenait
ses conceptions artistiques au niveau de sa mission qui embrassait l'univers chrétien.

« Saint Odilon, dit de son côté le moine de
» Souvigny, auteur de sa Vie [2], joignait à la
» gloire qui vient des vertus intérieures un goût
» tout particulier pour construire ou relever les
» édifices consacrés à la religion. Pour les orner,
» il mettait les contrées lointaines à contribution.
» Cluny nous fournit la preuve de ce que nous
» avançons. Il en remit à neuf tous les édifices
» au dedans et au dehors, et il y prodigua la plus
» riche ornementation. Sur la fin de sa vie, il
» construisit à neuf le cloître. Les colonnes étaient
» de marbres qu'il faisait venir du fond de la
» Provence, en remontant péniblement les cou-
» rants rapides de la Durance et du Rhône. C'était

1. « Inter prædictas cryptas et cellam novitiorum, posita
» sit alia cella ubi aurifices, inclusores et vitrei magistri
» operentur; quæ cella habeat longitudinis CXXV pedes,
» latitudinis XXV. »
2. *Bibl. Clun.*, col. 431, et in notis Quercitani, col. 96.

» un ouvrage splendide dont il aimait à se glo-
» rifier. Il disait qu'il l'avait trouvé de bois et
» qu'il le laissait de marbre. »

Le moine de Souvigny énumère ensuite les principaux monastères relevés de leurs ruines ou de leur humilité par les soins ou sous l'influence de saint Odilon. Deux appartiennent à nos contrées, Charlieu et Ambierle : « Ex toto etiam suo
» tempore constructus Caruslocus, Ambierta, valde
» celebris ecclesia. » C'est ainsi que Cluny préludait à sa mission de grand constructeur, qu'il a remplie par la suite, en semant les grands édifices sur toutes les terres soumises à la règle bénédictine.

VII

L'architecture suppose d'autres arts qui n'étaient pas moins en honneur. On voyait, sur les murs intérieurs de la grande basilique et dans le réfectoire [1], des peintures qui représentaient les traits principaux de l'Ancien et du Nouveau Testament, le jugement dernier, les portraits des fondateurs et des bienfaiteurs de l'abbaye. Le ciseau du sculpteur se promenait autour des fenêtres, des

1. *Bibl. Clun.*, col. 1640, A, B. « Est insuper amplum refec-
» torium..... Ista domus refectorii habetur gloriosa in pic-
» turis tam novi quam veteris Testamenti, Principum funda-
» torum et benefactorum cœnobii Cluniacensis, cum immensa
» imagine Christi, et repræsentatione magni ipsius judicii. »

portes, des piliers, des autels. Les statues, en bois, en pierre et en métal, étaient multipliées. La confection des vases sacrés, des reliquaires et autres ornements, avait lieu dans les monastères de Cluny et y conservait à la fois l'art et le souvenir de saint Éloi. La description et le catalogue du trésor de Notre-Dame d'Avallon, donné à Cluny par Hugues, petit-fils du duc de Bourgogne Robert, nous ont été conservés par dom Luc d'Achery [1]; on est étonné, en lisant cet acte authentique, de la richesse et de la variété des objets et vêtements employés dans les saints offices. L'or, l'argent et le vermeil [2] y brillent tour à tour. Un immense lustre, bronze, or et argent, en forme de couronne et d'un travail admirable [3], était suspendu au milieu du chœur de Cluny et s'éclairait à toutes les grandes solennités.

Devant le grand autel étincelait un candélabre de cuivre, d'une grandeur immense et d'un rare travail, tout revêtu d'or, orné de cristaux et de béryls. La tige avait environ dix-huit pieds [4]. Il était fait sur le modèle de celui que le Seigneur avait commandé à Moïse et qui est décrit dans le livre de l'Exode. Sa tige, en effet, portait six branches, trois d'un côté et trois de l'autre, ornées

1. *Spicilegium*, t. III, in-fol., p. 412.
2. Textus unus aureus, et unus argenteus, *aliusque dimidius*..... (Ibid.)
3. *Bibl. Clun.*, col. 1368, statutum LII.
4. *Bibl. Clun.*, col. 1640, C, D.

de boules et terminées par des lys et des coupes; la tige se terminait de même et formait la septième branche. Les vers suivants y étaient inscrits :

> Ad fidei normam voluit Deus hanc dare formam,
> Quæ quasi præscriptum doceat cognoscere Christum :
> De quo septenæ sacro spiramine plenæ
> Virtutes manant, et in omnibus omnia sanant. [1]

La reine Mathilde, épouse de Guillaume le Conquérant, avait fait les frais de ce chef-d'œuvre vraiment royal. [2]

La verrerie aussi était en progrès. On soupçonnait déjà le bel effet des vitraux peints; on commençait à appliquer sur le verre des couleurs qui conduiront bientôt à l'art plus développé des légendes sur verre.

Le chant romain venait animer le beau vaisseau de la basilique. Il était cultivé avec un soin

---

1. « Dieu a voulu dans cet ouvrage nous donner une image » de notre foi. C'est comme un exemplaire qui nous apprend » à connaître Jésus-Christ. De Jésus-Christ en effet, mais » animées par le Saint-Esprit, découlent les sept vertus qui » guérissent tous les maux de l'humanité. »

2. « Nostrum candelabrum..... ex dono reginæ Mathildis » habemus. » (*Bibl. Clun.*, col. 1640, D.) Or, nous trouvons deux reines de ce nom qui ont été les insignes bienfaitrices de Cluny : l'épouse du Conquérant et sa bru, femme de Henri Ier. (*Tabl. hist.*, t. I, p. 168.) C'est la bru dont la signature se lit au bas d'une charte de l'an 1136, à la col. 1399, A, du *Bibl. Cluniacensis*. L'auteur du *Chronicon Cluniacense*, plaçant la description et le don du candélabre au temps de saint Hugues, mort dès l'an 1109, nous avons dû penser que la donatrice était l'épouse même de Guillaume.

particulier à Cluny, comme on le lit dans Udalric [1], et c'est peut-être moins encore sur la réputation du chant lyonnais, que sur l'expérience, le goût et le zèle de Raynaud de Semur, élève de Cluny, que les religieux de la Grande-Chartreuse s'adressèrent à ce prélat pour recevoir de lui le chant sacré de leurs offices [2]. Cluny propageait aussi en Espagne, avec le rit romain, les touchantes et pures mélodies du chant grégorien. [3]

---

1. *Antiquiores Consuetudines*, lib. III, cap. x. « Si pueri » offenderint, maxime cantando vel legendo negligenter, vel » si cantum minus diligenter addiscunt, dignam disciplinam » experiantur. »

2. Severtii, *Chronic. herarch.*, p. 238. Il y a, en cet endroit, un anachronisme que nous devons relever. Severt attribue à Raynaud de Forez ce qui appartient visiblement à *Raynaud de Semur*, successeur de Umbald.

3. *Ann. Ben.*, t. V, p. 42.

CHAPITRE III

ÉCRIVAINS DE CLUNY AU ONZIÈME SIÈCLE.

I

Nous avons nommé quelques-uns des artistes de Cluny, terminons en signalant quelques-unes des célébrités qui l'ont illustré en ce siècle, dans les sciences et les lettres.

Raoul Glaber [1], que l'on croit Bourguignon d'origine, après une enfance difficile et une jeunesse orageuse, errait, même sous le froc, de monastère en monastère. Saint-Germain d'Auxerre, Saint-Bénigne de Dijon, Notre-Dame de Moutier et Bèze, donneront successivement asile à son humeur inconstante et fâcheuse. Cluny seul aura la vertu de le charmer, et le mérite de le fixer jusqu'à la mort [vers 1049]. C'est là, nous l'avons dit, et sur l'ordre de saint Odilon qu'il reprit et acheva son *Histoire universelle*, commencée autrefois à Saint-Bénigne, sur les instances de Guillaume, mais interrompue depuis que ce saint abbé s'était vu dans la triste nécessité d'expulser le moine indocile. Et néanmoins, les pensées vraies et pratiques de la foi ne laissaient pas le fiel et la haine pénétrer dans ces grandes âmes,

---

1. *Ann. Ben.*, t. IV, p. 463, etc. — *Fr. litt.*, t. VII, p. 399.

et c'est à Guillaume lui-même que Raoul dédie son œuvre... Œuvre pleine des défauts de l'époque, mais remplie de détails intéressants qu'on chercherait vainement ailleurs. Nous avons déjà dit le témoignage que lui rendent à l'envi les savants cardinaux Baronius et Bona. Il nous a laissé encore une Vie du B. Guillaume de Saint-Bénigne, adressée à tous les fidèles ; — des inscriptions en vers hexamètres pour chacun des vingt-deux autels de Saint-Germain d'Auxerre, composées lorsqu'il y était religieux ; — un poëme en vers iambiques rimés sur la mort du roi Hugues ; — et un autre en vers hexamètres, qui est une satire véritable contre le luxe et la dépravation introduite à la cour de France par les gens de la langue d'oc, après le mariage du roi Robert avec Constance de Provence.

Syrus et Aldebald [1], moines de Cluny sous saint Odilon, furent sans doute les chefs de l'école monastique. C'est à cause de la haute renommée de Syrus que Garnier, religieux *de sainte mémoire*, le pria d'écrire la Vie de saint Mayeul. Il se mit avec zèle à ce pieux devoir. Mais il fut envoyé à Pavie avant de l'avoir achevé, et Garnier lui-même dirigé du côté de l'Alsace, emportant avec lui l'œuvre inachevée de Syrus. Saint Odilon, l'ayant retrouvée au monastère de Morbach, chargea

---

1. *Ann. Ben.*, t. IV, p. 86.

Syrus, à son retour d'Italie, d'y mettre la dernière main. Celui-ci divisa son ouvrage en trois livres, et le dédia à saint Odilon.

Après la mort de Syrus, Aldebald, sans rien changer ni ajouter au récit de son confrère, mit une préface à la tête de chacun des trois livres qui partagent son œuvre, et intercala dans le texte quelques tirades de poésies dans le goût du siècle. Syrus eût mieux réussi, car les auteurs de la *France littéraire* [1] remarquent que sa poésie était supérieure à celle de ses contemporains. C'est de cet ouvrage ainsi revu que saint Odilon dit, dans le panégyrique qu'il composa à son tour à la louange de saint Mayeul : « *Volumina a doc-* » *tissimis viris* ordinata, sensu catholico, *calamo* » *conscripta rhetorico*, et in quibusdam locis metro » variata dactylico. » Ces expressions nous semblent confirmer le soupçon que nous avons émis, que Syrus et Aldebald enseignaient à Cluny. L'œuvre de ces *savants hommes* sent le professeur *de rhétorique* et de versification.

Jotsauld, fils de Bernard et d'Ada, était surnommé l'Allemand, et on le croit Allemand d'origine. Mais il fut élevé dès sa jeunesse, sous la discipline de saint Odilon, dans l'étude des sciences et la pratique des exercices du cloître. Ses succès lui firent confier l'office important de chancelier

---

1. *Fr. littér.*, t. VII, p. 410.

ou secrétaire de la maison. Saint Odilon, puis saint Hugues, eurent toujours pour lui la plus tendre affection et le choisirent souvent pour compagnon dans leurs voyages.

Il avait écrit sur l'Eucharistie contre Bérenger, et sur l'histoire de son temps. Vers 1053, il publia une Vie de saint Odilon, à laquelle il donna le titre modeste d'*Épitaphe*, comme faisait saint Jérôme; et il est digne d'être rapproché, en ce genre d'écrit, de l'historien de saint Hilarion et de sainte Paule. Car, bien que Jotsauld, obligé de parler de lui-même, n'ose le faire qu'en disant *qualiscumque homuncio*, il n'en est pas moins vrai, au jugement de dom Rivet [1], que « nous » avons très peu d'ouvrages de ce siècle, en même » genre de littérature, qui soient écrits avec plus » d'ordre, plus de netteté, plus de candeur, plus » d'onction, on peut même dire en meilleurs » termes. »

Il nous reste de Jotsauld un chant funèbre dans le genre dramatique, sur la mort de saint Odilon [2]. Si la poésie n'est pas du premier mérite, d'autres qualités le recommandent à l'étude et aux observations de l'ami des bonnes lettres, et ce morceau serait digne assurément de figurer dans l'histoire de la littérature. Les sentiments qu'il exprime sont touchants et chrétiennement passionnés. L'action

---

1. *Ann. Ben.*, t. IV, p. 499. — *Fr. littér.*, t. VII, p. 487.
2. *Bibl. Clun.*, col. 329 et suiv.

est vive, le mouvement varié. Après l'exposition, la raison parait et se montre désespérée : la religion survient et célèbre la future résurrection. Puis un pieux souvenir à Guillaume de Saint-Bénigne, l'ami, le condisciple, l'émule d'Odilon, mort le même jour :

> Uno florentes in tempore, corpore mundo,
> Unius et fidei, veræ pietatis amici.
> Junxit utrosque fides, similes habuere recessus,
> Gloria non dispar, eadem sequiturque corona.

Et il célèbre le glorieux triomphe des deux amis. Il emprunte la forme et presque jusqu'aux expressions du *Cantique des Cantiques*. Puis, quand son œuvre, où nous regrettons de ne pouvoir le suivre, est terminée, il se recueille, pleure et recommande sa mémoire aux deux élus de Dieu, comme faisaient plus tard ces autres artistes du cloître qui, au calvaire dont ils avaient reproduit la vive image, ne manquaient guère de se peindre eux-mêmes en adoration aux pieds du Christ mourant :

> Odilo, jam valeas, Jotsaldi jam memor esto,
> Almaniique tui votis pie semper adesto.

II

Nous avons déjà nommé les deux auteurs des Coutumes de Cluny, Bernard et Udalric [1].

[1]. *Ann. Ben.*, t. IV, p. 531 ; t. V, p. 221.—*Fr. littér.*, t. VII, p. 595.

L'origine de Bernard est inconnue, mais il fut élevé dès l'enfance à Cluny. Il nous apprend, dans la préface de son livre, qu'il devait tout à saint Hugues [1], et que ce qu'il savait pour la conduite de la vie, comme dans l'intelligence des Écritures, il l'avait appris du saint abbé.

Udalric, fils de Bernold, avait reçu une éducation soignée et une instruction littéraire solide, à Ratisbonne, sa patrie. Introduit à la cour de l'empereur Henri III, qu'il édifia, il la quitta pour aller visiter les saints lieux [1052]. A son retour, il veut fonder un monastère. Mais les difficultés qu'il rencontre l'engagent à distribuer aux pauvres son immense fortune, et à venir, après avoir visité Rome, se consacrer à Dieu à Cluny, avec Giraud, écolâtre de Ratisbonne, qui devint grand-prieur et cardinal-évêque d'Ostie. Udalric fut appliqué à la direction des âmes à Cluny d'abord, puis à Marcigny [2]. Privé malheureusement d'un de ses yeux, il fut rappelé à Cluny, employé encore dans quelques missions délicates, et mourut en

---

1. Consuetudines cœnobii Clun. in proœmio : « Quidquid » de religionis tramite apprehendi, vestri potius muneris ex » Dei inspiratione quam meæ fuit industriæ, parumque » meum studium profuisset, nisi vestra me regendum et ins- » tituendum paternitas suscepisset, in qua, Deo donante, » quasi digito Dei expressum video, quidquid in libris sacris » virtutum lego, ut palpare quodammodo possim quod de » Scripturis intelligo, si vestræ conversationis lineas vigi- » lanter attendo. »

2. *Ann. Ben.*, t. V, p. 321.

Allemagne, dans un monastère de la Forêt-Noire, qu'il avait fondé et qui reçut, dans la suite, le nom de Saint-Udalric [1]. Nous n'avons pas à revenir sur le mérite de ses *Antiquiores Consuetudines*.

Hébretme [2] est un de ces religieux de Cluny cédés à l'Espagne, sur les instances de ses princes et de ses évêques, pour réparer, nouveaux Esdras, les ruines de l'Église, après la longue oppression des Sarrasins. Il mourut vers l'an 1085, après avoir contribué plus que personne à introduire en Espagne l'ère chrétienne de l'Incarnation, qui y était inconnue auparavant. Papebrock nous a conservé de lui la Translation du corps de saint Idalèce [3], l'un des premiers évêques qui portèrent l'Évangile en Espagne. Hebretme l'écrivit sur la demande de Sanche, abbé de la Pegna. « Cette » histoire, dit dom Rivet, est bien écrite à tous » égards. Non-seulement le style ne se ressent en » rien de la barbarie du siècle, mais il est encore » clair, coulant, agréable, et montre un écrivain » de piété et bien instruit de sa religion [4]. » Après ce jugement critique et celui qu'il porte sur Jotsauld, tous deux constatant les immenses

---

1. *Ann. Ben.*, t. V, p. 321, et *Bibl. Clun.*, col. 1742. « Prioratus de Cella, alias Sancti Ulrici in Nigra Sylva. »
2. *Ann. Ben.*, t. V, p. 211. — *Fr. litt.*, t. VIII, p. 150.
3. Translation du corps de saint Idalèce, de Merida à Saint-Jean de la Pegna, Aprilis 3, p. 723.
4. *France litt.*, t. VIII, p. 150.

progrès de l'école de Cluny, nous ne comprenons nullement que D. Rivet ait pu, comme il l'a fait, attribuer seulement à l'école du Bec les progrès des lettres sur la fin du onzième siècle. — Nous avons encore d'Hébretme le récit de la translation du corps de saint Isidore de Séville. Mêmes qualités, même mérite que le précédent.

Que dirons-nous du moine Alger [1], accouru, comme nous l'avons dit plus haut, de Liége à Cluny, avec Tézelin l'ascétique et Ézelon l'architecte? Alger est le grand théologien de Cluny et peut-être de son siècle. Trithème dit qu'il réussissait également dans la prose et dans les vers [2]. Reçu à Cluny par saint Hugues, il lui survécut de plusieurs années et mourut vers l'an 1132 ou 1135.

Alger a laissé : 1° un livre intitulé *De Misericordia et Justitia*, mentionné par Mabillon et édité par dom Martenne et Durand; [3]

2° *De libero Arbitrio*, que Trithème intitule : *De Gratia et libero Arbitrio;* ouvrage édité par D. Pez; [4]

3° *De sacramentis Corporis et Sanguinis Domini*. C'est l'ouvrage principal d'Alger. Il a été mis, par Pierre le Vénérable bien au-dessus des

---

1. *Menologium Benedictinum,* die XX Maii.
2. Carmine valuisse et prosa.
3. Mentionné par Mabillon dans ses *Analecta*, p. 130; édité par D. Martenne dans son *Thesaurus novus...*, t. V, p. 1019.
4. *Thesaurus novissimus Anecdotorum.* t. IV, partie II, p. 111 (*Augustæ-Vindelicorum*, 1723).

ouvrages sur le même sujet écrits par Lanfranc et Guitmond, contre les erreurs de Bérenger [1]. Pierre le Vénérable ajoute qu'il ne laisse rien à désirer, sur la matière qu'il traite, au lecteur le plus difficile. Tel est aussi le jugement d'Érasme qui, dans sa lettre à un évêque, écrit « qu'il n'a » jamais douté de la vérité du corps et du sang » de Jésus-Christ dans l'Eucharistie; mais qu'il » avoue que la lecture de ce livre, également pieux » et savant, a encore fortifié sa foi et augmenté » son respect. » Ce traité qui se trouve dans la collection des *Petits Pères* a en outre été édité à Louvain en 1561, pour combattre les erreurs du protestantisme. Tout récemment, Mgr J.-B. Malou, précédemment professeur à l'université de Louvain, aujourd'hui évêque de Bruges, en a donné une nouvelle édition, augmentée d'un petit traité du même auteur, *De sacrificio Missæ*, découvert par le cardinal Maï; *Lovanii, sumptibus* C. Fonteyn (1847, in-32).

Nous demandons pardon de ces détails bibliographiques; mais ils ont plus d'autorité que notre témoignage en faveur du mérite d'Alger.

III

C'est avec plus d'affection encore que nous rappellerons ici la mémoire de Raynaud de Semur

---

1. *Bibl. Clun.*, col. 1175, D, E.

et de Pierre le Vénérable, l'un neveu par son père, l'autre petit-neveu par sa mère de saint Hugues. Tous deux voués à Cluny dès l'enfance et reçus par saint Hugues à la profession monastique, ils durent toute leur culture intellectuelle à l'école de Cluny, et nous ne craignons pas de répéter qu'aucun écrivain ne lui fit plus honneur.

Raynaud, fils de Geoffroi II de Semur et d'Alix de Guines [1], était prieur de Marcigny [2], l'an 1103. Nommé abbé de Vezelay, malgré l'opposition du comte de Nevers, il reçut la bénédiction abbatiale des mains du souverain pontife Paschal II, au concile de Guastalla, en Lombardie [3] [1106]. Il fut le généreux restaurateur de son abbaye, qu'il voulut ensuite rattacher plus étroitement encore à Cluny, en contractant avec son saint oncle une

---

1. Le *Gallia Christiana* (t. IV, p. 114) relève l'erreur de quelques auteurs suivis par Duchesne (*Généalog. des Maisons souveraines*, t. VI), relativement à Raynaud qu'ils faisaient frère et non neveu de saint Hugues ; mais il en commet une, à son tour, en faisant naître Raynaud *de Dalmace* et *d'Aremburge* de Vergy, père et mère de saint Hugues. Nos manuscrits, le témoignage de Pierre le Vénérable et celui de Raynaud lui-même, dans les deux vers qui terminent cet article, prouvent que Raynaud était neveu du saint abbé de Cluny. L'erreur, à cet égard, est venue d'une charte d'un Geoffroi de Semur, dont les premières lignes sont reproduites par Duchesne dans les notes du *Bibl. Clun.*, col 85. Ce Geoffroi se dit *frère de Raynaud, abbé de Vezelay*. C'est que Raynaud était, en effet, fils de Geoffroi II et frère de Geoffroi III de Semur.

2. Index Priorum Marciniaci, à la fin de ce volume.

3. *Gallia Christ*, t. IV, p. 468. — *Ann. Ben.*, t. V, p. 498.

société intime de prières [1108] [1]. L'an 1119, le roi Louis VI confirmait entre ses mains les priviléges de Vezelay [2]. Il assista au concile de Troyes [3] [14 janvier 1128], dans lequel douze archevêques ou évêques, présidés par le légat Mathieu, évêque d'Albe, approuvèrent solennellement la règle des Templiers, rédigée par saint Bernard. L'abbé de Vezelay signe immédiatement après les évêques et avant l'abbé de Citeaux. Quelques semaines plus tard, il devenait archevêque de Lyon et légat du saint-siége [4]. Des démêlés s'étant élevés entre l'évêque de Langres et l'abbé de Saint-Seine, Raynaud, en sa qualité de métropolitain, eut à intervenir et termina heureusement ce différend [5]. Les religieux de la Grande-Chartreuse voulurent recevoir des mains de ce prélat le chant de l'antique Église de Lyon qui fut adopté dans toutes les maisons de l'Ordre [6]. Le sceau de Raynaud et sa signature se trouvent dans une charte donnée en faveur de la Chartreuse de Portes (Eremi Portæ). Pierre le Vénérable dit que ce pontife aurait élevé jusqu'au ciel la gloire de l'Église de Lyon, si une fin préma-

1. *Gallia Christ.*, t. IV, p. 114 et 468.
2. *Thesaurus Anecdotorum*, col. 322.
3. *Deliciæ Ordinum equestrium*, p. 228.
4. *Deliciæ Ordinum equestrium*, p. 228.
5. *Gallia Christiana*, t. IV, p. 114.
6. *Severtii Chronol. hierar.*, p. 238 et 263.

turée ne l'eût enlevé de ce monde [1]. Il mourut le 7 août de l'année 1129. Sa réputation de sainteté l'a fait honorer du titre de Bienheureux, dans le Martyrologe de France [2]. Il avait un cénotaphe dans l'église de Saint-Irénée de Lyon, mais son corps reposait à Cluny.

<blockquote>
Cujus erat monachus, prope cujus ab ubere natus
Accubat in gremio nunc, Cluniace, tuo. [3]
</blockquote>

Ce que nous connaissons de Raynaud, en vers comme en prose, fait regretter qu'il n'ait pas écrit davantage. Le ton de son *Histoire de saint Hugues*, la verve, la latinité, n'accusent point le siècle où il écrivait, mais nous apparaissent comme un reflet de la bonne antiquité. Nous l'avons déjà dit, il nous donne la mesure des progrès de l'école de Cluny au onzième siècle. Il a traité le même sujet dans un poëme de 220 vers, d'où il a eu le bon goût d'exclure constamment la rime et les jeux de mots, si habituellement recherchés à cette époque. Mais il y a, dans son œuvre, de l'enthousiasme, du sentiment et une allure poétique qui lui donne une supériorité réelle sur ce que nous connaissons de la même époque en ce genre. Il termine en s'agenouillant

---

1. Lugdunensis apex junxisset cornua cœlo,
 Ni celer occasus surripuisset eum.
 (*Bibl. Clun.*, col. 1353, A.)
2. *Gallia Christ.*, t. IV, p. 114.
3. *Bibl. Clun.*, col. 1353, A.

à son tour devant son héros, dès lors sans doute couronné de l'auréole des saints :

> Hæc, pater Hugo, tui Rainaldi dicta nepotis
> Suscipe, quæso, pie, meque tuere, pater. [1]

Pierre le Vénérable était encore au sein de sa mère lorsque saint Hugues [2], avec cet ascendant que lui donnait son âge déjà avancé, sa qualité d'oncle de Raingarde et la grâce qui était en lui, s'adressant à sa nièce : « Sachez, Madame, lui » dit-il, que l'enfant dont vous êtes enceinte est » consacré à Dieu et donné à saint Pierre. — » Seigneur, répondit la pieuse dame, si c'est un » garçon, que votre volonté soit faite. — Ce sera » un garçon, je vous l'assure, répliqua l'abbé. » Peu de temps après, Raingarde offrait au Seigneur un nouveau-né nommé Pierre, du nom de celui auquel il avait été donné avant sa naissance. Sur l'ordre de saint Hugues [3], il était admis au monastère de Sauxillanges, dépendant de Cluny et voisin du château de Montboissier, pour y être initié aux premiers éléments des lettres et de la vertu, sous la direction de son oncle Hugues de Semur, vingt-deuxième prieur de Sauxillanges [4],

---

1. *Bolland.*, Aprilis, tom. III, col. 655.
2. *Veterum Scriptorum Collectio D. Edm. Martenne*, t. VI, p. 1187.
3. *Veterum Scriptorum Collectio D. Edm. Martenne*, t. VI, p. 1187.
4. Mss. C., *Catalogue des abbés et prieurs de Sauxillanges (Celsiniæ)*, dans le *Necrologium Cluniacense historicum*, p. 119.

avant de passer en la même qualité à Marcigny et de là sur le siége abbatial de Cluny. Bientôt il venait à Cluny même prendre, avant l'âge de dix-sept ans, ses engagements religieux. Il fut prieur de Vezelay; et à trente ans, l'élection des frères l'appelait au gouvernement général de l'Ordre, après le trop court passage du vénérable Hugues II, son parent et son premier maître à Sauxillanges. Hugues n'avait pas eu le temps de réparer les ruines amoncelées en quelques années sous la déplorable administration de Pontius de Melgueil. Pierre, en peu d'années, fit revivre la discipline monastique et ressuscita l'esprit de saint Hugues. Il eut l'honneur de recevoir à Cluny la visite du pape Innocent II [1]. Abeilard trouva en lui un ami et un père, qui le réconcilia avec l'Église, encouragea sa pénitence, recueillit son dernier soupir, et trouva dans son âme aimante des espérances et des éloges à répandre sur la tombe du moine aventureux [2]. S'il aima les personnes, il combattit sans relâche les erreurs, comme l'attestent ses nombreux traités contre les mahométans, contre les juifs, contre les hérétiques de son temps, et sur les vérités principales de la religion chrétienne. Enfin, il mourut saintement à Cluny, le 24 décembre 1156.

Les œuvres de Pierre le Vénérable remplissent

1. *Bibl. Clun.*, col. 1315, A, B.
2. *Bibl. Clun.*, col. 852, 853.

la moitié du *Bibliotheca Cluniacensis*. Indépendamment des *Traités divers* dont nous venons de parler, nous possédons de ce docte personnage six livres de *Lettres*, avec un supplément. On voit que Pierre le Vénérable a été en relation avec tous les hommes éminents de son siècle. Le recueil de ses lettres est incontestablement ce qu'il nous a laissé de plus important. Il nous en reste plus de deux cents. Les questions les plus variées y sont abordées. L'histoire générale peut les considérer comme une de ses sources les plus pures et les plus fécondes. Nous y pouvons recueillir un grand nombre de traits peu connus de notre histoire locale. Ses livres des *Miracles* renferment assurément bien des traits d'une authenticité peut-être suspecte, ou du moins auxquels on attribue trop facilement un caractère surnaturel. Mais, comme renseignements historiques et peinture de mœurs contemporaines, c'est un livre intéressant et précieux. Sa versification latine nous paraît inférieure à celle de Raynaud. Il court encore après les jeux de mots et la rime. C'est, du reste, une portion très minime des œuvres de l'abbé de Cluny. Ses poëmes principaux sont la Défense des poésies de Pierre de Poitiers, son disciple, et un Éloge historique de saint Hugues, en dix-huit stances iambiques [1]. Après les poésies viennent les *Statuts*

---

1. *Bibl. Clun.*, col. 1338 et 1351.

de Pierre le Vénérable par lesquels il modifie quelques usages de Cluny, en ajoutant à chaque statut les motifs particuliers de ce changement.[1]

« Son style, dit Feller, est ordinairement net et
» correct, surtout dans ses lettres..... Il partagea
» constamment, avec saint Bernard et l'abbé
» Suger, la supériorité du mérite et de la célébrité
» sur les grands hommes de ce temps. Il défendit
» son ordre contre saint Bernard qui reprochait
» aux religieux de Cluny d'être trop somptueux
» en bâtiments, d'avoir une table trop peu frugale,
» de s'éloigner de quelques pratiques de la règle
» de Saint-Benoît. » L'idée n'était pas nouvelle. Saint Pierre Damien, avant saint Bernard, l'avait exprimée à saint Hugues avec moins de feu et de pétulance que le glorieux compatriote de Bossuet. L'esprit de Cluny, nous le répétons, était effectivement de faire servir, dans les limites de la loi de Dieu, les sens au profit de la vertu ; de diriger les passions des hommes au lieu de les heurter de front. Sans rien diminuer de notre affectueux respect pour saint Bernard, nous aimons mieux saint Pierre Damien se rendant aux raisons de saint Hugues; comme lorsque, aux temps modernes, la querelle se renouvellera, à propos des études monastiques, nous aimerons autant Mabillon

---

1. *Bibl. Clun.*, col. 1354 et suiv.

que Rancé. On ne dispute pas plus des vocations que des goûts. [1]

Terminons cette revue par un hommage rendu aux génies particuliers de saint Odilon et de saint Hugues.

[1]. Nous croyons à propos de reproduire ici le fragment suivant d'une lettre adressée à M. Didron et donnée par le grand archéologue au t. XIII, p. 180, de ses *Annales archéol.*

« Enfin, Monsieur, on peut très certainement, sans manquer au respect dû à saint Bernard, penser avec vous que c'est heureusement que l'art n'a pas suivi ses conseils trop austères. Peut-être le saint docteur a-t-il déploré plus d'une fois son « Apologia ad Guillelmum »? Il avoue au chapitre XIII, qu'il l'a écrite bien précipitamment : « Multa quidem addenda.
» Sed avellit me et propria satis anxia occupatio, et tua,
» frater Ogeri, nimis festina discessio, qui videlicet, nec
» morari diutius acquiescis, nec abire tamen vis absque
» recenti opusculo. Et utinam hæc pauca scripserim sine
» scandalo. » Dès le préambule, saint Bernard ne dissimule pas que de pareils écrits lui faisaient du mal, qu'il y perdait l'esprit de dévotion et d'oraison : « Scito tamen non modico
» me hujuscemodi scriptitationibus feriri detrimento ; quia
» multum hinc mihi devotionis subtrahitur, dum studium
» orationis intermittitur. » Ce n'est donc pas là précisément le beau côté du héros chrétien. C'est l'homme qui se montre. Le saint docteur jugeait l'esprit de Cluny au point de vue de la règle austère de Cîteaux. Cîteaux faisait très bien; Cluny ne faisait pas mal. Je l'ai dit ailleurs : « On ne dispute pas plus des vocations que des goûts. » Et quand l'ange de Clairvaux s'écriait avec vivacité (chap. IX, n° 23) : « Sic.....
» sancti Odo, Maïolus, Odilo, Hugo aut tenuerunt aut teneri
» censuerunt? » — On aurait pu lui répondre : « Eh ! oui, c'est bien ainsi qu'ils ont compris leur institut dès l'origine. Vous ne voulez aucun ornement, rien qui sente le luxe dans les édifices réguliers (ch. XII, n° 28); et saint Odilon faisait venir à grands frais des marbres précieux qui remontaient péniblement la Durance et le Rhône pour venir orner le réfectoire de Cluny, dont les murs étaient couverts de riches peintures (*Bibl. Clun.*, col. 431, et aux notes de Duchesne, col. 96, B, C, D). Venant, dites-vous, à des choses plus graves

IV

Le goût de saint Hugues pour les sciences et les lettres s'était manifesté de bonne heure. Tout petit enfant, disent ses biographes [1], il aimait à s'appliquer à la lecture, contre le gré de son père qui le destinait au monde. Et lui ne voulait point du monde, précisément parce qu'il eût fallu, avec le monde de ce temps-là, se passer de cultiver son intelligence pour se livrer à des exercices purement corporels [2]. Ses progrès durent être précoces et merveilleux, car on y eut sans doute égard autant qu'à sa sainteté pour l'élever si haut et le faire grand-prieur à vingt ans, abbé général à vingt-cinq.

Ce n'est pas toutefois comme écrivain que nous voulons étudier saint Hugues, parce qu'il nous reste trop peu de chose de ses vastes correspon-

---

encore, vous vous écriez : « Omitto oratoriorum immensas » altitudines, immoderatas longitudines, supervacuas latitu- » dines, curiosas depictiones. » Mais c'est saint Hugues, et sur une inspiration divine, qui a élevé la plus grande et la plus riche église du monde ! » Au reste, Monsieur, cette longue satire contre les Clunistes a son bon côté. C'est peut-être de tous les monuments de cette époque celui qui nous fait le mieux connaître l'état de la culture des arts à Cluny. Si j'y avais pensé davantage, mon mémoire serait moins faible en cet endroit. »

1. Bolland., t. III, Aprilis, Vita ab Hildeberto, n° 2. — Vita a Raynaldo, n° 1.
2. Ces exercices corporels sont énumérés par Hildebert du Mans. *Bibl. Clun.*, col. 415, A.

dances, à peu près rien de ses discours toujours improvisés. L'orateur surtout brillait dans saint Hugues. L'orateur, c'est le théoricien dans l'application, l'écrivain dans l'action. Les qualités extérieures lui sont indispensables ; il lui faut une action vive et naturelle, un organe harmonieux. Il doit se présenter avec grâce et poser avec dignité. Un reflet de la beauté et de la sérénité divine doit paraître sur son front et dans toute sa personne. Saint Hugues possédait toutes ces qualités précieuses dans un degré éminent. Sa beauté était merveilleuse [1]; dès l'enfance, elle faisait l'orgueil de ses parents. Mais lorsque les premières années d'une jeunesse vertueuse lui eurent apporté leur tribut, Dalmace, qui n'avait pas vu son fils depuis sa retraite à Cluny, ne put s'empêcher, en le revoyant, d'exprimer tout haut son ravissement, et de s'écrier naïvement qu'il le trouvait plus beau encore sous le froc que sous les riches vêtements du grand seigneur. Quelque temps après, à Cologne, où l'empereur Henri III l'avait emmené célébrer avec la cour les fêtes de Pâques, les Germains ne se lassaient pas de contempler avec admiration, dans une si grande jeunesse, la gravité d'un homme à cheveux blancs, le charme de la conversation, la grâce du visage et la limpidité de la parole [2]. Aussi Léon IX, au concile

1. *Bibl. Clun.*, col. 415, E ; 416, A, E.
2. *Bibl. Clun.*, col. 417, E.

de Reims [1049], le choisit-il pour son orateur, et Hildebert dit qu'il y prononça un discours plein de force et de sainteté [1]. Quel talent de persuasion ne lui fallut-il pas pour réussir dans tant de missions délicates que nous lui verrons confier à Rome, dans les conciles, dans les cours, dans les monastères? Au dedans, il était le chef de ses religieux, bien moins encore par son caractère et sa dignité que par la supériorité de son génie et de ses connaissances. Toujours il était prêt à exhorter et à instruire, et nous avons déjà recueilli le témoignage du moine Bernard qui se reconnaît redevable envers notre saint de tout ce qu'il sait. [2]

Saint Hugues excellait dans le pathétique; c'était le côté spécial de son éloquence; mais un pathétique naturel qui pénétrait jusqu'aux cœurs de ses auditeurs. Souvent il était interrompu par ses larmes auxquelles l'auditoire répondait par des sanglots unanimes. Au chapitre, quand il avait à s'élever contre quelque vice, il était aisé de voir qu'il parlait plutôt en père compatissant qu'en juge irrité. [3]

Il n'y a rien d'imaginaire dans cette esquisse du talent oratoire de saint Hugues. Chaque trait qui la compose est emprunté aux auteurs contemporains qui l'ont vu, qui l'ont entendu; et leur

1. *Bibl. Clun.*, col. 418, D, E.
2. Ci-dessus, p. 144, note 1.
3. *Bibl. Clun.*, col. 416, E.

jugement se confirme quand on lit le peu qui nous reste des écrits de saint Hugues. Malheureusement, tout ce que nous avons pu nous en procurer se réduit à trois lettres à saint Anselme de Cantorbéry [1]; une aux religieux de Moissac [2]; une à Guillaume le Conquérant [3]; une au roi Philippe de France [4]; un décret, expression de reconnaissance, en faveur du roi Alfonse d'Aragon [5]; un édifiant apologue prononcé, une veille de Noël, dans la salle du chapitre [6]; une lettre aux religieuses de Marcigny. Elle renferme ses conseils et ses vœux suprêmes à des filles bien-aimées dans le Seigneur. Aux cinq principales fêtes de l'année, elle était chantée en latin, au chapitre [7]. Cette lettre est suivie d'une longue recommandation de la communauté de Marcigny aux abbés ses successeurs [8]. Puis vient une sorte de manifeste religieux, sous ce titre : *Imprecatio B. Hugonis Abbatis*. Il y rend compte de l'état où il va laisser son Ordre. A la fin, il accorde encore un long et touchant souvenir à son cher Marcigny [9]. Enfin, dans les notes au *Bibl. Clun.* (col. 85),

1. *Anselmi opera*, éd. de Gerberon, 431 et 446. Elles ne se trouvent pas dans les autres éditions.
2. *Ann. Ben.*, t. V, p. 130.
3. *Bibl. Clun.*, col. 454, A, B, C.
4. *Spicil.*, t. III, in-fol., p. 443.
5. *Spicil.*, t. III, in-fol., p. 408.
6. *Bibl. Clun.*, col. 500, 501, 502.
7. *Bibl. Clun.*, col. 491, 492.
8. *Bibl. Clun.*, col. 493, 494.
9. *Bibl. Clun.*, col. 495, 496, 497.

Duchesne nous donne le commencement de la charte de fondation de Marcigny par saint Hugues. Nous n'avons pu trouver nulle part la lettre à Urbain II, ni celle au moine missionnaire Anastase dont parle Lorain et qui n'est que rappelée dans les Annales de Mabillon.[1]

V

Saint Odilon n'avait pas les qualités extérieures de saint Hugues. Il était petit et gardait dans sa démarche un souvenir des infirmités de son enfance [2]. Il est plus écrivain qu'orateur. Aussi, à l'exception de Pierre le Vénérable, est-il de tous les abbés de Cluny celui dont il nous reste le plus d'ouvrages, en vers et en prose. Le *Bibliotheca Cluniacensis* en contient la majeure partie. Ce sont des biographies, telles que celles de saint Mayeul et de l'impératrice Adélaïde, et des sermons.

Quand on parcourt les sermons de saint Odilon, on reconnaît de suite que le studieux abbé se nourrissait de la lecture des Pères. On croit, en le lisant, entendre un écho de saint Ambroise, un prélude de saint Bernard : prélude lointain, écho affaibli, nous le savons, mais qui ne laisse pas néanmoins d'offrir, avec l'édification au cœur,

---

1. *Hist. de Cluny*, 2ᵉ édit., p. 57. — *Ann. Ben.*, t. V, p. 331.
2. *Bibl. Clun.*, col. 316 et 1815, B, C.

quelque charme à l'oreille chrétienne. Quelle manière aisée et naturelle, large même quelquefois d'entrer dans son sujet! On voit qu'il en est maître. Ouvrons au hasard. Écoutez l'exorde de son sermon sur la Résurrection : [1]

« Aujourd'hui, frères bien-aimés, la Résur-
» rection de Notre-Seigneur Jésus-Christ, son
» triomphe sur le prince de ténèbres, a rendu au
» monde l'espoir de l'immortalité et une sérénité
» parfaite..... Livrons nos âmes à l'allégresse,
» parce que, au milieu de la tempête, s'est montré
» le gage de l'éternel repos; dans la nuée pro-
» fonde de l'antique cécité a brillé la clarté de la
» lumière divine. Rendons gloire à Dieu; célé-
» brons, avec action de grâces, ses bienfaits et
» ses présents, si magnifiques qu'ils ne sauraient
» l'être davantage. »

Saint Odilon, comme saint Hugues, est souvent pathétique et touchant. Ainsi sait-il, des abaissements et de la pauvreté du Christ naissant, tirer des sentiments et des paroles qui toujours iront mieux au cœur de l'homme vertueux que toutes les déclamations sur l'inégalité des conditions : « Le Fils de Dieu s'est abaissé au-dessous des
» Anges, s'écrie-t-il; pour nous il s'est fait pauvre
» afin que sa pauvreté devînt notre richesse. Oh!
» bienheureuse pauvreté qui nous a enrichis!

---

1. *Bibl. Clun.*, col. 388.

» Heureux dénûment qui ne nous laisse manquer
» de rien ! Qu'elle est grande, qu'elle est glorieuse
» cette pauvreté qui est annoncée par les Anges,
» vénérée par les bergers, saluée affectueusement
» et adorée par les Mages, devant laquelle tout
» genou fléchit.....! » [1]

Dans un discours sur l'*Invention de la sainte Croix*, dont le *Bibliotheca Cluniacensis* [2] ne donne que les premières lignes et dont nous avons retrouvé toute la suite manuscrite, saint Odilon se montre tout plein de ce généreux enthousiasme qui transportait le grand patriarche à la bouche d'or, quand il envisageait l'instrument du salut du monde. Enfin, ce n'est pas une gloire médiocre pour saint Odilon que plusieurs de ses sermons aient longtemps passé pour être de saint Augustin, et se retrouvent à ce titre reproduits dans les œuvres du grand évêque d'Hippone.

Le plan que nous avions embrassé nous a amenés à produire cette couronne de glorieux témoins des progrès de l'école de Cluny. Après nous être fait une idée du cloître et avoir exposé l'objet des études monastiques, il fallait donner une âme au corps, ajouter les hommes aux choses.

L'étude et la piété étant également en honneur

---

1. *Bibl. Clun.*, col. 380, B, C.
2. *Bibl. Clun*, col. 408. On en trouvera le texte complet imprimé, pour la première fois, à la fin de cette seconde édition.

à Cluny, nous avons rencontré le moine complet, le parfait disciple de celui qui s'est appelé lui-même *le Dieu des vertus et le Dieu des sciences*. Mais ce n'est pas assez encore.

Les ordres religieux naissent dans l'Église au souffle de Dieu, chacun en son temps, non-seulement pour recevoir et abriter les âmes qui ont besoin de travailler, dans la retraite et le silence, à leur propre perfection; mais encore, nous le croyons, avec une mission spéciale dans l'ordre des besoins généraux de la religion et de la société.

Ainsi, selon nous, double mission. L'une, qui dure aussi longtemps que l'Ordre, demeure fidèle à son esprit primitif et à ses constitutions. Elle est humble et cachée, pleine de paix et d'espérances toutes célestes pour ceux qui sont appelés et pour les empires. C'est de cette mission que nous nous sommes occupé jusqu'ici.

L'autre mission, c'est la guerre que Jésus-Christ est venu apporter sur la terre : guerre sainte, inséparable du bruit, des périls et de la gloire. Elle rencontre nécessairement des oppositions; elle soulève des haines; elle enfante des martyrs; elle accomplit les desseins de Dieu pour le bien de l'humanité et l'exaltation de l'Église. Elle a son temps déterminé dans les conseils d'en-Haut. La mission publique de Cluny ne sort guère des limites du onzième siècle. C'est elle qui va nous occuper désormais.

TROISIÈME PARTIE

INFLUENCE DE CLUNY
SUR LE MOUVEMENT POLITIQUE DU XIe SIÈCLE

CHAPITRE I

PART DE CLUNY DANS LA POLITIQUE GÉNÉRALE.

I

Nous arrivons au point de vue le plus éclatant de la grandeur de Cluny. C'est son action au dehors qui va terminer cette étude déjà trop longue.

Au onzième siècle, la société était chrétienne. L'Église et la société avaient non-seulement les mêmes intérêts, mais les mêmes aspirations, la même vie. La politique était donc toute chrétienne et Rome devait en être l'âme. Or, la politique sérieuse ne doit avoir d'autre objet en vue que le salut des sociétés malades, que la gloire et la prospérité croissante des sociétés fortement constituées.

La société civile du onzième siècle était plus malade encore que la société claustrale, et les mêmes causes qui avaient perdu la société claustrale avaient précipité la ruine de la société civile.

Il est temps d'appliquer à celle-ci le remède qui a guéri ou ressuscité celle-là. L'épreuve de sa vertu a été faite durant un siècle entier sur la congrégation de Cluny. Dieu le veut! La croisade de l'ordre contre le désordre européen va commencer presque au même temps que les croisades contre la barbarie asiatique.

A la déplorable confusion des pouvoirs, qui laissait la puissance laïque disposer des siéges épiscopaux et du trône même de Pierre, l'Église opposera la volonté de s'émanciper : de là les grands démêlés du Sacerdoce et de l'Empire.

Au morcellement de l'autorité, cause de guerres incessantes entre les innombrables chefs de la féodalité, qui, par leur insubordination et leur puissance, annulaient souvent la puissance royale, elle opposera l'idée de la centralisation. Rome, habituée à se voir invoquée tantôt par les peuples opprimés, tantôt par les princes contre les peuples soulevés ; Rome, comptant sur le consentement tacite des uns, sur le désir formellement exprimé [1] par la plupart des autres, se considérera comme *la cour d'appel* du christianisme, comme le centre de la catholicité jusque dans les choses du dehors. Excès, si l'on veut; mais, hélas ! il n'est que trop dans la nature humaine, comme l'a dit le poëte, d'excéder quelquefois, même avec les intentions

---

1. *Hist. de Grégoire VII*, passim, et surtout dans l'*Introduction* de M. Jager.

les plus pures. Et puis, il arrive des époques fatales où l'excès du mal ne peut être corrigé que par un zèle excessif dans le bien. A l'époque qui nous occupe, il ne fallait rien de plus, rien de moins que ce qui a été fait pour reconstituer la société.

A cette anarchie intérieure, qui sans cesse, et pour de misérables intérêts d'amour-propre ou d'orgueil, quelquefois pour un caprice, armait le frère contre le frère, le voisin contre le voisin, et inondait l'Europe du sang de ses enfants, sans profit, sans contrôle, l'Église opposera la touchante institution de la Trêve de Dieu, qu'elle saura imposer à la féodalité; tandis que, pour mettre un frein aux nouvelles invasions qui nous cernaient déjà à l'Orient et au Midi, et aussi pour offrir un aliment moins déplorable à l'humeur brutale et guerroyante des seigneurs, elle engagera ce gigantesque effort de l'Occident contre l'Orient, de la société chrétienne contre la société mahométane, de la civilisation de la croix contre la barbarie du cimeterre.

Nous n'avons pas à faire l'histoire de ces grands mouvements auxquels se rattache l'histoire universelle du onzième siècle. Notre tâche se borne à faire ressortir la part qu'y a prise la congrégation de Cluny.

II

Ce n'est pas assez pour la congrégation de Cluny d'avoir été, dans les mains de la papauté, le vivant essai, le modèle en petit de ces grandes choses. Elle a été encore le point de départ et le point d'appui de Rome dans leur exécution.

Si la France a été l'âme des Croisades, l'inspiration en appartient à nos contrées de Bourgogne, et peut-être ne nous a-t-on jamais assez rendu justice à cet égard. Le chemin de la Palestine était connu de nos pères et fréquenté par nos pèlerins longtemps avant les Croisades. Dès l'an 1027, nous voyons des pèlerins du territoire d'Autun, qui s'en allaient pieusement baiser le tombeau du Sauveur et y mourir de bonheur et d'amour [1]. Déjà précédemment, Évrard, après sept ans de séjour au saint Sépulcre, sept ans de vaine attente et de pieux soupirs [2], s'en revenait de Jérusalem [vers l'an 1000] cacher ses vertus dans le prieuré d'Anzy. Peut-être ce seigneur

---

[1]. *Ann. Ben.*, t. IV, p. 328. L'abbé Richard de Verdun entreprend le pèlerinage de Jérusalem dans l'espoir d'y trouver une mort semblable à celle *quorumdam peregrinorum ex territorio Augustodunensi, qui pie in sacris locis, uti optaverant petiverantque a Domino, nullo fere dolore spiritum Deo reddiderant.*

[2]. *Acta Sanctor. Ord. S. Benedicti*, t. VII, au 20 avril; *Vita Hugonis Enziacensis*, n. 24.

bourguignon, nommé Letbald [1], que les chroniques nous montrent un des premiers à visiter les saints lieux, n'était-il autre que Letbald, l'époux d'Altasie et le fondateur d'Anzy. Un grand mouvement, précurseur de celui des Croisades, se faisait dans cette portion aujourd'hui ignorée de la Bourgogne, vers la Jérusalem d'ici-bas, considérée comme la figure et la porte de celle d'en-haut. Et c'est de la solitude de Saint-Rigaud, près du vieux Semur-en-Brionnais, et alors du diocèse de Mâcon, que partira, à son tour, l'illustre Picard qui ne reviendra de la Terre sainte que pour prêcher la désolation des saints lieux et y conduire une armée libératrice. [2]

Cluny devait comprendre aisément la tristesse et les douleurs de Jérusalem. La rançon de saint

---

1. Michaud, *Hist. des Croisades*, 6e édit., t. I, p. 47.
2. Il y a de quoi s'étonner qu'aucune histoire locale, aucune statistique ne fasse mention de Pierre l'Ermite. Cela prouve qu'on trouve plus commode d'écrire l'histoire avec des auteurs de seconde main, que de recourir courageusement aux sources. « Quo in loco monasticam vitam Petrus Eremita » professus sit, non dilucide exprimit Guibertus (Guibert de » Nogent), cum ait *se comperisse eum in superiore nescio qua » parte Galliarum solitariam vitam sub habitu monachico » duxisse:* quod explicatur in *Chronico canonici Laudunensis* » apud Cangium ladauto, in quo narratur *Petrum Eremitam » de territorio Ambianensi, primo monachum apud Sanctum » Rigaudum in Foresio extitisse.....* De Sancti Rigaudi monas- » terio diœcesis Matisconensis actum est superius. » Telles sont les expressions et les autorités de Mabillon. L'erreur géographique que commet le chanoine de Laon, en plaçant Saint-Rigaud dans le Forez, s'explique par la proximité des limites et par le peu de soins que l'on donnait à l'étude de

Mayeul [1], tombé jadis aux mains des infidèles, lui avait coûté assez cher, et sa captivité lui avait causé assez d'inquiétudes et d'alarmes pour que le souvenir s'en fût conservé dans les traditions du monastère. Aussi, depuis longtemps déjà, Grégoire VII avait emporté de Cluny la pensée d'utiliser contre les infidèles l'humeur guerrière des chrétiens, et il l'exprime hautement quelque part dans une de ses lettres [2]. C'est encore un pape, enfant de Cluny, Urbain II, qui accueillera les doléances de notre Pierre l'Ermite, qui viendra prêcher lui-même la première croisade à Clermont. En s'y rendant, il voudra se retremper dans les tradition de Cluny et emmener avec lui au concile le saint abbé Hugues, qui l'assistera dans cette grande entreprise [3]. Voilà, sans compter le sang de nos braves et les prédications de nos moines, voilà notre part dans la résistance à l'invasion musulmane.

Singulière coïncidence! Le promoteur des

---

la géographie. Saint-Rigaud, avec quelques ruines, est situé sur la commune de Ligny, canton de Semur. Ligny était, avant le Concordat, de l'archiprêtré de Charlieu et du diocèse de Mâcon. Mabillon ajoute que c'est, sans doute, de Saint-Rigaud que Pierre partit pour aller visiter les lieux saints.

1. « Mille librarum argenti », dit Raoul Glaber (lib. I, c. IV). — *Bibl. Clun.*, col. 295. — *Ann. Ben.*, t. III, p. 617.

2. Binii, Epist. Greg. VII, lib. II, epist. XXXVII.

3. « Cui nimirum concilio (Arvernensi quod per supra- » dictum Urbanum Papam celebratum est), per temetipsum » interfueras..... » dit Paschal II à saint Hugues. (*Bullar. Clun.*, p. 32, 1ʳᵉ col. vers la fin.)

Croisades et leur chantre immortel ont dû venir, étrangers l'un et l'autre et à sept cents ans de distance, chercher un refuge sur notre sol, avant de manifester au monde leur mission providentielle! C'est à nos fraîches collines, c'est aux religieuses populations du Brionnais, que Michaud persécuté est venu demander à son tour le calme et l'inspiration dont il avait besoin pour mettre la première main à sa belle Histoire des Croisades. Il en a rédigé une partie notable durant le séjour qu'il fit à Marcigny, au sein d'une société amie, dont le législateur Polissard et le modeste auteur de la *Gastronomie* faisaient le principal ornement.

Le rôle de Cluny est plus apparent encore contre l'anarchie intérieure. Dès l'an 1031, la Trêve de Dieu était instituée sur les instances de saint Odilon, ainsi que nous l'apprend entre autres Hugues de Flavigny [1]. Ce saint la faisait confirmer en 1041. A chaque page des chroniques contemporaines, nous rencontrons les abbés ou les moines de Cluny à Rome, dans les cours, dans les conciles, appelés ou envoyés par les souverains Pontifes, les prélats et les princes, et chargés de ramener la paix par leur éloquence persuasive et par l'ascendant de leurs vertus. Nous en avons vu déjà, et nous en verrons dans la suite de ce mémoire plusieurs exemples.

1. *Hugon. Flaviniac. Chronic.*, p. 187. — D. Martenne, *Anecdot.*, t. I, p. 161. — *Ann. Ben.*, t. IV, p. 447.

Cluny a donné l'exemple de la centralisation et de la reconnaissance de la suprématie pontificale; il y a trouvé salut et prospérité en ces jours malheureux. S'il y avait eu erreur ou excès dans les prétentions des Pontifes romains, Cluny en assumerait la glorieuse responsabilité. La lutte du Sacerdoce et de l'Empire a été conçue, engagée, continuée et terminée à l'avantage de l'Église, par les Clunistes ou par des souverains Pontifes sortis de l'école de Cluny.

Profitant de la liberté qui nous est laissée par le programme de traiter d'une manière plus spéciale et plus complète le point de vue de notre prédilection, nous consacrerons la fin de notre travail aux démêlés du Sacerdoce et de l'Empire. Dans ce long et terrible combat du Seigneur, la papauté avait besoin d'un point d'appui. Ce rôle appartiendra à Cluny, alors dans la force et la vigueur de sa virilité; saint Hugues en sera la plus haute personnification. Nous sommes heureux de pouvoir unir dans le même cadre la grande figure de saint Hugues et le tableau de la lutte la plus grandiose peut-être que nous offre l'histoire de l'Église : l'Église est notre mère; saint Hugues, par son origine comme par sa vie, nous appartient tout entier.

CHAPITRE II

COMMENCEMENT DE LA LUTTE DU SACERDOCE ET DE L'EMPIRE.

I

Issu d'une branche de cette royale famille des ducs d'Aquitaine et de Guyenne [1], dont le nom remplit le moyen-âge et se rattachait déjà à la fondation de Cluny, saint Hugues était l'un des enfants du comte Dalmace, toparque de Semur-en-Brionnais, et d'Aremburge de Vergy, sa noble épouse. Il naquit au château de Semur, l'an 1024. [2]

Destiné à faire revivre dans l'Église et à remettre en honneur dans le siècle la plus difficile et la plus aimable des vertus, il fut montré, quelques jours avant sa naissance, à un prêtre de grande renommée, dans l'action même du sacrifice offert aux intentions de la pieuse mère. La gracieuse image apparaissait au-dessus du calice ; elle semblait puiser son éclat et retremper,

---

1. « Semur-en-Brionnois est une petite ville du Charrolois
» qui a donné le nom à cette illustre famille. Elle fut le
» partage d'un des fils de Guillaume II, du nom duc de
» Guyenne et premier comte de Poitou qui a esté la tige
» des seigneurs qui ont porté le nom de Semur. » (P. Perry, *Hist. de la ville de Chalon*, p. 135.)

2. Duchesne, *Généalogies des Maisons souveraines*, in-4º, t. VI ; maison de Semur. — Du Bouchet, *Histoire généal. de la maison de Courtenay*, p. 43, in-fol. — Mss. M.

par avance, sa force et sa vertu dans le *vin mystique qui fait germer les vierges*. [1]

En vain Dalmace se flatte de voir en lui un digne héritier de sa puissance terrestre. En vain il l'oblige, tout enfant, à se livrer, avec ceux de son âge, aux exercices qui formaient, dès le berceau, les rudes chevaliers de cette époque [2]. Né pour une autre profession, son corps ne se prêtera pas plus aux exercices militaires que sa volonté. Inhabile au métier des armes, incapable de se plier aux habitudes de déprédation, il sera dès lors tout entier à Jésus-Christ. Il saura, fidèle à l'instinct céleste de sa vocation, ouvrir de préférence son âme aux vertueuses et pacifiques influences de sa mère, se dérober aux regards de son père pour aller visiter l'église, fréquenter la *maison des clercs* [3], et s'initier de bonne heure aux

---

1. *Bibl. Clun.*, col. 414.
2. *Bibl. Clun.*, col. 415, etc.
3. Voir sur les écoles palatines, cathédrales et rurales au septième siècle, les ch. III et IV de l'*Histoire de saint Léger*, par D. Pitra. On sait ce que fit plus tard Charlemagne pour les sciences et les lettres. Les ducs d'Aquitaine, qui descendaient de ce monarque, furent fidèles aux traditions paternelles. Même au milieu de la nuit du dixième siècle, l'école hilarienne de Poitiers ne fut pas sans gloire. La branche des ducs d'Aquitaine, qui était venue régner sur le Brionnais, y avait sans doute érigé, au pied du château, une succursale de l'école de Poitiers. Aussi, Raynaud de Semur, neveu de saint Hugues, dans la Vie de son saint oncle, n° 1, fait-il mention des écoles de Semur : *ab ipsis pueritiæ suæ rudimentis......, aut Ecclesiæ, aut scholis frequentius adhærebat.* Dans l'acte de fondation du chapitre de la collégiale de Semur-en-Brionnais, en 1274, la *maison des clercs* est désignée

vérités éternelles, aux grâces fécondes que recèlent les divines Écritures.

Laissons le détail des vertus de son admirable enfance, la sainte adresse dont il use pour obtenir, en flattant les désirs mondains de son père, la permission de se rapprocher du monastère de Saint-Marcel-lès-Chalon [1], et de là prendre les ailes de la colombe et s'envoler, à l'insu des siens, et avant l'âge de quinze ans, vers la bienheureuse solitude de Cluny.....

Saint Hugues n'avait que vingt-cinq ans, lorsqu'il fut élu par acclamation abbé général de l'ordre de Cluny [1049]. Le gouvernement des vieillards était remis aux mains d'un jeune homme. Dieu abrégeait les temps; il avait hâte de délivrer son Église.

A côté de Hugues croissait comme lui, en âge et en sagesse, un jeune frère Toscan d'origine et dont on avait vu la main enfantine se jouer avec ces grandes et prophétiques paroles qu'il ne comprenait pas : *Il régnera d'une mer à l'autre; — dominabitur a mari usque ad mare* [2]. Hildebrand,

---

expressément. (*Spicileg.*, t. XII de la 1re édit.) Alors, l'église de Saint-Hilaire de Semur n'était qu'une chapelle desservie par quatre prêtres. (Mss. M.)

1. *Bibl. Clun.*, col. 415, C. « Eo tempore Autissiodorensis » Episcopus Hugo nomine, Cabilonensem quoque consulatum » strenue gubernabat. Hujus causa B. Hugo, ejus pronepos, » vix a patre proficiscendi Cabilonum licentiam extorsit. »

2. Bucelin., *Menologium Benedict.*, 25 maii. — Baronius, *Annales Ecclesiastici*.

chanoine régulier à Rome, avait pu voir de près les maux de l'Église, et il s'était enfui à Cluny [1], peut-être autant poussé par le découragement qu'attiré par la renommée de ferveur du grand monastère bourguignon. L'esprit de Dieu le conduisait : c'est de Cluny que devait venir le salut et l'affranchissement.

Qui nous dira les communications intimes des deux jeunes élus, leurs vœux ardents, leurs ferventes prières? Dès lors ils se disaient, dans le silence de la solitude, ce que Hildebrand se plaira à proclamer plus tard à la face du monde chrétien : « C'est du chef que doivent partir la réforme » et la régénération; c'est lui qui doit déclarer la » guerre au vice, l'extirper et jeter les fondements » de la paix du monde. » Mais, hélas! le chef est enchaîné, la vérité est captive, le sanctuaire est envahi par le siècle.....! Toutefois, le jour de la miséricorde approche. La *justice et la paix se sont embrassées*..... Les événements vont se précipiter.

Saint Hugues est assis sur la chaire abbatiale. Hildebrand lui succède dans la seconde dignité, celle de grand-prieur de Cluny. Malgré leur jeunesse, malgré leur amour pour le silence et l'oubli du cloître, les voilà debout, sentinelles vigilantes,

---

[1]. « Monachum postea Cluniaci professus....., meruit..... » non multo post..... prioris..... curam gerere..... » (*Menolog. Bened.*, 25 maii; — et Woigt, *Histoire de Grégoire VII*, form. angl., p. 4. — *Gallia Christ.*, t. IV, p. 1130, *14ᵉ prieur.*)

dans le camp du Dieu des armées ; les voilà aux postes avancés, tout prêts à se dévouer, tout prêts à engager le grand combat du Seigneur.

II

L'occasion ne tarde pas à se présenter. Brunon, le saint évêque de Toul, élu à Worms [1], et qui n'avait accepté la papauté des mains de l'empereur Henri III, son parent, que parce qu'il le connaissait personnellement bien intentionné envers l'Église et qu'il craignait, par suite d'un refus, de voir renaître ces schismes funestes qui avaient désolé la chrétienté ; Brunon s'acheminait vers la ville éternelle avec toute la pompe et tout l'éclat du souverain pontificat, et déjà il se voyait accueilli partout par de sincères acclamations et salué du nom glorieux de Léon IX.

Il arrive en trois jours à Cluny. Saint Hugues, dit Yépez, rempli du zèle de la gloire de Dieu, et touché d'un sensible déplaisir en voyant les princes séculiers disposer du pontificat suprême, vient au-devant de lui accompagné du grand-prieur Hildebrand. Brunon les accueille avec une grande cordialité [2]. L'Esprit saint met sa grâce dans

1. *Chroniques générales de l'Ordre de Saint-Benoît*, t. VI, p. 117. — *Hist. de Grég. VII*, par Woigt, angl., p. 10.
2. Nous avons accepté le récit d'Othon de Fressingen, de Platina, de Mansi, d'Yépez, de Bucelin, et parmi les écrivains

leurs cœurs et son onction sur leurs lèvres. Tous deux, à l'envi, représentent au nouveau Pontife, avec une grande liberté, que, les schismes et les divisions n'étant pas bien apaisés, il serait blâmé de tous les gens vraiment religieux d'avoir reçu la première dignité de l'Église des mains de l'empereur qui, étant laïque, n'avait aucun droit d'en disposer [1]. Que s'il avouait qu'il n'était pas encore pape, pourquoi aller à Rome avec tant de pompe et une suite si nombreuse? Pourquoi recevoir et entendre les ambassadeurs des princes et des villes qui l'envoyaient féliciter sur son exaltation! Ils lui conseillaient donc, pour son bien et pour le salut de la chrétienté, d'aller à Rome sans faste et sans éclat. Sa modestie frapperait tout le

de nos jours, de M. Woigt (*Hist. de Grég. VII, angl.*, p. 11). Il est difficile de se persuader qu'un pareil récit, accueilli par des autorités aussi graves, soit une invention ou une erreur de l'évêque de Fressingen, presque contemporain, puisqu'il était évêque en 1138. Voici les paroles de Platina que nous citons de préférence, à cause de sa concision : « Cui quidem (Leoni IX) Romam pontificio habitu petenti, » abbas Cluniacensis et Hildebrandus monachus, Soana oriun- » dus, obviam facti, persuasere ut, deposito Pontificali ornatu, » Romam privatus ingrederetur. » (*Platinæ Cremon. opus, de Vitis Pontif.*, p. 366.)

1. Au temps de Charlemagne, il y avait eu, entre l'Église et l'Empire, des concessions réciproques fort étendues, et qui avaient d'abord servi également l'État et la religion. Mais depuis un siècle et demi, l'Empire, soit infidélité aux concordats, soit amoindrissement d'autorité et d'influence, ne savait plus respecter ses engagements, et voulait néanmoins retenir l'Église enchaînée. De là les désordres effroyables et les excès que nous avons déplorés. Dieu voulait qu'un vigoureux et persévérant effort vînt y mettre fin.

monde et engagerait les cardinaux à l'élire pape, à la recommandation de l'empereur.

Brunon, qui était d'une sainteté et d'une prudence consommées, goûta ces représentations comme un avis du ciel. Il voyait que la plus grande gloire de Dieu préoccupait seule les deux religieux. Le ciel même prit soin de les justifier, et on entendit les Anges qui chantaient dans les airs, comme à Bethléem, un cantique de paix : « Ego cogito cogitationes pacis et non afflictio- » nis [1]. » C'était plus qu'il n'en fallait. Brunon congédie tout son cortège, prend avec lui ses deux sages conseillers, et continue, en habit de pèlerin, son voyage à Rome, où il entre les pieds nus.

Il importait, dans la circonstance, que Brunon fût élu et élu par acclamation. Avec lui, la pensée qui devait sauver le monde allait monter sur la chaire apostolique. Aussi, saint Hugues et Hildebrand, dès leur arrivée, se hâtèrent-ils de disposer favorablement les esprits des cardinaux et du peuple. Ils se plaisaient à faire ressortir les rares qualités dont l'évêque de Toul était orné. L'empereur était son parent et désirait sa promotion ; il y allait donc du repos de l'Église universelle. [2]

Les suffrages unanimes des cardinaux et du

---

1. *Bucelin. Ann. Ben.*, ad annum 1049. — D. Martenne, *Veterum Scriptor. Collect.*, t. V, p. 1003. — Platina, *De Vitis*, p. 366.

2. « At vero, Romanus Clerus, suadente Ildebrando, eum- » dem Baunonem *(sic)* in Pontificem eligunt. » Platina, p. 366.

peuple vinrent justifier le choix de l'empereur. Et néanmoins un pas immense était fait vers l'affranchissement de l'Église. Une solennelle protestation s'était fait entendre contre une prescription abusive. Les prétentions spirituelles des princes du monde étaient ébranlées jusque dans leurs fondements.

Léon IX aurait bien voulu retenir et fixer auprès de sa personne les deux anges de bon conseil que le ciel lui avait envoyés. Il aimait surtout, dit Yépez, à honorer saint Hugues [1] dans toutes les occasions et à l'entourer d'un grand respect; mais il craignait de préjudicier au bien général en enlevant, à une congrégation qui semblait réservée à de si hautes destinées dans un prochain avenir, le père que la Providence lui avait si visiblement choisi. Il se rendit donc aux humbles instances du saint abbé de Cluny pour ce qui le concernait personnellement. Toutefois, il ne put se résoudre à se séparer de Hildebrand [2]. Il le créa successivement abbé de Saint-Paul, à Rome, trésorier de Saint-Pierre et cardinal sous-diacre. Pendant vingt ans, à partir de ce jour,

---

1. *Chroniques générales de l'Ordre de Saint-Benoît*, t. VI, p. 118.
2. Platina, *de Vitis Pontific.*, p. 367 : « Leo..... Ildebran-
» dum..... statim Sanctæ Romanæ Ecclesiæ diaconum cardi-
» nalem creat; eidemque Sancti Pauli ecclesiam gubernandam
» committit, ut quasi consors Pontificii muneris secum vide-
» retur, cum alter Petri, alter Pauli templum tueretur et
» regeret. »

Hildebrand sera l'œil et le bras droit des souverains Pontifes qui se succéderont; et il ne perdra pas de vue un seul instant la pensée que Cluny vit éclore parmi les gémissements et les soupirs des deux âmes les plus pures que l'œil de Dieu pût alors contempler dans son Église.

III

Cependant saint Hugues a repassé les monts, l'âme remplie de consolation et d'espérances. Nous l'avons dit, il doit, dans les desseins de Dieu, être, avec les siens, le point d'appui de la papauté, par ses prières ferventes et par la considération dont il sera entouré. Il doit former les athlètes que nous verrons plus tard sur la brèche et sur le champ de bataille. Il doit jouer le glorieux rôle de conciliateur et d'arbitre envoyé du ciel au milieu de ces luttes solennelles que le monde verra éclater plus tard. Aussi ses relations avec Rome ne seront plus interrompues. Depuis Léon IX, tous les Pontifes qui se succéderont sur la chaire de Pierre entretiendront avec lui les communications les plus intimes, se plairont à lui confier les missions les plus délicates. Il sera leur consolateur dans les peines, leur orateur dans les conciles, à Reims, par exemple [1], où, en présence et sur l'ordre du

---

1. *Acta Concil. ad annum* 1049. — Raynaud et Hildebert, dans la Vie de saint Hugues. Voici les paroles de Hildebert :

pape, il se lève et brille, ainsi que nous l'avons dit, autant par son éloquence que par son humilité. [1049].

D'un autre côté, il tiendra par sa naissance, par les royales alliances de sa famille, aux plus illustres maisons souveraines ; les honneurs seront accordés à sa vertu. Les rois d'Angleterre et d'Espagne l'aimeront comme un ami, le vénéreront comme un père [1]. Les rois de Hongrie et les comtes de Portugal [2] le choisiront pour arbitre dans leurs démêlés avec leurs voisins. Le fils du roi de France, Robert, duc de Bourgogne, est son beau-frère [3]. Le fils de l'empereur d'Allemagne sera son filleul et son pupille [4]. Dieu veut qu'il soit le père spirituel de celui qui se fera un jour le fougueux adversaire de Grégoire VII. La position de saint Hugues se dessine, son rôle se développe davantage de jour en jour. Mais l'orage est encore loin, l'horizon continue à être serein.

Saint Hugues, cependant [1055], assiste au concile de Lyon présidé par le légat Hildebrand. Ces

---

« Erat autem illi tanta in exhortatione gratia, ut ad expec-
» tationem sermonis illius illustrium suspenderentur animi
» personarum, unde et jussu Papæ sanctam et plenam habuit
» gratiæ orationem..... » (*Bibl. Clun.*, col. 418, E.)

1. Voir ci-dessus, première partie, ch. v, nos IV et V.
2. Pour le Portugal, *Spicilegium*, t. III, in-fol., p. 418 ; pour la Hongrie, *Bibl. Clun.*, col. 418, A.
3. *Généalog. des Maisons souveraines*, t. VI. Tableau des ducs de Bourgogne.—Hildebert, dans le *Bibl. Clun.*, col. 430, B.
4. *Bibl. Clun*, col. 417, E.

deux élus [1] sont, de jour en jour, signalés à la vénération des fidèles par les grâces singulières que Dieu se plaît à faire éclater sur eux et dont ils se renvoient humblement l'honneur.

L'empereur Henri III meurt [1056]. L'impératrice Agnès répand sa douleur dans l'âme de son *bien-aimé père, l'abbé Hugues, digne de toute estime et de la plus fidèle affection*. Son deuil emprunte les touchantes expressions du prophète : *La joie de son âme est éteinte ; ses chants se sont changés en lamentations, la couronne de sa tête est tombée*..... Peu s'en faut qu'elle ne s'en prenne au saint abbé de la mort prématurée de son époux et seigneur, *quem diutius in carne servare noluistis*..... Elle veut qu'il prie pour lui, pour elle, pour son fils, qui est aussi celui de Hugues selon la grâce. Elle compte sur les bons offices de l'abbé de Cluny pour le maintien de la paix et de l'ordre en Bourgogne. [2]

Bientôt après [1057], nous le trouvons à Florence, consolant d'autres douleurs, soutenant, par ses paroles et par la grâce qui était en lui, une plus sublime puissance, dans ce moment suprême où toute gloire et toute puissance s'évanouit, où la vertu seule demeure [3]. Le saint pontife Étienne IX subit, entre ses bras, les

---

1. *Annales Ecclesiast.* de Baronius, ad annum 1055.
2. *Spicilegium Dacherianum*, t. III, p. 443.
3. *Bibl. Clun.*, col. 418, 439, 451.

épreuves de la dernière agonie. C'est par lui seul que le saint-père pourra jouir sans effroi de la mort des justes. Dieu ajoute toujours à la considération dont notre saint aura besoin d'être entouré.

Sous Alexandre II, saint Hugues continue à faire fleurir la science et la sainteté à Cluny. C'est alors [1062] qu'il reçoit de saint Pierre Damien cette première visite dont nous avons parlé à la page 41 de ce volume. Il soutient, dans le même temps, les priviléges apostoliques de Cluny contre les entreprises violentes de Drogon, évêque de Mâcon [1], moins, sans doute, par esprit de vanité ou d'indépendance (sa sainteté et son humilité nous en répondent) que pour faire prévaloir de plus en plus l'autorité prépondérante du centre de l'unité d'où la chrétienté attendait son salut. Hugues triomphe dans cette lutte si catholique, présidée et jugée par le légat Pierre Damien, avec lequel il était digne de resserrer de plus en plus les liens de la plus intime et de la plus sainte amitié [1063].

---

1. *Bibl. Clun.*, col. 439, 440, 509, 510. — Voir aussi l'*Inventaire des titres de Cluny*, fol. 47, où on lit : « Définition synodale du concile de Chaalons, présidé par le cardinal Pierre
» Damien, par laquelle tous les évesques assistans au concile
» ratifient et approuvent les priviléges de l'exemption de
» l'abbaye de Cluny de toutes juridictions, à la réserve de
» celle du souverain Pontife ; et Droche (Drogo), évesque de
» Mâcon, reconnaît la faute qu'il avait faite, par l'inspiration
» de son clergé, d'exercer juridiction audit Cluny, après
» avoir demandé pardon, comdamné à jeusner sept jours au
» pain et à l'eau, en 1063. »

IV

La mort tragique de son père et de l'un de ses frères [1] durent le confirmer dans la pensée que l'ordre et la civilisation ne pouvaient venir que du siége apostolique. Le parricide Robert, duc de Bourgogne, voit à son tour son fils cruellement mis à mort par les Auxerrois [2]. La fureur le transporte, il va tout saccager..... Mais tel est l'ascendant de la sainteté, confirmé par la vertu des miracles! Hugues parvient à amener son beau-frère au concile d'Autun, à désarmer son courroux, à lui faire pardonner l'injure qu'il a reçue, et surtout à inspirer à cette âme indomptée des sentiments d'humanité et de pénitence [1055]. [3]

---

1. ..... « Nam cum duo milites unum de fratribus ejus » interemissent, nullusque refugii locus..... » (*Vita B. Hug. a Rainaldo*, n° 28.) « Defuncto autem patre suo quem dux » Burgundiæ (Rotbertus) gener ejus propria manu pereme- » rat .... » (*Hildeb. in Bibl. Clun.*, c. 430.)
L'église de Semur-en-Auxois a été fondée en expiation de ce crime. Le bas-relief de la porte principale en est la représentation.
Voir la gravure et l'explication dans *la France historique et monumentale* (t. III, planche v, p. 413).
2. *Description du duché de Bourgogne*, de Courtépée; Dijon, 1775, t. I, p. 141.
3. « Tantam mox prædicatio (Hugonis) efficaciam habuit, » ut, eo jubente, Dux ipse sui mortem filii interfectoribus » condonaret, *et Ecclesiæ pacem reciperet.* » (*Bibl. Clun.*, col. 439.) Les derniers mots n'exprimeraient-ils pas l'acceptation de la Trêve de Dieu?

Bientôt, c'est la famille de l'antique Thaumaturge des Gaules, c'est le grand monastère de Saint-Martin [1] qui fait entendre au-dessus de tous les autres ses cris de détresse. Comme le passereau gémit sous la griffe du vautour, ainsi les religieux de Marmoutiers souffrent et se lamentent sous la tyrannie de Geoffroi le Barbu, comte d'Angers. Telle est la cruauté et l'intensité de la persécution que les laïques eux-mêmes ne pouvaient concevoir le débordement du comte, qu'ils le maudissaient en silence et priaient Dieu pour les pauvres moines [2]. En vain ceux-ci viennent se prosterner devant l'orgueilleux despote et lui demander grâce au nom et par la charité de saint Martin. Il les repousse, il se rit de leur humiliation, insulte à leur douleur et blasphème le nom vénéré du glorieux soldat de Jésus-Christ.

Il ne reste plus aux pauvres victimes qu'une lueur d'espérance, c'est la médiation du saint abbé de Cluny. On le prie ; il accourt et vient à son tour, à la tête du monastère, se jeter aux pieds du barbare Geoffroi. Il supplie, il conjure, il pleure ; mais, vains efforts ! inutiles larmes.....! Geoffroi, en repoussant avec dédain l'abbé de Cluny, s'agite avec tant de violence qu'il brise

---

1. *Gesta Consulum Andegavensium*, cap. x. Dans le *Spicilegium*, t. III, p. 258.
2. « In tantum..... sæviit persecutio..... ut etiam sæculares
» homines, comitis intemperantiam mirarentur, et, impre-
» cantes comiti, Deum pro monachis precarentur. »

l'agrafe de son manteau. C'était un signe prophétique, et le saint, empruntant les paroles de Samuel à Saül : « Ainsi, dit-il, ô comte, ainsi le » Seigneur a déchiré aujourd'hui vos états entre » vos mains : *Scissum est a te regnum hodie*. » [1]

Hugues se retire emmenant avec lui le jeune et vertueux Barthélemy, abbé de Marmoutiers, qui reçut à Cluny l'onction sacerdotale [2]. Et bientôt après, celui qui s'était révolté contre Dieu voit son propre frère, Foulques le Réchin, se révolter contre lui, usurper ses états et le jeter dans une étroite prison où il végétera plus de trente ans, privé non-seulement de la clarté du jour, mais aussi du flambeau de la raison dont il avait si étrangement abusé, objet d'une trop juste pitié pour ceux même qui avaient été ses ennemis [1069].

V

Cependant les desseins de Dieu vont se révéler pleinement. Voici venir la grande crise du corps social et religieux. Vingt ans se sont écoulés depuis que la pensée de saint Hugues et de Hildebrand, accueillie par Léon IX, a été déposée au sein de la catholicité, au giron fécond de la sainte Église. Grégoire VII est assis sur la chaire de

1. II Paralip. XIII, 13.
2. *Gesta Consulum Andegavensium*, cap. X, n°s 8 et 9.

saint Pierre. Henri IV déshonore la majesté impériale et fait un honteux trafic des biens et des grâces du sanctuaire. La foudre va gronder au Nord et au Midi [1073].

Saint Grégoire VII…! nom aussi aimable [1] que grand, s'il eût été moins calomnié, s'il était mieux connu. Mais la vérité finit toujours par triompher, même sur la terre. Aujourd'hui, la personne et l'idée de Grégoire VII reçoivent l'hommage de tout ce qui a une haute intelligence et un grand cœur. [2]

Grégoire écrit à saint Hugues : les deux anges que Dieu a armés du glaive invisible pour chasser les profanes du sanctuaire, ou plutôt qu'il a oints

---

1. On se figure ordinairement saint Grégoire VII comme un homme farouche, un caractère inexorable. Il suffit de parcourir ses lettres pour s'en faire une tout autre idée. Voir, par exemple, sa lettre XLIII du livre II, à Hugues de Die, son légat.

2. Témoins les travaux historiques de MM. Woigt, Néander, Ranck, Hurter, Newmann, etc. Ces deux derniers ont fait plus que rendre hommage à la vérité; ils se sont donnés eux-mêmes et ont tout sacrifié pour embrasser les saintes austérités du catholicisme. Voici ce que dit M. Woigt (*Hist. de Grég. VII*, format angl., p. 8) : « Le plan de Hildebrand » était de séparer l'Église de l'État, le pouvoir spirituel de » la puissance temporelle; d'élever l'un au-dessus de l'autre; » de rendre le pape indépendant de l'empereur; d'assurer » même au premier la supériorité sur le dernier; et, par » cette indépendance, faire naître l'unité et développer dans » l'Église une réforme qui s'étendît sur toute la chrétienté » et qui procurât le salut du genre humain. Certes, personne » ne pourra révoquer en doute ce qu'il y avait de grand, de » sublime et de saint dans un pareil projet! » M. Woigt, on le sait, appartient au protestantisme allemand.

de l'onction et de la force d'en-haut pour les combats de la vertu, se donnent de nouveau la main [1]. Grégoire s'étonne que son ami ne soit pas encore venu à Rome depuis son exaltation..... C'est que l'ambition n'est pour rien dans la conduite du saint abbé de Cluny. Toutefois il coopère efficacement à la grande œuvre, et par ses prières, et en initiant aux desseins du ciel pour le salut du monde ses admirables religieux, au milieu desquels croissaient, sous l'œil de Dieu, trois Pontifes suprêmes, destinés à continuer un jour et à mener à son terme la noble cause de l'affranchissement de l'Église, prélude de l'affranchissement des peuples.

C'est alors qu'on vit combien la pensée de Grégoire VII était chère au cœur de saint Hugues et combien le magnanime Pontife comptait sur le pieux abbé. Il lui parle à cœur ouvert et lui communique toutes ses angoisses sur les tribulations de la religion, sur les maux sans nombre et sans mesure de la société chrétienne. « Il voit l'Église
» d'Orient, séduite par l'esprit de ténèbres, se
» détacher sans retour du centre de la vérité.
» Quand sa pensée parcourt l'Occident, du Nord
» au Midi, à peine trouve-t-il quelques évêques
» élus canoniquement, dont la vie soit irrépro-
» chable, qui gouvernent le peuple de Dieu pour

---

1. *Acta Concil*, edit. reg., t. VI, col. 1242.

» l'amour de Jésus-Christ, et non selon l'esprit du
» siècle. Parmi les princes de la terre, il n'en
» connaît pas un seul qui ne sacrifie la gloire de
» Dieu à sa vaniteuse ambition, la justice à son
» insatiable cupidité. Parmi les peuples au milieu
» desquels il est condamné à vivre, Romains,
» Lombards, Normands, il leur a dit souvent avec
» larmes, il ne craint pas de répéter qu'ils sont
» pires que les juifs et les païens. Aussi, une dou-
» leur immense l'environne et une tristesse uni-
» verselle. Si le saint abbé en connaissait l'étendue,
» la compassion le porterait à répandre devant
» Dieu ses larmes avec ses prières, et à supplier
» le miséricordieux Jésus de le délivrer à la fois
» de ses souffrances et de sa mourante vie
» [an 1075]. » [1]

L'humble religieux était donc l'ange consolateur que Jésus donnait à son vicaire, dans cette
douloureuse agonie, au milieu de ce chaos téné-
breux. C'est sur le cœur du pieux abbé qu'il
reposait ; c'est sur son bras qu'il s'appuyait après
Dieu ; c'est la prière de saint Hugues et de ses
religieux qui soutenait Grégoire VII.

Le Pontife ne craindra pas de proclamer, à la
face du monde, cette confiance dont il donnait,
dans l'intimité, des marques si touchantes à saint
Hugues. Au concile romain [1077], il élève la voix

---

1. *Acta Concil.*, t. VI, col. 1297, anno 1075.

en faveur et à la louange de Cluny. « Il signale
» cette glorieuse circonstance que tous ses abbés
» ont été élevés aux honneurs de la canonisation;
» et que, au moment encore où il parle, il n'y a
» pas au-delà des monts, il n'y a pas dans le
» monde entier de monastère qui puisse rivaliser
» avec Cluny, en ferveur et dans le service de
» Dieu, c'est-à-dire dans la défense de la sainte
» Église dont ils ont généreusement embrassé la
» cause. Il est inouï, ajoute le Pontife, qu'on ait
» vu un seul de ses religieux se montrer indigne
» d'une telle mère et courber le genou devant
» Baal. Mais, toujours jaloux de l'honneur et de
» la liberté de l'Église romaine, ils ont noblement
» soutenu son autorité et n'ont jamais reconnu
» d'autre puissance que celle du B. Pierre. »
Grégoire confirme ensuite les immunités de Cluny
aux applaudissements unanimes du concile. Puis
il associe saint Hugues à Hugues, évêque de Die [1],

---

1. Les traces de la légation de saint Hugues se trouvent dans les Épîtres de saint Grégoire VII : lib. IV, epist. XXII; lib. V, epist. XXII; lib. VI, epist. II et III..... « Quemadmodum
» vobis Romæ positis constituimus, coram Diensi episcopo,
» et Cluniacensi abbate, *quibus in his vicem nostram commi-*
» *simus...* » « et de cæteris omnibus super quibus conques-
» tionem vobis collibuerit facere, misimus litteras nostras
» commemoratis confratribus nostris, Diensi videlicet epis-
» copo, et Cluniacensi abbati, ut cuncta studeant diligenter
» inquirere et canonice judicare. » Ce texte est tiré de la lettre 2 de ce livre (Grég. VII à Manassès, de Reims). La lettre 3 est adressée simultanément à Hugues de Die et à Hugues de Cluny. Il s'agit de mettre fin aux plaintes de

son légat, dans la cause de l'archevêque Manassès, de Reims, et il termine l'éloge qu'il fait du saint abbé par ces paroles : « Nous attendons avec » confiance de la miséricorde du Seigneur, et tous » ses antécédents nous assurent que nulles solli- » citations, nulles faveurs, nul crédit, en un mot » aucune acception de personnes ne pourra le » faire dévier du droit chemin. » [1]

Manassès. — Voir encore : lib. VII, epist. XIII, p. 350, 351 ; epist. XX. Lib. VIII, epist. XVII, epist. XVIII, ep. XIX, ep. XX. Lib. IX, epist. XXXII et XXXIII.
1. *Bullar. Clun.*, p. 21. — *Ann. Ben.*, t. V, p. 115.

CHAPITRE III

LUTTE DU SACERDOCE ET DE L'EMPIRE, DEPUIS GRÉGOIRE VII JUSQU'A LA MORT DE HUGUES.

I

En louant saint Hugues, Grégoire faisait, sans y songer, son propre éloge. Jamais homme ne tint moins compte des considérations personnelles. Sa confiance en Dieu égalait sa fermeté dans l'accomplissement d'un devoir. On le vit bientôt dans ses tristes démêlés avec l'empereur Henri IV.

Il ne nous est pas possible de rapporter ici en détail les schismes et les persécutions par où l'Église dut passer pour en sortir, comme l'or du creuset, plus belle et plus forte. Nous ne dirons pas les phases diverses, les longues péripéties de ce drame vraiment sublime où s'agitaient, contre les mortelles étreintes d'un génie mauvais et opiniâtre, la religion et l'humanité, dont les intérêts les plus essentiels étaient également menacés. Laissons Henri traduire les Saxons au tribunal de Grégoire ; les Saxons, à leur tour, accuser Henri de simonie et d'autres crimes de lèse-société ; Grégoire avertissant le monarque, employant en vain les prières, les larmes et les menaces, puis enfin lançant l'anathème contre un prince qui se joue également de la conscience publique et de la religion. Henri allait ajouter la violence au mépris. Mais on sait ce qui arriva ! — Ce qui arrive toujours aux contempteurs de l'autorité maternelle de la sainte Église. Il était maudit comme Chanaan, comme Chanaan il fut malheureux. Naguère arrogant jusqu'à se montrer intraitable, aujourd'hui timide et faible jusqu'à la bassesse, nous le voyons se traîner à Canosse [1], aux portes du Pontife, avec une telle exagération de promesses et de supplications qu'il est impossible de croire à sa sincérité. En effet, à peine le Pontife l'a-t-il relevé, et, par l'autorité de sa parole, raffermi sur le trône d'où il était tombé, que le parjure suscite [2] l'antipape Guibert, assiége et prend Rome, et oblige Grégoire à se réfugier à Salerne où il meurt, en disant ces courageuses et immortelles paroles imitées de l'Écriture : *J'ai aimé la justice, j'ai haï l'iniquité; voilà pourquoi je meurs en exil* [1085]. [3]

II

Que faisait cependant le saint abbé de Cluny ? Abîmé dans sa douleur, il multipliait auprès de Dieu ses prières et ses pénitences, auprès du Pontife ses encouragements et ses consolations,

---

1. Platina, *De Vitis Pontificum*, p. 381, 382.
2. *Ann. Ben.*, t. V, p. 190, C.
3. *Ann. Ben.*, t. V, p. 213. — Baronius, ad annum 1085.

auprès de l'empereur ses bons offices de père spirituel et de conciliateur. Il le pressait de rentrer dans les sentiers de la justice et de la piété ; de se soumettre à la voix du Pontife suprême réclamant, au nom du ciel, les prérogatives sacrées et inaliénables de la sainte épouse du Christ.

Henri, dans la prospérité, se jouait de tous les conseils, puis, dans les mauvais moments, il revenait à l'abbé de Cluny, lui faisait entendre ses pleurs et ses gémissements facilement exagérés. Touché de ces démonstrations, se souvenant qu'il était père par adoption spirituelle, saint Hugues accourait, se faisait caution pour lui, obtenait son absolution et sauvait sa couronne toujours prête à lui échapper.[1]

Ce n'est pas seulement auprès de Grégoire VII, c'est auprès de ses successeurs que saint Hugues prodiguera les soins les plus tendres, les efforts les plus généreux pour sauver à Henri les biens du temps et ceux de l'éternité. Mais son indigne filleul oubliait aussi vite ses engagements les plus

---

1. « Denegatum ingressum æquo animo tulit, aut tulisse
» dissimulavit..... In suburbio quidem oppidi *(Canossi)* triduo
» immoratus..., continuo veniam petens, tandem rogatu.....
» Cluniacensis abbatis introductus absolvitur. » (Platina, *De Vitis Pontific.*, p. 382.) — Voir aussi dans Binius, *Epist. S. Greg. VII,* lib. IV, epist. xii, où se lisent ces mots :
« Eum..... in sinum sanctæ matris Ecclesiæ recepimus, ac-
» ceptis ab eo securitatibus, quæ inferius scriptæ sunt, quarum
» etiam confirmationem per manus abbatis Cluniacensis, et
» filiarum nostrarum Mathildis et comitissæ Adelaiæ, et alio-
» rum..... recepimus. »

solennels. Et quand son propre fils, nouvel Absalon, se déchaînera contre lui, il n'aura pas honte de revenir toujours aux larmes et aux protestations ; il lui faudra de longues pages pour répandre aux pieds de saint Hugues l'expression emphatique de ses nouveaux malheurs [1], jusqu'à ce que, enfin, lasse de tant d'iniquités et de faiblesse, l'Allemagne humiliée se donne avec ses seigneurs au fils rebelle de celui qui s'était si souvent révolté contre sa mère la sainte Église. Dieu est juste et saint, il n'encourage pas l'iniquité, mais il fait servir la méchanceté exceptionnelle de quelques hommes à l'accomplissement de sa justice souveraine. Alors le monde vit quelque chose de pire et de plus misérable peut-être que le triste châtiment du comte d'Angers [2]. Réduit aux dernières extrémités, pauvre, errant, sans secours, le fils et successeur des Césars, qui avait si longtemps vendu au plus offrant les évêchés et autres bénéfices ecclésiastiques, était aux pieds de l'évêque de Spire, le suppliant, pour toute faveur, de lui accorder une prébende laïque dans son église, et il faisait valoir ses titres à cet humble office : il avait étudié autrefois, il savait chanter, il ferait avec assiduité le service de lecteur et de sous-chantre. Puis, il allait mourir à Liége, non en

---

1. *Spicilegium*, t. III, in-fol., p. 441.
2. Ci-dessus, n° IV.

empereur, mais en réfugié, et son cadavre devait rester cinq ans sans sépulture ! [1]

III

Reprenons les événements qui tiennent à saint Hugues et à Cluny où nous les avons laissés, à la mort de Grégoire VII. La lutte n'était pas terminée, mais le coup mortel était porté à l'usurpation sacrilége des droits divins et des prérogatives spirituelles du sanctuaire.

Victor III [1085] garde la position que son prédécesseur lui avait faite, ou plutôt à l'Église, au prix des travaux et des amertumes de sa vie entière. Victor, de moine de la Cava [2], était devenu abbé du Mont-Cassin. Par sa vertu et son noble caractère, il ressemblait beaucoup à saint Grégoire qui l'avait désigné pour occuper, après lui, le trône du prince des Apôtres. Il était lié aussi d'une étroite amitié avec saint Hugues. L'abbé de Cluny l'était venu visiter au Mont-Cassin, et avait contracté avec lui une religieuse communauté de prières et de bonnes œuvres, à la vie et à la mort [3]. L'abbé du Mont-Cassin avait été initié à l'admirable projet de la délivrance, et déjà on l'avait vu porter aux pieds de Henri IV ses prières

1. *Ann. Ben.*, t. V, p. 486. Baronius, ad annum 1106.
2. *Ann. Ben.*, t. IV, p. 317.
3. *Chronica Cassinensis*, p. 395, ch. LI.

et ses courageuses protestations [1] contre la création scandaleuse de l'antipape Guibert. Élevé sur le siége apostolique, un de ses premiers actes fut de confirmer tout ce qu'avait fait Grégoire VII, et de renouveler le décret contre les investitures laïques [2]. Toutefois, il nous est glorieux de le répéter, c'est la grande congrégation de Cluny qui avait reçu la mission providentielle de sauver le monde. Aussi, le passage de Victor ne fut que de deux ou trois ans, après lesquels nous voyons reparaitre sur la scène les enfants de saint Hugues.

Le premier est Urbain II [1088-1099]. Odon, de Châtillon-sur-Marne, avait été, en religion, disciple de saint Hugues, frère et intime ami [3] de Hildebrand, à Cluny. Nommé, par Grégoire VII, cardinal-évêque d'Ostie, il avait, sous les ordres et la direction du grand Pontife, entrepris des travaux sans nombre, rempli avec courage et non sans gloire les légations les plus importantes. Recommandé au sacré Collége par Grégoire VII d'abord, puis désigné par Victor III, il fut élu pape et dut accepter une couronne qui était redevenue, comme à l'origine, comme aujourd'hui, la couronne d'épines. Jaloux de servir la sainte Église de Dieu et la société chrétienne, il commença, lui aussi, par approuver solennellement

---

1. *Ann. Ben.*, t. V, p. 171, 181.
2. *Ann. Ben.*, t. V, p. 237.
3. *Chroniques générales de l'Ordre de Saint-Benoît*, t. VI, p. 118.

ce qu'avait fait [1] le saint pontife Grégoire. Il sut opposer une constance invincible à tous les efforts des schismatiques. Il convoqua un très grand nombre de conciles, chassa de Rome l'antipape Guibert, dut excommunier, à son tour, le malheureux Henri IV qui, se flattant sous ce nouveau Pontife de faire rétrograder la sainte réforme entreprise par l'Église, venait réclamer, une fois encore et par les mêmes moyens, le droit des investitures, source de tant de vénalité et de tant de maux. Mais la tombe de ce prince est fermée.

La gloire des cheveux blancs avait remplacé, dans saint Hugues, les grâces angéliques du jeune âge. Il n'aspirait plus désormais qu'à se préparer au moment suprême. Il avait assez travaillé, ce semble, pour qu'il lui fût permis de ne plus prendre une part aussi active aux grandes affaires de l'Église. Du reste, c'était toujours la pensée et l'esprit de Cluny qui devaient être la règle de la papauté. Urbain, dès la première année de son pontificat, lui en avait donné l'assurance. Ce Pontife lui écrivait avec une touchante familiarité et un grand abandon de cœur [2]. *Il se reconnaît*

---

1. *Ann. Ben.*, t. V, p. 249.
2. *Bullar. Clun.*, p. 22, 23. — *Bibl. Clun.*, col. 514, 515. C'est la bulle d'où la citation est tirée. Déjà précédemment, Urbain II avait écrit à saint Hugues pour lui notifier son avénement et lui faire connaître les circonstances de son élection. Cette lettre du Pontife manque au *Bullarium Clun.* et dans le *Bibl. Clun.*, mais elle nous a été conservée par Mabillon. (*Ann. Ben.*, t. V, p. 251.)

débiteur envers lui et son monastère, non-seulement parce que c'est saint Hugues qui l'a initié à la vie religieuse, parce que c'est dans son monastère qu'il a été régénéré une seconde fois par la grâce du Saint-Esprit, mais surtout à cause de son dévouement sans bornes à la chaire de saint Pierre, à cause des services rendus à l'Église. Et c'est pourquoi il confirme de son propre mouvement et augmente encore les nobles priviléges de sa mère. Il va plus loin ; il voudrait jouir, à Rome, de la présence du saint abbé, s'il était possible. Il veut au moins qu'il lui envoie quelques-uns de ses religieux dans lesquels il puisse contempler l'image de ses vertus..... Bientôt il passe les monts et arrive lui-même à Cluny, tout occupé alors à la grande basilique des glorieux apôtres Pierre et Paul ; et, avant que l'édifice fût achevé, il en consacra [1] le maître-autel [1095] ; et, dans ce jour mémorable, il adressait aux cardinaux, aux évêques, aux abbés, aux princes et au peuple présent à la solennité, un discours que nous avons encore et dans lequel il ne cherchait ni à comprimer ni à dissimuler son saint et affectueux enthousiasme. Après quoi, emmenant, comme nous l'avons dit, le vénérable abbé de Cluny, il s'acheminait [1096] vers Clermont en Auvergne,

---

1. *Bibl. Clun.*, col. 518 et suiv. — *Bullar. Clun.*, p. 25, 1re col.

où la croix allait être solennellement arborée comme l'unique signe de ralliement contre les nouveaux barbares qui menaçaient l'Occident, comme l'instrument ancien et toujours nouveau du salut du monde. Après avoir offert cet aliment à l'énergie des croisés, il parvenait encore à enchaîner la fougue et les emportements des princes qui demeuraient chez eux, en leur faisant accepter l'admirable et paternelle institution de la *Trêve de Dieu*, dont l'idée, nous l'avons dit, appartient à saint Odilon. Puis il mourait [1099], dit Buçelin, « plein de gloire, après avoir rétabli l'ordre dans » la société, apaisé les séditions, recouvré les » immunités de l'Église, gagné tous les cœurs, » rétabli la paix si longtemps exilée, et procuré à » l'Église catholique des jours plus sereins. »[1]

IV

Un autre enfant de Cluny paraît sur la chaire pontificale. Paschal II s'empresse d'essuyer les larmes de saint Hugues et de confirmer à son tour les franchises et les priviléges de sa mère en religion, *à cause de son dévouement à toute épreuve au siége de Pierre. Il veut que tous les archevêques et évêques des Gaules sachent que les Pontifes*

---

1. Bucelin., *Ann. Ben.*, ad annum 1099.

romains tiennent à Cluny comme à la prunelle de leur œil. [1]

Mais, pendant que saint Hugues est occupé à recueillir ces témoignages de la bienveillance pontificale, à achever la maison de gloire qu'il élève au Seigneur sous le nom réuni des bienheureux apôtres Pierre et Paul, et à entretenir l'huile sainte dans tous les cœurs, l'Angleterre était le théâtre d'une lutte nouvelle soutenue par le grand Anselme de Cantorbéry, l'ami d'enfance du B. Lanzon [2], et qui avait lui-même hésité autrefois entre le Bec et Cluny. Guillaume le Roux, se faisant le triste écho des fureurs impériales, avait entrepris d'étendre son sceptre sur le sanctuaire, et de gouverner les choses du ciel comme celles de la terre. Les temps de cette profonde et sacrilége humiliation n'étaient pas encore venus pour l'île déjà bien déchue des anges et des saints.

« Dieu n'aime rien plus au monde que la liberté » de son Église ; il ne veut pas d'une servante » pour épouse. » [3]

Telles sont les magnanimes paroles qu'Anselme osait écrire au roi, tel est le sens de la persécution

---

1. Cluniacense Cœnobium ab ipso fundationis exordio.....
» Romani Pontifices tamquam oculi sui pupillam custo-
» dientes..... » *Bullar. Clun.*, p. 33, 1ʳᵉ col.

2. Eadmer, *Vita B. Anselmi Cantuar.*, dans les Bolland. Aprilis, t. II, p. 867.

3. « Nihil magis diligit Deus in hoc mundo quam liberta-
» tem Ecclesiæ suæ..... Liberam vult esse Deus sponsam
» suam, non ancillam. » (Ep. IV, 9.)

qu'il endurait, soutenu par les applaudissements et les conseils de deux souverains Pontifes sortis de Cluny, Urbain II et Paschal II; telle fut la cause du double exil qui procura à notre France le bonheur de jouir du saint confesseur et la faveur insigne de ses bénédictions.

Heureuse la province lyonnaise qui le posséda pendant plus de deux ans [1]! Heureux Cluny qui reçut plus d'une fois sa visite, plus d'une fois put goûter les charmes de sa conversation toute céleste! Et le saint athlète de la foi oubliait là ses amertumes et ses souffrances; il avait sous les yeux une image du ciel, et sa bouche ne pouvait s'ouvrir que pour parler le langage des anges, et bégayer quelque chose *de la béatitude céleste.* [2]

L'exil de saint Anselme n'était qu'un épisode du grand drame dont le rôle principal appartenait à Cluny. Aussi saint Hugues était-il, pour le saint Pontife, plein d'amour et de vénération. Il l'accueillait avec piété et bonheur; il ne le quittait plus un seul instant; il le consolait, comme savent faire les saints, ouvrait à sa sœur, vouée aussi à l'exil, l'heureux asile de Marcigny [3]..... C'est là que nos deux saints étaient réunis le 1er août de

---

1. Vie du Saint, par Eadmer.
2. C'est à Cluny que saint Anselme composa et adressa aux frères, réunis dans la salle du Chapitre, son beau livre *De Beatitudine cœlestis patriæ.* (D. Anselm. *Opera,* édit. Raynaud, ad calcem.)
3. *Spicileg. Dacher.,* III, p. 434.

l'an 1100. Jour mémorable! jour de justice divine! Le persécuteur d'Anselme, Guillaume le Roux, dans une partie de chasse, était, par une fatale méprise, atteint au cœur d'une flèche et laissait tomber sa couronne aux mains de Henri, son frère, dont la première pensée était d'essuyer les larmes de l'Église de Cantorbéry, et le premier acte de rappeler Anselme.[1]

Circonstance vraiment remarquable et qui confirme bien le rôle que nous assignons à la congrégation de Cluny dans ces mémorables débats! C'est à saint Hugues, au rapport unanime des contemporains, que la vengeance céleste fut révélée à Marcigny. C'est lui qui, le jour même du malheur, était subitement rempli de l'esprit des prophètes, interrompait brusquement la pieuse conversation qu'il entretenait avec Anselme, en présence des frères Baudoin, Eustache, Émery et Eadmer, et il déclarait hautement que *le roi d'Angleterre venait d'être traduit au tribunal de Dieu, jugé et condamné sans appel*[2]. Et parmi les historiens consciencieux qui rendent hommage à

---

1. Eadmer nous apprend qu'en quittant Marcigny, saint Anselme alla visiter la Chaise-Dieu (diocèse de Clermont). Il y reçut le courrier et la lettre de Henri, le nouveau roi. Ce prince commençait ainsi : « Scias, Pater charissime, quod » frater meus Rex Guillelmus mortuus est..... Requiro te » sicut Patrem, cum omni populo Angliæ, quatenus..... » quam citius poteris, venias. » (D. Anselm. *Opera,* Ep. III, 41.)

2. Hildebert et le moine Hugues rendent compte, comme Eadmer, de cette scène imposante. (*Bibl. Clun.,* c. 421 et 441.)

la vérité de ce fait, se trouve un des témoins de cette scène imposante, Eadmer, le confident et l'historien de saint Anselme, qui raconte ce qu'il a vu et entendu, et son témoignage est vrai. Comme si rien n'eût dû se faire pour l'affranchissement de l'Église sans que saint Hugues y fût pour quelque chose, sans que le nom de Cluny s'y trouvât mêlé.

L'archevêque de Cantorbéry n'eut d'abord qu'à se féliciter de la sagesse et des bons procédés de Henri. Mais bientôt, sans doute quand celui-ci se crut affermi sur le trône, la paix fut compromise de nouveau, parce que, dit Bucelin, *Anselme, généreux défenseur de la liberté de l'Église, ne savait point flatter les rois et s'opposait à leurs empiétements sacriléges.* [1]

La France put donc revoir encore une fois le saint confesseur; Rome de nouveau fit entendre sa voix apostolique : Anselme, rappelé sur son siége, eut le bonheur de voir le monarque revenir à de meilleurs sentiments et la gloire de terminer, de concert avec lui au concile de Londres, la querelle des investitures en ce qui concernait l'Angleterre [1108]. [2]

---

1. *Ann. Ben.*, ad annum 1100 : « Verum turbata quamprimum pace, cum acerrimus Ecclesiasticæ libertatis assertor Anselmus, adulari reges nesciret, sed impiæ ambitioni obvius iret..... »
2. Labb. *Concil.* ad annum 1108.

V

La nation française était demeurée fidèle à la papauté dans ces temps malheureux. Et toutefois, Urbain II et Paschal II eurent à gémir profondément sur la conduite adultère du roi Philippe Ier. Dix ans entiers, ce prince, plus faible que méchant, avait maintenu Bertrade, femme de Foulques d'Anjou, à la place de la reine Berthe, sa légitime épouse. L'Église n'a pas deux poids et deux mesures : sa voix redoutable vint inquiéter les honteux plaisirs du roi. A la fin, ce monarque indolent ressentit quelques velléités d'une sérieuse pénitence. Il en écrivit à saint Hugues, lui donnant à penser qu'il n'était pas éloigné d'abdiquer la couronne pour embrasser les saintes rigueurs du cloître [1107] [1]. Ce qui n'a pas peu contribué à faire rentrer le monarque en lui-même, c'est la vue des jugements de Dieu accomplis d'une manière si éclatante et si terrible sur le roi d'Angleterre et tout récemment sur le malheureux Henri IV. Décidément l'anathème ne portait pas bonheur !

Du fond de sa retraite, Hugues lui répond avec une liberté tout apostolique et les expressions de la plus franche amitié. Sa position, ses cheveux

---

1. *Spicilegium*, t. III, p. 443 et suiv.

blancs et les liens de famille lui permettaient cette sainte indépendance. Il terminait ainsi cette remarquable allocution :

« O roi, digne d'être aimé, ouvrez pleinement
» votre âme à la crainte du Seigneur. Prenez le
» parti le plus sage et le plus sûr, de peur que
» (Dieu nous en préserve!) nous ayons la douleur
» de vous voir finir comme les princes dont nous
» venons de parler. Hélas! les périls qui envi-
» ronnent notre vie sont sans nombre; la mort se
» présente sous toutes les formes, et il est terrible
» de tomber entre les mains du Dieu vivant!
» Donc, changez de vie, corrigez vos mœurs,
» approchez-vous de Dieu par une vraie pénitence
» ou une parfaite conversion. Or, cette pénitence,
» cette conversion, nous ne connaissons point de
» voie plus facile et plus sûre pour y arriver que
» la profession monastique. Nous voudrions pour
» vous cette heureuse profession; nous vous la
» souhaitons de toute notre âme.

» Voici que les princes des Apôtres, les juges
» des empereurs, des rois et des peuples, les bien-
» heureux Pierre et Paul sont prêts à vous rece-
» voir dans cette maison qui est la leur, et que
» nos pères ont appelée l'asile de la pénitence.
» Nous sommes prêts à vous y offrir une récep-
» tion royale, à vous y traiter en roi, à vous y
» servir comme un roi, et à supplier humblement
» pour vous le Roi des rois, afin que, vous voyant

» de roi devenu moine pour l'amour de lui, il
» vous rétablisse roi, un jour, non plus sur un
» petit et misérable coin de la terre, non plus
» pour un peu de temps ; mais qu'il vous fasse
» régner éternellement avec lui dans la bienheu-
» reuse immensité des cieux. Ainsi soit-il ! »

Les pieux désirs du roi Philippe, ses projets de sanctification, comme il arrive d'ordinaire aux hommes qui ont vieilli dans les passions charnelles, furent tardifs ou peu efficaces. Le monarque, avant d'avoir abandonné volontairement son royaume terrestre, se le vit enlever l'an 1108. Toutefois, ce qu'il avait négligé de faire vivant, il voulut, dans un sens, l'exécuter après sa mort, et sa dernière volonté fut d'être enseveli au monastère de Fleury-sur-Loire. [1]

Voilà un monarque que saint Hugues exhorte à embrasser la vie monastique [2]. Déjà il avait reçu à Cluny son neveu Hugues Ier, duc de Bourgogne, malgré les avis de Grégoire VII qui s'en plaint vivement. Nous le voyons, au contraire, conserver à l'amour de ses peuples Alfonse VI d'Aragon [3] et l'obliger à garder sa couronne dans

---

1. Bolland. 28 Aprilis, *Commentarius prævius ad Vit. S. Hugonis*, n° 10.
2. Gregorii VII, Epist. in *Act. Conc.*, t. VI, col. 1409.
3. Bertholdus Constant. apud *Ann. Ben.*, t. V, p. 316. « Qui
» etiam jamdudum se ibidem monachum fecisset, si Dominus
» abbas eum sub sæculari habitu retinere non satius judi-
» caret. »

le temps où ce roi voulait venir prendre le froc à Cluny. Ces faits opposés les uns aux autres s'expliquent par la considération du bien public que notre saint ne séparait jamais de la sanctification des individus et de la splendeur même de Cluny.

Philippe Ier, trop compromis par l'éclat de ses scandales, pouvait, sans inconvénient pour la société française, abdiquer en faveur de son fils Louis le Gros arrivé à la maturité de l'âge, et dont la popularité et les qualités éminentes promettaient un règne glorieux à la France.

Hugues Ier était sans enfants; en le recevant à la profession religieuse, son saint oncle épargnait au duché de Bourgogne une phase toujours périlleuse, et faisait passer sans bruit et sans secousse la couronne ducale dans la ligne collatérale, en la personne d'Eudes Ier dit Borel.

Il n'en était pas ainsi du côté d'Alfonse. L'esprit de foi, la haute intelligence de ce monarque, sa jeunesse, sa maturité dans le conseil, sa vaillance dans les combats, promettaient à ses peuples de longs et éminents services que saint Hugues n'aurait voulu à aucun prix leur ravir. Le véritable esprit religieux sait tenir compte des intérêts sociaux et politiques des empires! Saint Odilon et le souverain Pontife l'avaient compris comme saint Hugues lorsqu'ils rendaient au siècle et au trône de Pologne le diacre Casimir.

VI

Du côté de l'Allemagne, le grand drame avait encore à subir d'affligeantes péripéties. Mais Dieu ne permit pas que saint Hugues en vît le glorieux dénoûment.

Saint Hugues, avant de mourir sur la cendre et le cilice, dans la chapelle de la Vierge où il s'était fait porter, voulut qu'on plaçât devant lui la châsse de saint Marcel, pape et martyr. Sans doute, c'était un don sacré offert à sa piété par quelqu'un de ces Pontifes qui l'avaient longtemps salué du nom de père. Une chapelle particulière était destinée à ce gage vénéré dans la grande basilique des apôtres Pierre et Paul. Il voulait, une fois encore, prendre le saint martyr à témoin de son dévouement au Siége apostolique. Il n'avait vécu que pour son exaltation, il voulait mourir sous sa protection, *et il priait avec larmes son pieux avocat, afin que, sous sa garde, après un long exil, la patrie lui fût rendue* [1]. Il mourut le 28 avril 1109.

Au même instant, un saint abbé voyait, dans une vision, deux lits magnifiquement parés s'élever ensemble vers les cieux, portés par la main des

---

[1]. Hildebertus, *in Bibl. Clun.*, col. 436, B. Cette relique, doublement insigne, appartient aujourd'hui à la Cathédrale d'Autun.

anges, et sur ces lits deux saints d'une ravissante beauté. Et il entendait, dans les hauteurs célestes[1], des voix qui chantaient : « Couple béni ! ils ont su » se vaincre eux-mêmes et réformer leur siècle ; » et, pour récompenser leurs mérites, nous les » avons fait asseoir sur des lits étincelants d'or. » C'était, ajoute l'auteur de la légende, l'âme d'Anselme de Cantorbéry et celle de l'abbé de Cluny. Unis pendant la vie au service de la même cause[2], ils ne devaient point être séparés à la mort. Et, plusieurs siècles après, un moine allemand, fidèle aux traditions du cloître, les faisait de nouveau apparaître ensemble dans ses *Annales Bénédictines*, sous l'année 1109, lorsqu'il écrivait : « Cette année vit s'éteindre à la fois deux astres » qui ont éclairé le monde, les saints Anselme, » archevêque de Cantorbéry, et Hugues, abbé de » Cluny, dont le monde entier, aujourd'hui encore, » contemple la sainteté avec admiration. »[3]

1. Raynaldus, apud Bolland., 28 Aprilis, n° 30.
2. *Bibl. Clun.*, col. 438, B.
3. Bucelin. *Ann. Ben.*, ad annum 1109.

CHAPITRE IV

FIN DE LA LUTTE. — TRIOMPHE DE L'ÉGLISE.

I.

Dieu avait épargné à saint Hugues la douleur de voir la lutte recommencer plus terrible du côté de l'Allemagne ; lutte acharnée de la part de Henri V, comme un suprême effort !... déchaînement, qui, par sa violence même, annonçait le prochain dénoûment de ce drame dont Cluny avait vu l'ouverture aux premières années de notre saint, lorsqu'il conversait familièrement avec Hildebrand, lorsque, ensemble, ils allaient à la rencontre de Brunon de Toul.

Timide et réservé tant que vécut le malheureux Henri IV, le barbare Henri V fit bientôt connaître que la révolte d'un fils contre son père ne peut être inspirée par un amour sincère de l'Église [1]. Il passe les monts [1110] pour se faire couronner par le pape. Paschal II exige auparavant qu'il renonce au prétendu droit des investitures. Henri, furieux, fait arrêter le pape et massacrer les clercs et les religieux qui avaient été au-devant de ce prince avec des démonstrations d'attachement et de respect. Les Romains révoltés font main basse

---

1. Platina, *De Vitis Pontific.*, p. 412.

à leur tour sur les Allemands, et obligent l'empereur à s'éloigner de Rome. Mais il emmène, en se retirant, son auguste captif, l'accable de mauvais traitements, l'isole de tout ce qui aurait pu lui donner quelque bon conseil, quelques encouragements ; l'amène enfin, par la ruse et la violence, à un acte de faiblesse, dont le second exemple, dans des circonstances tout-à-fait semblables, devait être arraché, de nos jours, à un pontife qui n'a pas cessé d'être grand, pour avoir, lui aussi, dans une heure bien critique, trop laissé paraître notre fragilité humaine [1]. Mais Paschal II fut aussi prompt à se relever que le glorieux Pie VII. L'empereur était à peine hors de l'Italie, que le pontife protestait, dans deux conciles tenus à Rome [1112, 1116], contre les concessions pour lesquelles on lui avait forcé la main [2], renouvelait les décrets contre les investitures ecclésiastiques données par des laïques, et excommuniait Henri. Accablé toutefois, autant que dégoûté du poids de la grandeur, il voulut abdiquer le souverain pontificat, n'en put venir à bout, et mourut le 22 janvier 1118.

Cependant, Henri V accourait de nouveau en Italie. Il fait prendre le nouveau pontife [3],

1. *Ann. Ben.*, t. V, p. 558, 568, 615. — Artaud, *Hist. de Pie VII*, t. II, p. 318 et suivantes.
2. *Labb. Concil.*, ad annos 1112 et 1116.
3. *Ann. Ben.*, t. VI, p. 13 et 16.

Gélase II, par la gorge, au milieu du conclave, et l'accable de mille coups, sans pouvoir rien obtenir de lui qui fût au détriment et à la honte de l'Église. Puis il lui oppose l'antipape Grégoire VIII. Gélase quitte l'Italie, vient se réfugier en France, arrive à grand'peine à Cluny, où il meurt comme dans sa propre maison [1]. Le saint pontife s'était fait transporter au milieu du chœur, sur la cendre et le cilice, comme saint Hugues, revêtu de l'habit de bénédictin, sous lequel il voulut expirer, entouré de la communauté attendrie jusqu'aux larmes. Il fut enseveli dans l'église [2], et son nom, pur et sans tache au milieu des ruines modernes, demeure encore attaché à la portion rajeunie de l'édifice où il habita.

II.

Guy, archevêque de Vienne, et de la maison des comtes de Bourgogne, avait été désigné par Gélase, et fut élu par le sacré collège assemblé à Cluny [3]. Il prit le nom de Calixte II. C'était le

---

1. « ..... Bina dies jam restabat, cum Cluniacensi
» Dormiit in proprio romani juris asylo. »
(*Bibl. Clun.*, col. 618.)
2. *Ann. Ben.*, t. V, p. 252.
3. *Bibl. Clun.*, col. 464, A. — Hieronymus Surita (*Indices rerum ab Aragonis regibus gestarum*, p. 53), sic habet :
« K. Febr. Vido archiepiscopus Viennensis Raimundi comitis,
» Alfonsi Castellæ regis patris germanus frater, Guillelmi
» Burgundiæ comitis e Francorum regum stirpe ortus, Clu-

quatrième disciple de saint Hugues qui arrivait à ce suprême honneur ! Nous ne pensons pas que, dans toute l'histoire de l'Église, on puisse signaler un second exemple de quatre souverains Pontifes sortis, presque sans interruption, du même monastère, formés aux grandes vertus sous la même discipline et par le même abbé.

Calixte était digne de la chaire pontificale et se trouvait élevé, par son caractère, sa science et ses vertus, au niveau d'une position si délicate et si agitée. On comprit bientôt quel trésor Dieu avait donné à son Église. Les saints personnages et les pieux fidèles furent consolés et réjouis ; les schismatiques et les hommes de désordre, consternés. L'empereur Henri lui-même, frappé d'un nouvel anathème et craignant le sort de son père, assembla une diète à Worms, en 1122, pour se réconcilier avec le pape, qui y envoya ses légats [1]. Henri, du consentement des États, renonça à la nomination des évêques et des abbés ; et laissant aux chapitres la liberté des élections, il promit de ne plus investir les ecclésiastiques de leur temporel

---

» niaci, ab iis cardinalibus qui justis funeribus Gelasii papæ
» interfuerant, ad Pontificatum maximum Gelasii successor
» adsciscitur, Calixtus II dicitur. Cujus respectu, fuit enim
» non minus religione et sanctitate venerandus, quam regio
» genere clarus, a bello quod in fratris filium Castellæ regem
» gerebatur, imperator sibi discedendum constituit : ab
» eoque, patrui dignitatis reverentia, longo intervallo des-
» titit. »
1. Platina, *De Vitis Pontif.*, p. 424.

par la crosse et l'anneau, mais de substituer à ces symboles réservés au sacerdoce le sceptre et la couronne. Les terres du saint-siége furent affranchies absolument de la suzeraineté de l'Empire.

C'est à Worms qu'avait eu lieu, en 1049, l'élection de Brunon de Toul, occasion du premier éclat ; c'est à Worms, en 1122, que la grande bataille se termine à l'avantage de l'Église, au profit de la société catholique, c'est-à-dire de la civilisation européenne. [1]

Nous l'avons dit, c'est de Cluny que sont sortis les nouveaux Machabées ; c'est saint Hugues qui a eu la gloire d'en être le père. Il faut à cette gloire insigne une auréole immortelle. Calixte reçoit à Cluny les dépositions des anciens sur les miracles et sur les vertus héroïques du bienheureux abbé [2]. Il entend les sollicitations de tous les illustres personnages qui l'entourent ; il peut s'en rapporter, du reste, à ce qu'il a vu lui-même, et suivre le mouvement de son propre cœur. C'est pourquoi, à la louange et à la gloire de N. S. J.-C., il met le sceau de son autorité pontificale aux

---

1. « Ex hinc Ecclesia, libertati ad plenum restituta, paceque » ad integrum reformata, in magnum montem crevisse, sub » Calixto papa invenitur. Unde de ipso Romæ scriptum est : » Ecce Calixtus honor patriæ, decus imperiale, Burdinum » nequam damnat, pacemque reformat. » (Alberic., *Chron.*, ad annum 1122.)

2. *Bibl. Clun.*, col. 551, 553.

vertus et aux mérites du saint confesseur, dont il inscrivit solennellement le nom au livre de vie, et fixa la fête au 29 avril, avec ordre de la célébrer à jamais dans le monastère de Cluny. [1]

L'année suivante [1123], le premier concile général de Latran [2] confirmait la paix entre le Sacerdoce et l'Empire, et fulminait de nouveau les anciens canons contre la simonie et l'incontinence. L'antipape Bourdin (Grégoire VIII) s'en allait faire pénitence dans les belles solitudes de la Cava [3], dépendance de Cluny. Tout était consommé. Une ère nouvelle commençait.

Arrêtons-nous : l'Église et la société sont sauvées, saint Hugues est glorifié, le rôle public de Cluny est accompli.

1. En 1220, Honorius III constate et rappelle que saint Hugues a été mis au rang des saints par son prédécesseur Calixte II, et autorise l'exhumation de ses restes sacrés et leur translation dans un lieu plus convenable. (*Bull. Clun.*, p. 104.)
2. Labb. *Concil.* ad annum 1123.
3. Platina, *De Vitis Pontific.*, p. 327.

CONCLUSION

Nous avons justifié, par l'exposition des faits, l'affirmation contenue dans notre épigraphe. Elle émane de la plus haute autorité qui soit au monde.

L'influence de Cluny dans le monde religieux, intellectuel et social, au onzième siècle, a été, selon la pensée d'Urbain II, celle du soleil dans l'ordre de la nature.

Le soleil réchauffe, il éclaire, il féconde.

Ainsi Cluny a rallumé partout le feu sacré de la perfection monastique par la sagesse de sa réforme. Il a conservé les dernières lueurs de la science, des lettres et des arts, par la force et la renommée de ses écoles. Il a sauvé le monde par l'élévation et la suite de ses conceptions politiques.

Cluny a été un phare lumineux au milieu des ténèbres ; un levain sacré de vertus, au milieu des vices et de la corruption ; une terre ferme contre laquelle devaient venir se briser et s'assouplir les vagues mugissantes de l'anarchie.

DOCUMENTS INÉDITS

A la fin de la première partie de ce volume, j'ai consacré huit pages à la plus chère fondation de saint Hugues, à l'établissement monastique de Marcigny-sur-Loire, au diocèse d'Autun. Dans ces pages, comme ailleurs, j'indique les sources et je renvoie à des ouvrages imprimés et à des travaux demeurés manuscrits. Tout le monde peut consulter les premiers. Je veux enrichir cette nouvelle édition de mon *Cluny au onzième siècle* d'une partie des seconds, et les offrir pour la première fois au public lettré et studieux.

Voici donc trois documents que je livre à l'appréciation de chacun, savoir : 1° le Catalogue des Pères Prieurs de Marcigny ; 2° celui des Dames Prieures ; 3° la nomenclature de cinq cent soixante-douze religieuses entrées à l'abbaye depuis l'an 1063 jusqu'à l'an 1746. Je donnerai ensuite l'état du personnel en 1640.

On trouvera à la suite : 1° le texte latin d'un sermon de saint Odilon sur l'Invention de la sainte Croix, dont les premières lignes seulement sont imprimées à la colonne 408 du *Bibliotheca Cluniacensis*, avec cette expression de regret : *cætera desunt* ; 2° le texte latin du travail préparé par les bénédictins de Marcigny pour le *Gallia Christiana*, mais qui n'avait pu arriver en temps utile à sa destination. Je complète ce texte jusqu'à la Révolution. C'est d'après ce précieux document que j'ai rédigé en français mon Catalogue abrégé des Pères Prieurs de Marcigny.

Le Catalogue des Religieuses est la reproduction, sans retranchement ni addition, d'un manuscrit de M. Potignon de Montmegin, aidé des recherches antérieures de M. Verchère de Reffye, et de celles des modestes bénédictins de Marcigny, parmi lesquels je nommerai seulement le prieur Pierre Symon, rédacteur et éditeur du *Bullarium sacri*

Ordinis Cluniacensis. Ces hommes laborieux et instruits avaient à leur disposition les archives du monastère si riches encore alors, malgré ce qui en avait péri dans les guerres civiles et religieuses des temps passés. Toutefois il était impossible de retrouver tous les grands noms acclimatés dans la vallée de Marcigny. Mais c'est beau, et unique peut-être, d'en avoir pu recueillir cinq cent soixante-douze. Quel établissement pourrait aujourd'hui présenter une pareille collection de noms illustres et princiers? Combien aussi de familles encore existantes seront charmées, sinon surprises, de se voir représentées depuis tant de siècles dans ce vrai panthéon chrétien! Honneur et actions de grâces à ceux qui l'ont élevé si à propos, avant le passage ignare et les exploits incendiaires de la révolution moderne.

C'est ici le lieu de donner le petit préambule qu'on lira plus loin en tête de l'*Index Priorum Marciniaci*.

Saint Hugues avait mis deux prieurs à la tête de sa fondation de Marcigny : l'un chargé de tout le temporel et du soin spirituel des moines ; l'autre chargé seulement de la direction spirituelle des religieuses. Le premier, à l'origine, s'appelait procurateur et exerçait sa charge au nom de l'abbé de Cluny, qui s'était réservé d'être plus particulièrement le père des religieuses et de tout le monastère. Ce ne fut que dans la suite qu'il prit le nom de préposé ou prieur, et qu'il en exerça tout l'office. Il eut dès lors un aide qu'on appelait *socius*, procurateur, chambrier et même quelquefois prieur.

Les supérieurs du cloître des Dames, c'est-à-dire de leur spirituel, s'appelaient aussi prieurs d'ordre, prieurs claustraux ou prieurs des Dames.

La première d'entre les Sœurs (après la sainte Vierge qui était reconnue pour abbesse), celle qui exerçait la supériorité sous la direction du prieur d'ordre, prenait aussi le titre de prieure.

A

CATALOGUE DES PRIEURS DE MARCIGNY.

1 Durand, 1063.
2 Guy I, 1065-1093.
3 Humbert I, 1094.
4 Seguin, 1098-1100.

Les prieurs proprement dits de Marcigny avaient autorité universelle sur le monastère des bénédictins de cette ville, et temporelle sur celui des bénédictines. Il y avait, dès l'origine, et par l'institution de saint Hugues, des religieux de choix, préposés à la direction spirituelle des bénédictines et qu'on appelait aussi prieurs. Les trois premiers dont la direction correspond, pour le temps, au gouvernement des quatre prieurs susnommés, sont : Renchon, choisi par saint Hugues lui-même pour ce ministère, en 1063 ; Raynaud, neveu du saint abbé de Cluny, qui sera ensuite abbé de Vezelay, puis archevêque de Lyon, et bienheureux dans le Martyrologe gallican ; et après lui, le vénérable dom Hugues, appelé sur le trône abbatial le 23 mars 1122.

5 Geoffroy de Semur, neveu de saint Hugues, fut prieur pendant quatorze ans. Dans ce laps de temps, les bénédictines eurent trois prieurs ou directeurs, savoir : Bernard de Berzé, qui avait été connétable de saint Hugues ; Guichard, qui avait été coadjuteur de Seguin, le quatrième prieur ; et Girard le Vert, aux vertus duquel Pierre le Vénérable rend un éclatant hommage au livre premier des *Miracles*, chapitre huitième.

6 Ponce, qu'il ne faut pas confondre avec l'abbé de même nom et de si douloureuse mémoire, 1123.

Sous ce prieur, Théotard, de la maison de Vichy, fut prieur ou directeur des Dames bénédictines.

7 Archambaud, sous lequel, vers 1130, commencent à se produire des difficultés entre les pères et les sœurs prieures des Dames : Thomas, puis le bienheureux Turquillus dont on peut lire l'éloge, soit au *Menologium benedictinum*, 10 *decembris*, soit au livre I, chapitre XXI, des *Miracles*, par Pierre le Vénérable. Le *Gallia Christiana* le compte à tort parmi les prieurs proprement dits de Marcigny.

8 Simon, 1166.

9 Hugues I de la maison de Châtillon, 1174.

10 Dans une charte de l'an 1218 et du 13 juin se trouve illisible le nom du prieur de Marcigny commençant par la lettre N...

11 Pareillement on ne peut lire que la lettre initiale S... du nom de celui qui succéda au précédent, en 1131.

12 Jacques I, 1234-1261.

13 Yves I, 1266.

14 Mathieu, prieur en 1270.

15 Guy, 1275-1278.

16 Garnier, 1281.

17 Hugues II, en 1286.

18 Dom Viard, prieur de Marcigny, en 1294. En 1291, les définiteurs du chapitre général lui ordonnent de n'apposer les sceaux du monastère qu'après avoir pris l'avis de la prieure, de la cellerière, de la sacristaine, de l'infirmière et des autres dames d'ordre. Ceux du chapitre général de l'an 1292 défendent d'admettre au monastère plus de quinze demoiselles du siècle.

19 Hugues III, 1300, avait été prieur de la Voulte, puis de Lurcy.

20 Jean de Châteauvillain, 1303-1316, eut de grands démêlés avec les bénédictines, au sujet de la nomination du prieur ou directeur des Dames, et de la camérière. Il y eut quelques voies de fait de la part des Dames. C'est la misère commune de notre pauvre nature ici-bas.

21 Jean II de la Brosse, en 1316.

22 Guillaume Amale de Luzy, fils de Jean de Châteauvillain, baron de Semur-en-Brionnais, en 1318. Les plaintes des bénédictines continuent. Elles trouvent à redire à l'admission parmi elles d'une jeune fille qui n'était pas noble de père.

23 Girard, de 1329 à 1334.

24 Guy III de Damas, 1334 à 1346. Avant lui les bénédictins et les bénédictines, séparés par une cloison en panneaux peints des deux côtés, étaient dans l'usage plusieurs fois séculaire de chanter alternativement le saint office dans le chœur de la grande église. Par suite des démêlés persistants, le chapitre général supprima cet ordre de choses, et les bénédictins commencèrent à dire seuls et en chœur leur office dans la chapelle de Saint-Nicolas, devenue aujourd'hui l'église paroissiale de Marcigny.

25 Pierre I de Viers, en 1346.

26 Pierre II de Viers, filleul et neveu du précédent, en 1348.

27 Hugues IV de Saint-Bénigne, de 1353 à 1367. Il fut nommé définiteur au chapitre de 1356.

28 Pierre III de Lyon, 1367.

29 Étienne de Blerens, 1371.

30 Étienne II, fils de Girard de Semur, seigneur de Sancenay, 1373.

31 Étienne III Tachon, de 1374 à 1382. Il avait été doyen de Paray de 1370 à 1374. Sur sa proposition, le chapitre général de l'an 1375 statua que la prieure n'aurait pas seule la clef des archives ; mais qu'elle en remettrait deux à deux des plus anciennes religieuses. L'abbé de Cluny, Jacques I, mettait, par acte du 3 mai 1377, à sa disposition le tiers des biens qu'il laisserait à son décès. Il fit mieux encore : le 10 juin 1381, il translatait à Marcigny une portion considérable d'un bras de saint

Hugues, et ordonnait qu'on ferait chaque année, à pareil jour, la fête de cette translation. C'est le prieur Étienne Tachon qui fit construire, en 1378, les halles de Marcigny qui n'ont disparu que depuis peu d'années de la place qui en conserve le nom.

32 Jean IV, en 1385.

33 Antoine de Chalmasset, de 1385 à 1397. Le chapitre général de 1389 loue beaucoup sa gestion et la sagesse de son gouvernement. Il avait d'autant plus de mérite qu'au moment où le chapitre s'occupait ainsi de lui tout reposait sur sa personne, les offices de prieur claustral ou des Dames, et de la Dame prieure, étant vacants à la fois.

34 Guillaume II de l'Espinasse, 1397. Il avait été prieur de Glanot, au Mont-Saint-Jean, et connétable de l'abbé de Cluny.

35 Jean V de l'Espinasse, de 1399 à 1433. La discipline était mal observée. On en peut juger par ce fait rapporté dans le procès-verbal de la visite canonique de 1410, que les herbes et les arbustes croissaient dans la salle du chapitre : « Arbores crescebant in capitulo » monachorum. » Le prieur reçut l'ordre d'y faire de suite les réparations nécessaires, et en attendant de réunir le chapitre, trois fois la semaine, dans la chapelle de Saint-Blaise. L'article de Jean V finit par ces mots : « Domus decanatus et eleemosynariæ erant quasi in » ruina. » La maison du décanat et celle de l'aumônerie tombaient en ruines.

36 Guillaume III de Bréchard, appelé quelquefois Guillaume Burchard.

37 Adam le Thuillier, de 1441 à 1445.

38 Denis I Thomassin, de 1445 à 1459. Il fut chargé de la visite de l'abbaye de Cluny, en 1448. Jean David était prieur des Dames bénédictines en 1449.

39 Jean VI le Fèvre, *alias* Faure, de 1460 à 1465.

40 Simon II de Ronchival, prieur de Marcigny et de Charlieu, de 1466 à 1470.

41 Zacharie de Tologny, *alias* de Toulongeon, 1470 à 1490. Il avait le titre de conseiller du roi.

42 Louis de Rochechouart, docteur en l'un et l'autre droit, neveu de Jacques d'Amboise, abbé de Cluny, de 1490 à 1505. Il était aussi abbé de Moustierneuf de Poitiers. Marcigny avait alors pour Dame prieure Adrienne de Lapalu, fille de Hugues de Lapalu, comte de Varax, laquelle fut ensuite abbesse de Saint-Jean-le-Grand d'Autun.

43 Denis II Cadot ou Cardon, en 1506. Sous ce prieur, dont la charge se rencontre avec celle de la prieure Louise de Beuslon, *alias* Boslon et de Boussé, la communauté des Dames de Marcigny obtint de Jacques d'Amboise, abbé de Cluny, un statut confirmé par le grand-prieur de Cluny, Philippe de Bourgoing, et par les définiteurs du chapitre général du 22 mai 1507, lequel statut supprimait à Marcigny les offices claustraux des moines et des Dames, et les réunissait à la mense du couvent. C'était renverser l'ordre de la fondation de saint Hugues par la suppression du prieur claustral ou des Dames.

Denis Cadot fut plus tard prieur de Sauxillanges, en Auvergne.

44 Marin Avernier était prieur de Marcigny en 1508.

45 Nicolas de la Rose, de 1514 à 1526.

46 Jean VII le Maître, 1526-1544. [1]

47 Christophe Coquille, prieur de Marcigny, de 1545

---

1. Le *Gallia Christiana* compte parmi les ecclésiastiques du concile de Lyon, en 1527, *Claude de la Madelaine, prieur de Marcigny* : « *Claudius de Magdalena, prior Marciniaci.* » Serait-ce le titre de prieur des Dames qu'on aurait essayé de faire revivre? Je suis assez porté à le croire. Nous verrons, un peu plus loin, la prieure Marguerite Blondeau revenir à la charge et obtenir du cardinal de Richelieu la suppression du titre de *prieur des Dames*, auquel sera substitué celui de *père confesseur*.

à 1564, mourut dans cette ville le 12 octobre de cette dernière année et y fut inhumé. Il était en même temps grand-prieur de Cluny.

48 Jean VIII Cotignon hérita de la double charge du précédent, et mourut pareillement à Marcigny où il eut son tombeau, le 22 avril 1572.

49 Antoine II Baillif était prieur de Marcigny en 1573.

50 Philibert Joly, 1581-1617. Il était docteur en théologie et fut définiteur au célèbre chapitre général de l'an 1600.

51 Pierre IV de Dormy, fils de Charles-François de Dormy, secrétaire du roi, et neveu de dom Claude de Dormy, qui de prieur de Saint-Martin des Champs devint évêque de Boulogne, fut prieur de Marcigny de 1617 à 1630.

Après le décès de ce prieur, il s'éleva de graves démêlés, toujours au sujet du titre de prieur. Marguerite Blondeau, qui paraît avoir été une des meneuses les plus ardentes et les plus habiles, étant devenue prieure en titre, en l'an 1638, obtint de l'omnipotence de Richelieu, commendataire de Cluny, la suppression absolue du titre de prieur; et l'on exhiba une prétendue bulle d'Urbain VIII, du 10 mars 1638, qui confirmait cette suppression, non plus seulement du titre de prieur des Dames, mais de toute espèce de prieur. Il y avait eu surprise audacieuse; la bulle vraie ou fausse demeura sans effets. Marguerite Blondeau fut déposée de la charge de prieure et mourut simple religieuse en 1658. Mais ce n'est qu'en 1653 que nous retrouvons la suite des prieurs. Dans l'intervalle, il n'y eut que deux pères confesseurs, savoir dom Claude Verchère et dom Claude Degouvenain.

52 Dom Antoine Mossan fut prieur de Marcigny, en 1653.

53 Pierre V Camuset succède au précédent en 1663.

54 En 1666 apparaît le premier prieur commendataire,

c'est-à-dire non religieux, de Marcigny. C'était le fils de Messire Lelièvre, président du grand conseil.

55 Le second prieur commendataire est un M. Favre, qu'on trouve avec ce titre en 1674.

56 Ce dernier eut pour successeur, en 1693, le duc d'Albret, neveu du cardinal de Bouillon, abbé de Cluny. Quel inconvénient pouvait-il y avoir, en de pareilles conditions, à la suppression du titre de prieur? Aussi, sur les instances de Mme Catherine de la Chaize d'Aix, le cardinal-abbé obtint la démission de son neveu, supprima définitivement le titre de prieur, et fit approuver cette suppression au chapitre général de 1693. Depuis lors les bénédictins n'eurent plus à s'occuper du temporel à Marcigny, et leur supérieur prit le titre de prieur claustral.

57 Pierre Symon, prieur claustral de Marcigny, de 1693 à 1699, était un religieux du plus grand mérite. Il avait occupé les plus hautes charges de l'Ordre et avait publié, en 1680, le *Bullarium sacri Ordinis Cluniacensis*.[1]

58 Dom Laurent Borthon succéda, en 1699, à Pierre Symon, fut nommé prieur de Paray au chapitre général de 1701, et eut pour successeur à Marcigny

---

1. Peu de temps après l'apparition de mon *Cluny au onzième siècle* (Mâcon, 1851), M. Aug. Bernard m'écrivait de Paris pour me demander où j'avais lu que D. Pierre Symon fût l'auteur du *Bullarium sacri Ordinis Cluniacensis*. — En tête du volume, lui répondis-je, dans la lettre d'envoi au pape Innocent XI, et dans la réponse de ce Pontife à Pierre Symon. — Mais, m'écrit de nouveau M. Aug. Bernard, nous n'avons pas ces pièces dans l'unique exemplaire du Bullaire de Cluny que possèdent les bibliothèques publiques de Paris. Veuillez donc nous les copier. — Je fis la chose très volontiers et de suite. Puis observant attentivement les dates, je remarquai que le corps du *Bullarium* a été imprimé en 1680, chez Antoine Julliéron, à Lyon. D. Pierre Symon l'envoie au pape avec sa lettre du 14 mars 1681. La réponse du pape est du 7 janvier 1682. On fit alors imprimer ces deux pièces intéressantes. Des exemplaires en furent envoyés partout aux monastères. Mais combien y en eut-il qui prirent soin de joindre ce carton au corps de l'ouvrage, comme l'ont fait les bénédictins de Marcigny, en faisant relier leur exemplaire?

59 Dom Hugues Molard, qui prenait le titre de *prieur claustral de Marcigny pour les moines : prior claustralis de Marciniaco pro monachis*. La susceptibilité de Mme de la Chaize d'Aix s'enflamme de nouveau et elle demande au chapitre général de 1704 de l'obliger à ne prendre que le titre de *supérieur des moines*. Toutefois, je retrouve jusqu'à la fin, dans mes manuscrits, le titre de prieur.

60 « Dom Claude Varin, prieur, en 1719. »

61 « Dom Pierre Harlé, prieur. »

62 « Dom Claude Foussier, prieur claustral de Mar- » cigny », en 1724.

63 « Dom A. Buliot, prieur », en 1737.

64 Dom Potignon de Montmegin, en 1789, n'était connu dans le pays que sous le nom de *monsieur le prieur*, et mettait toujours ce titre à côté de son nom.

B

CATALOGUE DES DAMES PRIEURES DE MARCIGNY.

1 Hermengarde de Semur, sœur de saint Hugues, fut la première prieure, en 1061.

2 Gille, ou Giselle, ou Ghisla, ou Galsuinde de Bigorre, vers 1080. Elle avait épousé, contre les lois de l'Église, Centule, quatrième vicomte de Béarn et d'Oléron, son proche parent. Séparée en 1078 par ordre de saint Grégoire VII, elle était venue prendre le voile à Marcigny où elle fut prieure.

3 Jeanne de Semur, nièce de saint Hugues, vers 1084.

4 Agilmolde de Périgord. Elle est nommée dans la bulle d'Urbain II, du 7 décembre 1106, où sont énumérés et confirmés tous les biens du prieuré.

5 Adèle d'Angleterre, fille de Guillaume le Conquérant et veuve d'Étienne, comte de Blois, vers 1107.

6 Alix de Luzy était prieure de Marcigny quand la Roche-Milay fut donnée à ce monastère, en 1119.

7 Sancie, *alias* Josie de Fougères, 1136.

8 Sainte Fradeline d'Espagne, vierge et martyre, dont on vénérait le corps à Marcigny, avait été prieure après l'an 1138.

9 Madeleine d'Uxelles.

10 Félicité d'Humières.

11 Gastone de Plaisance.

12 Humbeline de la Palu-Varax.

13 Tharsile de la Palu-Varax.

14 Alize d'Amanzé, 1370.

15 Marie de Saint-Arban ou Centarbens, vers 1377.

16 Agnès de Rébé, 1380.

17 Isabelle de Damas fut prieure en 1401.

18 Jeanne de Busseul-de-Saint-Sernin fut célerière, puis prieure, vers l'an 1420.

19 Agnès de Rébé était prieure en 1437.

20 Jeanne de Damas, fille de Robert, seigneur de Bœuvrai, Clessy, etc., et de Marie de Digoine, 1440.

21 Catherine (*alias* Marguerite) de Dyo, fille de Jacques, comte palatin de Dyo, et de Jeanne de la Guiche, 1445.

22 Étiennette de Bois était prieure en 1470.

23 Jeanne (*alias* Isabelle) de la Guiche. Elle était fille de Claude de la Guiche et de Claude de la Baume-Montrevel, en l'an 1485.

24 Edmonde Pot de la Roche (*alias* de Rhodes) vers 1487.

25 Adrienne de la Palu, fille de Hugues de la Palu, comte de Varax, et d'Antoinette de Polignac. Les auteurs du *Gallia Christiana* disent qu'elle devint plus tard abbesse de Saint-Jean-le-Grand d'Autun. Elle se trouve effectivement la dix-septième dans le catalogue des abbesses de cette illustre abbaye qu'on trouve dans l'*Autun chrétien* de Claude Saulnier, p. 118.

26 Louise de Boussé (*alias* de Beuslon), prieure en 1507, obtient du chapitre général la suppression du prieur claustral ou des Dames de Marcigny.

27 Claude de Vichy-Chamron était prieure en 1510.

28 Vers 1520, nous trouvons dans des titres authentiques, *Françoise de la Palu, prieure.*

29 Suzanne de la Guiche était prieure en 1550.

30 Étiennette du Blé de Cormatin, prieure en 1555.

31 Françoise de Chevrières, 1556.

32 Cécile d'Uxelles, vers 1570.

33 Bernarde du Blé-d'Uxelles, prieure de 1575 à 1580.

34 Françoise de Chevrières, de 1580 à 1600. Elle était nièce de la prieure de 1556.

35 Peronne de la Guiche, prieure de 1600 à 1606.

36 Gabrielle de Naples, élue prieure en 1606.

37 Jeanne d'Amanzé de Chauffailles fut prieure de 1610 à 1615. Deux nièces de Jeanne d'Amanzé, Françoise et Léonore d'Amanzé, embrassaient comme elle la vie religieuse à Marcigny, tandis que leur sœur Gilberge-Françoise d'Amanzé entrait à Saint-Pierre de Lyon et en devenait abbesse. Cependant, trois frères de Jeanne combattaient et mouraient sur les champs de bataille pour le service de la France et du roi.

38 Françoise d'Amanzé de Chauffailles succède à sa tante dans la charge de prieure, en 1615.

39 Marguerite Blondeau, qui devint titulaire en 1638, se montra audacieuse à poursuivre la suppression absolue du titre de prieur chez les bénédictins de Marcigny. Elle n'eut que deux ans de règne et mourut simple religieuse en 1658.

40 Marie du Bessey était substituée à Marguerite Blondeau dans la charge de prieure, en 1640.

41 Jeanne de Bonnay succédait à Marie du Bessey, vers 1650.

42 Anne-Judith Le Prieur était Dame prieure de Marcigny, en 1660.

43 Marie de Montjournal, prieure en 1670.

44 Jeanne-Jacqueline de Chantelot la Varenne fut prieure de 1676 à 1693.

45 Catherine de la Chaize d'Aix, appelée prieure claustrale dès l'an 1685, fut prieure titulaire de 1693 à 1747.

46 Éléonore du Maine du Bourg, prieure très entreprenante, de 1748 à 1775.

47 Anne-Nicole de Laqueuil-Chateaugay, de la maison d'Amanzé, 1775 à 1782. Elle avait été reçue à la profession solennelle par M. l'abbé de Vichy-Chamron, conseiller du roi en tous ses conseils et trésorier de la Sainte-Chapelle de Paris, commis à cet effet en date

du 28 septembre 1739. Cet abbé de Vichy était oncle de celui qui fut évêque d'Autun et conseiller d'État sous la Restauration, 1819 à 1829.

48 La dernière prieure de Marcigny, celle qui eut la profonde douleur de voir périr son monastère, avec tous les autres, dans la tourmente révolutionnaire, fut Louise de Raynard, d'une noble famille du Dauphiné. Elle fut prieure de 1782 à 1791.

C

CATALOGUE DES NOMS DES DAMES RELIGIEUSES DU PRIEURÉ DE MARCIGNY. [1]

1061 Aremburge de Vergy, veuve de Dalmace de Semur.

1061 Hermengarde de Semur, fille de Dalmace et d'Aremburge, première prieure.

1063 Edelburge de Varenne.

— Huguette de la Barge.

— Almodie de Toulouse.

— Sibille de Solman.

— Garengarde, femme de Pierre de Montgascon.

— Emmène de Chaumont.

1064 Pétronille de Maitmune, femme de Geoffroy de Cassane.

1064 N. de Cassane, fille de ladite Pétronille.

— Alexandrine, mère de Hugues de Compens.

— Euphémie, femme dudit Hugues.

1065 Béatrix, veuve d'Eldin d'Artaix.

— Marie, femme de Hugues de Vaux.

— La noble dame Eidéarde.

1066 Adélaïde de Semur, veuve de Dalmace Duchatel.

— Marie, fille d'Aubuin le Gros.

— Aye Dumont Hermentières.

— Richelle de Guibéry.

— N. femme de Humbert de Bourbon-Lancy.

— Richilde, femme d'Arduin de Barnay.

— Nazarie, femme d'Étienne de Broatie.

— Marguerite de la Bussière, fut ensuite abbesse de Saint-Jean d'Autun.

1. NOTA. Le chiffre qui est à gauche des noms indique l'année de l'entrée au monastère.

1068 Ermingarde d'Auvergne.
— Adelvie de Ponthieu.
— Jeanne de Foudras.
— Vimberge de Forest.
1069 Arsande de la Rochefoucault.
1070 Guillemette de Beaujeu.
— Vimberge de Chatillon-les-Dombes.
— Jeanne de Melun.
1071 Odille, femme de Josserand de Copière.
— Agnez de Copière, sœur de Josserand.
1072 Guillemette de Montaut.
— Golesne d'Albon.
1073 Ricoarde de Salornay.
— Berthe de Chatillon-sur-Marne.
1074 Blismode des Moulins.
1075 N. femme de Warin de Montpensier.
1076 Almodie de Limoges, fille du duc d'Aquitaine.
1077 Ebrolde.
— Hermengarde de Segny.
— Froé Rufine, femme de Girard Leverd.
1078 Albérée de Champagne.
— La bienheureuse Gislas de Bourgogne.
— Adélaïde de Chateauneuf, en Berry.
1079 Ermezinde de Béziers.
— Alix de Montfort.
— Béline de Broyes.
— Adélaïde de Rosny.
1080 Agnès de Montpensier.
— Agnès de Thiern.
— Gilberte de Cluny.
— Gille de Béarn, prieure. [1]

1. Femme séparée, par dispense du pape Grégoire VII, pour cause de parenté, de Centule IV, vicomte de Béarn et d'Oléron, dont elle avait un fils qui succéda audit comté; fut conduite à Cluny, prendra le voile et fut religieuse à Marcigny dont elle fut depuis prieure. La lettre de Grégoire VII est de l'an 1078.

1080 Catherine de Thélys.
— Marguerite de Caumont.
1081 Berthe de Luzy.
— Marie de Baugy.
— Berthe de Martiningues.
1082 Mathilde de Bergame.
1084 Jeanne de Semur, nièce de saint Hugues, prieure.
— Alix de Semur, sœur de Jeanne.
— Marthe de Normandie.
— Marie de Chambilly.
1085 Guillemette de Clermont-Tonnerre.
1086 Alix de Bourgogne.
— Garsinde de Bigorre.
1090 Agilmode de Périgord, prieure.
1091 Leutgarde de Clermont-Lodève.
1093 N. de Conducie.
1094 Agnès de Saint-Angoulin.
— Armande de Polignac.
— Avie de Chélois.
— L'Étang de Chélois.
1095 Adèle d'Angleterre, fille de Guillaume le Conquérant, roi d'Angleterre, veuve d'Étienne, comte de Blois, fut prieure.
1095 Cunize des Ardennes.
1096 Cunize, fille du comte Conon.
— Lucie de Semur ⎫
— Adélaïde de Semur ⎬ sœurs.
1097 Attile de Sol, femme de Durand de Boëre.
— N. fille de Girbaud le Verd.
1098 Colombe, femme d'Emiondais.
— Girarde de Mayencelle de Montbrison.
1099 Anne, femme de Ponce Dumont.
1100 Reine de Massis.
— Adelvie de Carcassonne.
— Ermingarde d'Anjou.

1101 Ermengarde de Toulouze ⎫ sœurs.
— Adélaïde de Toulouze ⎭
1104 Marguerite de Brezé.
— Humberte de Mailly.
— Rotrude, femme d'Elgode.
— Anne de la Douze, religieuse professe de Saint-Jean d'Autun, et ensuite, par le désir d'une plus grande perfection, se fit agréger à Marcigny.
1105 Gondarde de Varenne-Sury.
— Gilberte de Busseul.
— N. de Florence.
— Guiburge de Centherbens, femme de Girard de Vioney.
1106 Reine, fille du comte Conon de Montaigu et veuve de Raynaud, comte de Bourgogne et de Mâcon.
1106 Poncette de Montboissier de Chenay.
1107 Aremburges Hespéruns.
— Aremburge d'Elzole.
1108 La comtesse de Branica, Italienne.
— Adélaïde, veuve de Hugues Dupuis.
— Alède de Putières.
1109 Marie d'Écosse, fille de Marcomir.
— Arsinde de Luzignan.
— Jeanne de Saint-Christophle.
— Huguette de Paray.
1110 Christine de Béaul.
— Marie de Béaul.
— Benoîte de Saint-Romain.
— Jeanne de Cipière.
— Constance de Montrond.
— Attelle, femme de Geoffroy d'Essertines.
— Adélaïde d'Essertines.
— Constance de Rabie.
1112 Adélaïde de Mergueil.
— Élizabeth de Chalon.

1112 Florence de Lavieu.
— Guillemette de Saint-Polgue.
— Alix de Guines, petite-nièce de saint Hugues.
— Jeanne de Neuchatel.
1113 Florence de Commière d'Ogerolles.
1114 Roselle de Guines, petite-nièce de saint Hugues.
— Raingarde de Semur, veuve de Maurice de Montboissier, morte en 1134. Elle était mère de Pierre le Vénérable, abbé de Cluny.
1114 Marthe de Montboissier } sœurs.
— Marguerite de Montboissier }
1116 Étiennette, femme de Geoffroy III de Semur. Ledit Geoffroy de Semur épousa, en 1120, N... dame de Luzy. [1]
1116 Jeanne de Lévy-Vantadour.
1117 Héliade de Saligny.
1119 Ide de Foussigny.
— Poncette de Talaru.
— Antoinette de Fougères.
1123 Hermengarde, femme de Geoffroy II de Semur. [2]
— Adélaïde de Semur }
— Agnez de Semur } filles d'Hermengarde.
— Cécile de Semur }
— Aremburge de Meschin.
— Marie de Clochère.
1124 Pétronille, femme de N. de Damas.
— N. de Damas, sa fille.
1125 Huguette de Mailly.
1128 Guillemette de Bourbon.

---

1. Étiennette, sa première femme, était morte sans doute dans cet intervalle, à Marcigny. F. C.
2. Il me semble qu'il y a ici une transposition regrettable et que Hermengarde et ses trois filles devraient être placées vers 1088. C'est le sentiment de M. Verchère de Reffye, que je partage pleinement. F. C.

1133 Aimée, mère de Faucon de Jaligny.
— Béatrix, femme dudit Faucon de Jaligny.
— Josie de Fougères.
1136 Berthe, veuve de Hugues de Marcilly.
1137 Sainte Véraise, fille d'Alphonse, roi d'Aragon. Elle est vierge et martyre canonisée, et on en fait l'office double, le 15 juillet, dans le monastère de Marcigny, qui a l'honneur d'être dépositaire de ses principales reliques.
1138 Sainte Fradeline d'Espagne, aussi vierge et martyre canonisée. Elle fut prieure.
1139 Jacqueline de Miolans.
— Henriette de Coligny.
1142 Blanche de Salins.
— Élie de Bourgogne.
1143 Élie de Mâcon } sœurs.
— Sibille de Mâcon
1144 Matilde de Boulogne, femme d'Étienne de Blois, roi d'Angleterre.
1144 Hermengarde de Boulogne, sœur de Matilde.
— Émeline de Blois, fille de Matilde.
1146 Jeanne de Montagu.
— Hildegarde de Beaugency.
1147 Marthe de Normandie.
— Bernarde de Montaut.
— Élizabeth de Brancion.
— Philiberte de Dyo.
1148 Jeanne de Vienne.
— Jeanne d'Amanzé.
1149 Isabelle de Damas.
— Philiberte de Montceau.
1150 Gilberte d'Arcy.
— Blismode de Mercœur.

(A partir de 1150 jusqu'à l'an 1300, il n'y a plus de dates dans mon manuscrit. Je donne telle que je la trouve, dans cet intervalle, une série de soixante noms dont quelques-uns, comme celui de Raingarde de Semur, se trouvent déjà classés dans ce qui précède. F. C.)

Alberte de Monlon.
Étiennette de Mont-Saint-Jean.
Gertrude de Chevrière Saint-Maurice.
Alix de la Baume.
Sibille de Comptor d'Achon.
Arsinde de Polignac.
Philiberte de Saint-Haon de Bugnon.
Alix de Nevers.
Jeanne de Vautrion.
Edelburge de Varenne-Nagu.
Marguerite de Narbos.
Marguerite de Brèves.
Ève de Montmorency.
Anne de Crest.
Anne de Cret *(sic)*.
(C'est peut-être une nièce et filleule de la précédente. F. C.)
Jeanne de Loriol.
Marie de Barnay.
Marie de Ballore.
Huguette de Mailly.
Marie de Boulogne.
Adélaïde de Montfort.
Florence de Saint-Polgue.
Jeanne de Brian.
Bernarde de Sainte-Colombe.
Jeanne de Garadeur de l'Escluze.
Perronne de Montjornal.
Henriette de Salins.
Gabrielle de Montceaux.
Nicole de Céron ⎫
Louise de Céron ⎭ sœurs.
Ermingarde d'Aquitaine.
Sainte Raingarde de Semur, cellerière, mère de saint Pierre le Vénérable. [1]

1. Le manuscrit fait ici double emploi. On a déjà trouvé Raingarde à l'an 1114.

Claudine de Marcour-Sarron.
Guillemette de Brézé.
Charlotte de Commière.
Jeanne de Viry.
Gilberte de Cluny.
Madeleine d'Uxelles, prieure.
Adrienne de Montboissier.
Sibille de Vichy.
Gasparde de Foudras-Corcenay.
Benjamine de Villards.
Perronne de Thiange.
Madeleine d'Estrade.
Radegonde de Bourbon.
Émeline de Maubourg.
Agislmode de Chateaumorand.
Pétronille de Gassion.
Hester de Châteauroux.
Michelette de Lucinge.
Marie de Plaisance.
Dorothée de Vantadour.
Adelvie de Lorraine.
Claude de Bourgogne.
Félicité d'Humières, prieure.
Bénédictine d'Elbœuf.
Victorienne de la Bussière.
Tarsile de la Palu } sœurs.
Humbeline de Varax }

1300 Alix de Pressy.
— Eidéarde de
— Alix Dessertines.
1320 Jeanne de Busseul.
1325 Alize d'Amanzé, prieure en 1370.
— Isabelle de Damas, prieure en 1401.
— Philippe de Morelle.
1326 Jeanne de Commune.

1328 Agnès de Chervieux.
1330 Isabelle de Laguiche.
— Alix de Mazoncle.
1335 Jeanne de Sainte-Prime.
1359 Catherine de Saint-Bonnet.
1373 Marguerite de Lépinasse, sacristaine.
1380 Agnès Mauvoisin de Rébé était prieure en 1437.
1385 Agnès de Marcilly.
1388 Jeanne du Plessis.
— Anne de Lugny-Dracy.
— Antoinette de Lugny.
1400 Catherine de Chatelmontagne.
1401 Jeanne de Damas fut prieure en 1439.
1410 Marguerite de Dyo, prieure en 1445.
1418 Catherine de Colon est mise présente à la transaction passée entre le prieuré et le curé de Brian, en 1516. Je crois qu'elle n'est pas venue en 1418.
1443 Louize de Nagu.
— Étiennette de Bois, prieure en 1470.
1448 Isabelle de Laguiche, prieure en 1483.
1449 Émonde Pot de la Roche de Rhodes, prieure en 1487.
1464 Sébastienne de Damas.
1465 Anne de Rollat.
— Catherine de Ternan.
1466 Philippe de Sarron.
1467 Antoinette de l'Étoile.
1468 Anne de Follet.
— Alix de la Baume.
— Adrienne de la Pallu de Varax, prieure en 1491, puis abbesse de Saint-Jean d'Autun, duquel monastère elle fut la réformatrice (Guichenon, p. 301). Faut voir mon petit mémoire à louange de cette dame.[1]

---

1. Manuscrit perdu. — F. C.

1470 Françoise de la Fin.
— Huguette de Montagu.
1472 Louise de Boussé, prieure en 1507.
1473 Louize de Chevrières.
1474 Françoise de Vichy-Chévenizet.
— Catherine de Chanlon.
1480 Antoinette de Lugny-Dracy.
1481 Jeanne de Chaugy.
1483 Catherine de Semur.
— Agnès de Chaugy.
1484 Cl. de Vichy de Chamron, prieure en 1510.
— Marguerite de Chandieu.
— Philippes de Manvilly.
— Ant. de Communes.
1485 Marie de Saligny } sœurs.
— Ant. de Saligny
— Charlotte de Nagut.
— Marg^{te} de Cordebœuf } sœurs.
— Ant. de Cordebeuf
1486 Jullienne de Sancené } sœurs.
— Catherine de Sancené
— Madeleine de Busson.
1487 Marg^{te} de l'Étang } sœurs.
— Louise de l'Étang
— Agnès de Chigy } sœurs.
— Philiberte de Chigy
1488 Anne de Chaugy } sœurs. [1]
— Sébastienne de Chenay
— Jeanne de Cipière } sœurs.
— Claude de Cipière
— Renée de Chantemerle de la Clayette.
1489 Jeanne d'Oiselet } sœurs.
— Renée d'Oiselet

1. Sœurs de mère sans doute. — F. C.

1490 Jacquette du Peschié.
1491 Catherine de Gayette.
— Thomasse de Damas.
1492 Catherine de Vichy-Chamron.
1493 Lucrèce de Thiard.
1494 Catherine des Augères.
1495 Nicole du Petit-Bois.
1496 Claude de Pressy.
1497 Jeanne de Lévy-Chateaumorand.
1498 Fr. de Tenay-Saint-Christophle.
1499 Claude du Magny.
1500 Marg^{te} d'Anlezy de Menetoux.
1501 Jeanne du Bouchet.
1502 Cath. du Pré.
— Jeanne de Bouillon.
1504 Madeleine de Cornay.
— Anne de Lugny de Dressy.
1505 Cath. de Mortillon.
1506 Isabeau de Périgny.
1508 Jeanne de Beaumont.
— Catherine Dauvage.
1509 Louise de Véré.
— Anne Picoys de Chadeney-sur-Dunes.
1510 Fr. de Marcilly.
1511 Philippe de Charrins fut abbesse de Saint-Jean d'Autun et emmena avec elle huit Dames de Marcigny pour réformer cette abbaye.
1511 Anne de Boussé } sœurs.
— Louise de Boussé }
1512 Anne de Courcelles.
1513 Philiberte d'Audour.
1514 Louize de Montboissier.
1515 Claude de Montagny.
1516 Blanche de Levy. } sœurs.
— Renée de Levi *(sic)* }

1518 Anne de Villernoux.
1519 Anne de Rabutin, abbesse de Saint-Jean d'Autun.
1520 Pierrette de la Tessonière.
1521 Cath. de Saint-Polgue.
1522 Suzanne de Laguiche.
— Philiberte de Tenay de Chevrigny.
1523 Louize de Beauvoir.
1524 Jacqueline de Chassigny.
1525 Jacquel, de Tenay-Saint-Christophle.
— Fr. de Chevrières fut prieure en 1556.
1526 Jeanne de la Baume.
— Jeanne de Moulins.
1527 Étiennette de Marchant de Chavaux.
— Sébastienne de Savigny-Chaugy.
1528 Cath. d'Amanzé de Choffailles.
— Fr. de Saligny.
1529 Philiberte de Montagny.
— Charlotte de Charnoux.
1530 Claude de Saillant.
— Marguerite Dusaix.
— Claude de la Souche de Noyant.
1531 Madeleine de Chévrières.
1532 Jeanne de la Forest.
1533 Hélène de Vichy-Chamron.
— Fr. de Damas-Verpré.
1534 Étiennette du Blé de Cormatin fut prieure en 1555.
1535 Anne de Saligny.
— Tynne de Saligny.
1536 Fr. de Chaugy.
1537 Fr. de la Pauze.
1538 Louise de Saint-Polgue.
1539 Marie d'Anlezy de Ménetoux.
1540 Cath. d'Amanzé.
— Claude de Charnay.

1541 Léone de Semier.
— Fr. de Bonnay de Vaumas.
— Ant. des Fongis.
— Claude d'Apchon.
— Madeleine de Vichy du Jeu.
1542 Anne de Dyo.
— Et N. de Dyo.
— Claude de Ramilly.
1543 Augustine de Mole de Chantemerle.
1545 Marie Destampes *(sic)*.
— Simonne de Damas.
— Marie de Savigny.
— Michelette du Palais.
— Élie de Damas.
1546 Jeanne de Damas.
— Jeanne Picaud. Je crois que ce fut une sœur.
1547 Thomée ou Ant. de Tenay St-Christophle ⎫ sœurs.
— Jeanne de Tenay St-Christophle ⎭
— Autre Françoise de Bonnay.
1548 Bernarde d'Anlezy.
— Cath. de Moles.
— Philippes de la Fin.
— Léonarde de Damas.
— Anne de Vichy de Nuzillat.
— Fr. de Sarre fut depuis prieure de Pouilly-en-Lyonnais.
1549 Anne d'Anlézy de Ménetoux.
— Cath. le Long de Chenillat.
1550 Georges de Lagarde de Chassigny.
— Claude de Fautrières d'Audour.
— Ant. de Tenay-Saint-Christophle.
— Ant. de Laubépin de Sarrie.
— Ant. le Long de Chenillat.
— Bernarde du Blé.
— Étiennette de Saligny.

1551 Hélène des Plantais.
— Madeleine de Semier.
— Jeanne des Plantais, sœur d'Hélène.
— Victorienne de Villers.
1552 Anne Coquille.
— Gabrielle de Troussebois-de-Ris.
— Fr. de Chevrières fut élue prieure en 1580.
— Jeanne de Tenay-Saint-Christophle.
1553 Claude du Blé de Cormatin, vêtue et professe du prieuré de Lanchard de Chalon, fut reçue à Marcigny par Dame Cl. de Vichy, prieure, par ordre de M. le card. de Lorraine, pour apprendre et être instruite à la régularité de la religion et au service divin, pour en rapporter fruit et servir d'exemple audit prieuré de Lanchard.
1553 Julienne de Villars.
— Jeanne du Saix de Ressin.
— Louize de Vougy.
— Barbe de Saint-Antost.
1554 Louise de Laclayette.
— Renée de Semier.
1555 Gabrielle de la Forest.
1556 Anne de Saint-Georges d'Estrées.
1557 Marie de Montjournal.
1558 Marg^{te} de Lagoutte de l'Ecluze.
1559 Cl. de Cipierre.
— Louise de Montrond.
1560 Léonor de Chitin.
1568 Olive du Palais.
1569 Charlotte le Long de Chenillac.
— Suzanne de Laguiche de Chaumont, fille de Pierre de Laguiche, chevalier et seigneur de Chaumont, et de Françoise de Chazeron-Morey.
1572 Marie d'Amanzé de Chauffailles }
— Jeanne d'Amanzé de Chauffailles } sœurs.
Jeanne fut prieure en 1610 et l'était encore en 1615.

1573 Suzanne de Saint-Georges.
1574 Anne de Cotignon.
1575 Anne d'Orvallet.
1576 Cl. de Chambonnay.
1577 Jaquel. de Chantelot de la Chaize.
1578 Fr. Savary de Brèves.
1579 Philippes de Saint-Julien de Baleurre.
1582 Jeanne de Vaurion de la Bernardière.
1583 Ben. de Chantelot de la Chaize.
1584 Marie de l'Étouf de Pradines.
1585 Élizabeth de la Souche Noyant.
1586 Diane de Laguiche.
— Péronne de Laguiche.
— Jeanne de Feillens, petite-fille de Philiberte de Tenay et François de Putrain, et fille de Pierre de Feillens et Jeanne de Putrain.
1588 Élisabeth de Damas-Thianges.
1589 Louise de Foudras de Courcenay.
1590 Huguette de Damas-Verpré.
— Aimée de Bongars de l'Étang.
1591 Jeanne de Bonnay de Vaumas.
1592 Léonore de Brèche.
1593 Philiberte de Viry de la Forest.
1594 Marie de Montjournal du Deffand.
1596 Gasparde de Simianne.
— Léonore de Bonnay de Vaumas.
1598 Cl. du Boz de Moulin.
1599 Louize de Damas.
1600 Philiberte de Sainte-Colombe.
1601 Fr. d'Amanzé de Chauffailles, prieure en 1632.
— Léonore d'Amanzé-Chauffailles.
— Jeanne de Feillens.
— Philiberte Ducret de Montfort.
1602 Gilberte de Mars-Chateauroux.
— Philiberte de Chigy.

1603 Cl. de Viry-Putet.
— Anne de Coligny de Saligny.
— Isabeau de Coligny de Saligny.
— Marie-Suzanne de Laguiche-Saint-Gerand.
1604 Marg^{te} Blondeau, puis fut prieure claustrale et titulaire, 1635.
1605 Fr. de Savary de Brève.
— Cl. Dormy de Vinzelles.
1606 Marie Desserpens de Gondras.
1607 Marg^{te} d'Ogerolles de Cornillon.
— Marie de l'Étouf de Pradines.
1608 Cl. de Gorras de Goubertout.
— Jeanne Maréchal des Noix.
1609 Anne de Bonnay de Vaumas.
— Anne de Guain de Linards.
— Fr. de la Rivière de Martenet.
— Fr. d'Achon (*sic* pour d'Apchon).
— Louize Aubery de Vatan.
— Isabeau (*alias* Élizabeth) de Rabutin la Vau.
1610 Hester Cath. de Langeron.
— Cath. de Lestouf de Pradines, *alias* d'Audour.
— Marie de Bessey.
1611 Louise de Laguiche-Saint-Gérand.
1612 Louize de Ramilly.
1613 Jeanne Desserpens de Gondras.
— Reine de Chaugy-Cuzy.
1614 Marguerite de la Goutte de l'Écluse.
— Gabrielle de l'Écluse.
1615 Cl. de Foudras.
1616 Cl. de Goüais.
— Jeanne de Damas.
— Marguerite de Damas-Barnay.
1618 Simonne Bayard de Malzac.
— Marguerite Bayard de Malzac.
— Fr. du Breuil la Batie.

1618 Élizabeth de Guain de Linards.
— Jacqueline de Rabutin.
1619 Marg^{te} Prevost de Beau-Lieu.
— Marie des Barres.
— Jacq. Marie le Camus d'Arginy.
1620 Renée du Vernay de la Garde.
1621 Ant. de Rimond de la Rochette, fille de Louis de Rymond de la Rochette, baron de Bellevüe, et de Suzanne de la Eslonge d'Aubigny. Ladite dame de la Rochette fut abbesse du Lieu-Dieu et mourut le 6 janvier 1679.
1622 Marg^{te} de Balorre.
1623 Marg^{te} du Vernay de la Garde.
1624 Louise de Ramilly de Charnay.
1625 Jeanne-Jacq. de Chantelot fut prieure en 1676.
1626 Marg^{te} de Ste-Colombe-Laubépin.
1627 Gabrielle de Charry des Gouttes.
1628 Cécile Diane de Balorre.
1629 Gabrielle de Montjournal du Verger.
1630 Jeanne du Breüil la Batie.
1638 Marg^{te} d'Ogerolles de Thélis ⎫
— Suzanne d'Ogerolles — ⎬ sœurs.
1640 Jeanne de Thieugne.
1641 Cl. de Saint-Georges.
1642 Philiberte de la Foray *(sic)*.
1649 Éléonore de Cluny de Valuron.
1650 Jeanne de Vaurion de Coutouvre.
1653 Cl. de Gontaut de Goubertout.
1654 Anne de Verdigny.
1655 Isabeau de Vaurion.
1660 Marie de Montchanin la Garde.
1662 Fr. de la Souche.
— Barbe-Gabrielle de la Souche-Neuville.
1663 Fr. de Mazille de Vobresson.
1664 Marg^{te} de Saint-Georges.

1664 Isabelle Maréchal de Fin.
— Fr. de Fourvillon de Butery.
1665 Madeleine Dubost-Moulin.
1668 Éléonore de Barnay du Coudray.
1670 Henriette-Ant. de Ste-Colombe-Laubépin.
— Jacq.-Fr. de la Rochefoucauld.
1671 Louize de la Guiche *(sic)*.
1674 Marie Camus d'Arginy.
— Éléonore d'Andrault de Langeron.
1673 Ant. de Thélis de Vallorge.
— Marg^{te} de Ramilly.
1674 Marg^{te} de Balorre.
— Louize de Damas-Barnay.
— Marg^{te} de Fautrières ⎫ sœurs.
— Jeanne de Corcheval ⎭
— Jeanne-Gabrielle de Foudras-Morlon.
1675 Anne d'Arcy de Coutouvre ⎫ sœurs.
— Marie-Emmanuelle d'Arcy de la Varenne ⎭
— Madeleine de Rogier de Lignat.
— Marie d'Albon de Saint-Marcel.
— Cl. de Viry du Coude.
1676 Anne-Cath. de Viry de Clavaizon.
— Cath. de la Chaize d'Aix fut prieure claustrale en 1685, puis prieure titulaire en 1693.
1676 Geneviève de la Chaize d'Aix fut abbesse de Cusset.
1677 Jeanne-Louize du Hamel.
1681 Hilaire de Ste-Colombe a été agrégée à Leigneux, en 1717.
1681 Marg^{te} de Viry du Coude.
— Anne-Aimée Savary de Brèves.
1683 Étiennette de Damas-Barnay.
— Marie-Anne de Sarron.
1687 Claude de Chantelos.
— Rose-Thérèse de Raousset-Somabre.

1687 Marie-Hypolite de Laurencin de la Bussière.
1689 Élizabeth d'Amanzé-Chauffailles.
1692 Marie-Paule de Berthet du Teillat.
1693 Jeanne-Claudine-Marie de Colonge de Pressy.
— Jeanne-Marie-Louize d'Arcy d'Ailly.
1698 Cl. Dumayne du Bourg fut prieure claustrale en   et titulaire en   .
1695 Jeanne-Christine de la Souche.
— Marie-Hyacinthe de Vichy Chamron.
1697 Henriette du Croc de Saint-Polgue.
— Fr. de Langeron Maulévrier.
— Marie-Anne de Saint-Georges fut prieure à Saint-Thomas.
1723 Laurence du Bois de la Rochette.
1725 Charlotte-Marie des Crocs d'Estrées.
— Marie de Chavagnac de la Molière.
1731 Fr.-Sibille de Kyrielle de Chantelot.
1737 Anne-Nicolle de Laqueuille Chateaugay.
— Hélène-Marg^{te} de Bruin du Breüil de Champignol.
1740 Charlotte Aymée de la Souche-Neuville.
1744 Anne-Cath. de la Souche.
1746 Marie-Thérèse-Élizabeth de la Valade de Trufin, professe du 20 avril 1749.
1746 .... de Valadoux.

D

ÉTAT PERSONNEL DE L'ÉTABLISSEMENT CLUNISTE DE MARCIGNY EN 1640
TIRÉ DU LIVRE DE LA *Confrairie de N.-D. du Mont-Carmel érigée en l'église des Dames et Religieuses de cette ville.*

S'ensuivent les noms des religieux, religieuses et domestiques du monastère de l'Ordre de Saint-Benoist en la ville de Marcigny, qui ont receu le saint Scapulaire de Nostre Dame du Mont Carmel des mains du R. P. Talet, prieur des PP. Carmes de Moulins, le 15ᵉ juillet 1640, jour de l'érection de la confrairie audict monastère.

Les Religieux :

Dom Claude Verchère, père confesseur ;
Dom Anthoyne Dupuis ;
Dom Henry Bruet ;
Dom Claude Degouvenain, confesseur.

Les Religieuses :

Mme Marguerite Blondeau, prieure ;
Mme Jaqueline de Lachèze, l'aînée, mère d'ordre ;
Mme Philipes de Balleure, mère d'ordre ;
Mme Benoiste de Lachèze, mère d'ordre ;
Mme Jeanne de Vaumas, mère d'ordre ;
Mme Marie de Pradines ;
Mme Huguette Damas-Verpré ;
Mme Esmée de Lestangt *(sic)* ;
Mme Marie de Saindré ;
Mme Éléonor de Vaumas ;

Mme Philiberte de Sainte-Colombe;
Mme Louise Damas de la Battie;
Mme Claude de Moulins;
Mme Jeanne de Felliens;
Mme Claude de Putet;
Mme Isabelle de Saligny;
Mme Marie de Saint-Gerand;
Mme Marie de Gondras;
Mme Anne de Linav;
Mme Marguerite de Commière;
Mme Marie de Pradines;
Mme Claude de Goubertout;
Mme Isabelle de Linav;
Mme Jeanne des Noix;
Mme Françoise de la Rivière;
Mme Louyse de Aubry;
Mme Ilysabeht de Rabutin-Lavaux;
Mme Hester Catherine de Langeron;
Mme Catherine de Pradines;
Mme Marie Diane de Bessey, inventrice de la confrairie;
Mme Louyse de Ramilly-Charnay;
Mme Jeanne-Thérèse de Gondras;
Mme Reyne de Chaugy-Cusy;
Mme Marguerite Damas de Barnay;
Mme Jacqueline-Marie d'Arginy;
Mme Marguerite-Éléonore de Beaulieu;
Mme Anthoinette de la Rochette;
Mme Jeanne-Jacqueline de Chantelot;
Mme Gabrielle de Chary-des-Gouttes;
Mme Cicile Diane de Balore;
Mme Gabrielle de Monjornal-Duverge;
Mme Jeanne de la Batie;
Mme Marguerite de Coummière;
Mme Suzanne de Coummière.

Les Filles pensionnaires :

Charlotte de Virielle ;
Marie-Claude-Suzanne de Coumière ;
Françoise de Dureau ;
Suzanne Juillet.

Les Servantes :

Sœur Claude Coudasse ;
Sœur Marguerite Carmes ;
Sœur Jeanne Cucherat ;
Sœur Marguerite Pillet ;
Sœur Péronne Belot ;
Sœur Benoiste Ressort ;
Sœur Claude Lucat ;
Sœur Isabeau Carmes ;
Sœur Marguerite Jacquette ;
Sœur Jeanne Mouton ;
Sœur Jacqueline Mathieu ;
Sœur Françoise Girard.

Les Domestiques du Prioré (sic) :

Benoist Conde, natif de la Clète ;
Étienne Nonin, natif de Cluny ;
Marie Martin, natif de Cluny ;
Magdelaine Martin, natif de Cluny ;
César Vernisse, natif de Marcigny ;
Maistre Jehan Bernard, natif de Saint-Parisse dépendant du diocèse de Nevers, domestique du prioré de Marcigny ;
Marguerite Bayon, native de la ville de Marcigny.

E

SERMO BEATI ODILONIS

DE SANCTA CRUCE

Nondum impressus.

Post illum singularem, et admirabilem, et toto mundo prædicabilem, et salutarem Dominicæ Passionis triumphum, et ejusdem Domini nostri Resurrectionis gloriam, et sacrosancta festa Paschalia, dignissime satis et convenienter illa dies recolitur celeberrima in qua Dominicæ Passionis, ad honorem et gloriam nominis Dei, et ad salutem generis humani, reperiuntur insignia : Crux videlicet in qua nostræ salutis Auctor pependit, et clavi quibus confixum est illud sacratissimum corpus, quod ex intemerata virgine assumere dignatus est Dei Filius ante omnia tempora secularia, ab ipso Deo Patre ineffabiliter genitus. Merito igitur celeberrime recolit totius Ecclesiæ fidelis familia per diversa annorum spatia salutaris patibuli inventionem et exaltationem. Quia per Crucem didicit destructum mortis imperium, per Crucem se recolit evasisse perpetuæ mortis interitum, et per Crucem se gaudet invenisse æternæ vitæ subsidium. Cum enim Dominicæ et victoriosissimæ Crucis celebratur Inventio, manifestissime Domini crucifixi recolitur Resurrectio; et cum ejusdem Crucis Exaltatio colitur, in ea crucifixus Dominus Jesus Christus ad cœlos ascendisse dignoscitur. Ad confirmanda hujus rei magnalia quædam in Scripturis paria inveniuntur præconia, ut, cum similia junguntur similibus in his quæ de Deo dicuntur, nullus inveniatur incredulus.

Mulier, serpentino delusa mendacio, mortem propinavit

viro, imo etiam omni generi humano; mulierum sanctarum humilis devotio, angelico asserente sermone veredico, Dominum resurrexisse apostolico nuntiavit collegio.

Audistis hominem inobedientem per ligni gustum a paradiso expulsum; audistis latronem confitentem per humilem confessionem in paradisum inductum.

Lasciva fœmina divortium malesuadendo insinuavit viam ad inferos; integra virgo iter rectum direxit ad superos.

Mulier corrupta suæ propagini mortem intulit; virgo intemerata humano generi vitam perpetuam contulit.

Maria Magdalena quondam peccatrix, Dominicæ resurrectionis devotissima investigatrix, de eadem resurrectione gaudium nuntiavit discipulis. Helena imperatrix de inventione Crucis, et cætera insignia Dominicæ Passionis, gaudium et lætitiam ostendit præsentibus et superventuris fidelibus populis. Maria genitrix Domini, tempore quo patiebatur unigenitus filius ejus et Dominus, ante crucem stabat, et piis oculis, ut doctor catholicus scribit Ambrosius, expectabat non pignoris mortem, sed mundi salutem. Quam etiam ille vir Sedulius, poeta Evangelicus, asserit circa Domini sepulturam plus cæteris mulieribus fuisse sollicitam. Helena vero e contra princeps Romani imperii ad inquirenda et reperienda Dominici corporis supplicia et nostræ salutis insignia solerter et studiosissime insistebat, et pio affectu, et sincero effectu votis omnibus laborabat, ut invenire posset quod quærebat, et inventum ad honorem et gloriam Dei honorare gestiebat. Ad quod negotium peragendum adjutorem habebat serenissimum filium suum Romani imperii principem Constantinum. Qui primus inter sæculi principes cum consilio et studio matris supradictæ et sæpe dicendæ Helenæ, libertatem et privilegium Romanæ concessit Ecclesiæ.

Inde cœpit prædicari publice, Deo annuente, et supradicto principe favente, nullo contradicente, honor et virtus Crucis Christi, fides et victoria Domini crucifixi per cuncta spatia mundi, quousque tendebat potestas Romani imperii, et non dicam usque ad terminos Romani imperii, sed quousque prædicatur majestas divini et incarnati Verbi, et auctoritas mundo salutaris sancti Evangelii; quæ viva et libera voce intonat honorem et gloriam Crucis, et fletus et miracula Domini crucifixi.

Quid nos miseri ad laudem Crucis dicere tentamus? et quid indocti fari præsumimus? qui tanta ac talia a majoribus et melioribus nostris quotidie cognoscimus, ut notum est angelis et hominibus, et omnium fidelium firmissime credit, prædicat et novit fidelis prudentia. Dei Filius misericorditer hominem ex virgine dignatus suscipere, homo factus hominibus voluit apparere; et per ipsum hominem, quem suscepit, genus humanum a perpetuæ mortis interitu voluit liberare, et de tenebris ad lucem, de morte ad vitam reducere. Et scivit, sicut omnia scit, quoniam non posset corrigi priorum parentum præsumptio, nisi humanitatem nostram susciperet divina dignatio. Sed semper regnaret in mundo ut diximus priorum parentum superba temeritas; nec culpa solveretur quæ mundo evenerat per illicitum ligni gustum, nisi Christus in ligno crucis pendens sanguine suo deleret mortale præscriptionis chirographum. Necesse est, fratres charissimi, ut qui se gaudet redemptum Christi sanguine pretioso, studeat se munire dominicæ crucis signaculo. Et, ut B. Hieronimus imperat, ad omnem actum, ad omnem incessum, citra omne periculum manus pingat crucem, sicut omnes faciunt qui per crucis mysterium se Deo fideliter dedicant; et in alio loco idem orator facundissimus ad laudem Crucis luculenter perorat. Vexilla militum et purpuras regum et diademata Cæsarum supplicii salutaris pictura condecorat. Omnis qui se a tempore Dominicæ Passionis pati vel mori pro Christo disposuit, per crucis supplicium ad Christum pervenire optavit. Petrus per crucis martyrium optabat pervenire ad Christum; idcirco Christus illi prædixit qualiter ad regnum pervenire debuit : *cum esses junior cingebas te, et ambulabas ubi volebas; cum autem senueris extendes manus tuas.* In extensione manuum significavit eum adepturum, ut desiderabat, crucis patibulum. Andreas fideliter prædicavit Crucis mysterium, et per crucis supplicium pervenit ad triumphum. Paulus vero si non est crucifixus corpore, crucem Domini gemino affectu, ut beatus Papa Gregorius docet, corde gestabat et corpore. Quid dicebat? *Absit mihi gloriari nisi in Cruce Domini mei Jesu Christi.* Qui etiam se in Deo gaudebat pervenisse ad scientiæ et sapientiæ cumulum cum gloriabat se *nihil scire nisi Jesum Christum et hunc crucifixum.* Quidquid enim pro Christo quis patitur, ad exemplum Dominicæ Passionis causa honoris et gloriæ eadem passio cruciatus vocatur. Illa mulier de Libro Regnorum quæ, prophetante Helia, ad speciem crucis duo studuit ligna colligere, ut divinarum Scripturarum tractatores volunt, figuram perferebat Ecclesiæ. Duo enim ligna a muliere jam dicta collecta, ad figuram crucis a patribus, ut diximus, sunt spiritaliter intellecta. Ad hujus igitur Crucis sacrosancta mysteria spiritaliter intelligenda, et alloquendo admonet Pauli optabilis illa sententia quibus inerat et inest amor et studium et honor et gloria sub ejus consistere disciplina et ejus desiderant percipere saluberrima monita. Det vobis, inquit, Dominus secundum divitias gloriæ suæ virtutem corroborari per Spiritum ejus in interiori homine, habitare Christum per fidem in cordibus vestris, in caritate radicari et fundari, ut possitis comprehendere cum omnibus sanctis quæ sit latitudo, longitudo, sublimitas et profundum, secundum Apostoli dictum, ad Crucis Dominicæ credimus pertinere mysterium. Latitudinem Crucis : a summitate unius usque ad summitatem brachii alterius, ut reor, sine periculo simplicis intelligentiæ intelligere possumus ; altitudinem namque a Crucis crepidine usque ad lignum intrans verso positum dicimus secundum majorum seniorum fidele documentum. Profunditas vero est ultima pars Crucis quæ in terris defixa non potest videri luce corporea; sublimitatem credimus esse excellentiam summæ et principalis virtutis, quæ est fides in Deo, et de Deo, sine cujus sinceritate et integritate impossibile est ei placere. Aliter, in latitudine, bona opera charitatis; in longitudine, perseverantiam usque in finem; in altitudine, spem cœlestium præmiorum, in profundo, inscrutabilia judicia Dei possumus intelligere. Ut Patrum refert fidelis et amplissime opinata relatio, imperante Helena augusta cum augustissimo filio suo Constantino Domini crux Inventa prædicatur et creditur, et, regnante Eracleo victoriosissimo rege et christianissimo principe, ejusdem Dominicæ Crucis adoratur et colitur triumphalis et celebris Exaltatio.

Nos quid sumus qui aliquid ad laudem Crucis, imperiti scientia, indocti sapientia, lingua balbutiente, id parum præsumimus dicere. Quot et quanti et quales illi fuerunt qui de tam grandi re granditer dicere potuerunt. Ad enarranda eorum merita et studia, non sufficit edicere nostræ parvitatis ignavia, neque eorum numerositatem nobilium dictionum, ignorantia obsistente, tenuitas nostræ memoriæ valet etiam quæ dicunt ad plenum cognoscere; omnes etiam catholici doctores Ecclesiæ studuerunt de mysterio Crucis et Passionis Dominicæ quantum necesse tunc fuit edicere, alii occultius, alii manifestius, alii diffusius; inter quos Joannes Chrysostomus locutus est multo cæteris abundantius. Multo post illum tempore eluxit quidam monachus, post monachum Maguntinæ civitatis episcopus [1] Rabanus singulari scientia affatim eruditus, fide catholicus, speciali scientia ad plenum edoctus.

---

1. Passage cité par le P. Brower, *Annal. Fuldensium*, l. I, p. 59. Il y est attribué à saint Odilon. — F. C.

Hic tale de laude Crucis orditus est opus, et texuit et texendo perfecit, quo pretiosius ad videndum, amabilius ad legendum, dulcius ad retinendum, nec laboriosius ad scribendum potest inveniri nec poterit.

Placuit beatissimi Joannis cognomento Chrysostomi regiæ civitatis nobilissimi Patriarchæ sententiam de laude Crucis huic exiguæ declamatiunculæ integram inserere, eo tenore, ut quod nostra non potuit digne enarrare rusticitas, ejus nobilis et simplex et sublimis auctoritas. Scripsit enim aliquando, ut dicitur, vir sententiam de Cruce Dominica, in qua allocutus est quemdam suum amicum dicens inter cætera :

« Et si nosse desideras, carissime, virtutem Crucis et quanta ut possum ad ejus laudem dicere, audi : Crux spes christianorum, crux resurrectio mortuorum, crux cœlorum dux, crux deerrantium via, crux claudorum baculus, crux destructio superborum, crux consolatio pauperum, crux refrenatio divitum, crux male viventium pœna, crux adversus dæmones triumphus, crux devictio diaboli, crux adolescentium pædagogus, crux sustentatio inopum, crux spes desperatorum, crux navigantium gubernator, crux periclitantium portus, crux obsessorum murus, crux pater orphanorum, crux defensor viduarum, crux justorum consiliarius, crux tribulatorum requies, crux parvulorum custos, crux virorum caput, crux senum finis, crux lumen in tenebris sedentium, crux regum magnificentia, crux scutum perpetuum, crux insensatorum sapientia, crux libertas servorum, crux imperatorum philosophia, crux lex impiorum, crux prophetarum præconatio, crux adnuntiatio apostolorum, crux martyrum gloriatio, crux monachorum abstinentia, crux virginum castitas, crux gaudium sacerdotum, crux Ecclesiæ fundamentum, crux orbis terræ cautela, crux templorum destructio, crux idolorum repulsio, crux scandalum Judæorum, crux perditio impiorum, crux invalidorum virtus, crux ægrotantium medicus, crux emundatio leprosorum, crux paralyticorum requies, crux esurientium panis, crux sitientium fons, crux nudorum protectio. Sit nobis vita, salus, Christus crucifixus ; nos semper salvet qui sæcula cuncta gubernat, sit crux nostrorum omnium virtus et refugium, auxiliante eo qui pro salute hominum tulit crucis supplicium, qui cum Patre et Spiritu sancto vivit et regnat per omnia sæcula sæculorum. Amen. »

LAUS DEO, SANCTOQUE ODILONI GLORIA.

C'est par cette pieuse élévation que se termine mon manuscrit du sermon de saint Odilon sur l'Invention de la sainte Croix. Dans une note qui s'y trouve intercalée après la douzième ligne, entre ces mots : « ineffabiliter genitus, » et ceux-ci : « merito igitur... », on déclare que cette copie a été faite sur l'original conservé aux archives de Cluny : « Notandum est hæc tantum reperiri in *Bibliotheca Clunia-* » *censi.* At totus sermo reperitur in manuscripto in biblio- » theca sacræ abbatiæ Cluniacensis asservato, unde omne id » quod sequitur extrahitur ex eodem manuscripto. » Ce manuscrit de Marcigny m'a été généreusement donné par M. Marillier, chanoine honoraire d'Autun, ancien supérieur du petit Séminaire de Semur, ancien curé de Paray-le-Monial, etc. M. Marillier l'avait trouvé collé dans son exemplaire du *Bibliotheca Cluniacensis,* qui est celui du prieuré de Marcigny, entre les colonnes 408 et 409.

INDEX PRIORUM MARCINIACI.

Duplicis generis Priores B. Hugo constituit Marciniaci, quorum alii rerum temporalium ac monachorum ibidem degentium curam agerent; alii monialibus tantum dirigendis forent intenti; primi generis Priores, ab initio Procuratores tantum dicti fuerunt, sub Abbate Cluniacensi, qui monialium monasteriique pater specialis esse voluit. Postea præpositi et prioris nomen, ut officium sortitus, coadjutorem habuit, socii, procuratoris, camerarii et prioris etiam titulo aliquoties appellatum. Rectores vero claustri dominarum, priores ordinis, priores claustrales, seu priores dominarum nuncupati sunt. Tum etiam quæ præcipua foret inter moniales, et sub priore ordinis, cæteris præsideret, dicta fuit priorissa. Moniales porro apud Marciniacum anno tantum 1063. Habitare cœpisse notat Cartularium.

6 septembris 1063.

1 Durannus sive Durandus, dicitur præpositus monasterii Marciniaci, in carta anni 1063; in qua notatur Bernardum, principem de Galiniaco, vulgo *Jaligny*, dominum de Cavaroca (de Chaveroche), etc, monasterii ejusdem vexatorem infestissimum, multisque placitis frustra appellatum a Duranno præposito monasterii, resipuisse tandem, mediante auctoritate Petri Damiani, Ostiensis episcopi, apocrisiarii S. P. Alexandri II. Paulo post idem Bernardus miles sæculo renuntians, Marciniaco dedit in manu Duranni prioris præfati tertiam partem silvæ de Colongio. — Idem prior quædam alia acquisivit, in primisque villam de Cuperea, vulgo de *Cypierre*, inter Cadrelas et Paredum, quam Guichardus ejusdem loci dominus Marciniaco donavit, in susceptione Cæciliæ filiæ suæ.

Anno 1065.

2 Guido I successor Duranni, Marciniacum rexisse dicitur in Cartulario Marciniaci annis 28, id est, ab anno 1065, ad 1093. Plurima per varias donationes, emptiones, vadimonia acquisivit. Rotbertus nepos ejus

citatur inter testes laïcos in carta donationis Hugonis Lesbaldi de Digonia (Digoine) ante annum 1096. Absoluta structura majoris Basilicæ curis B. Hugonis, rursus dedicata fuit cum cohærente sibi capella B. M. noviter ædificata, die decima tertia februarii 1082. [1]

Anno 1094.

3 Humbertus I rexisse dicitur annis tantum quatuor, unde mirum esse possit eum tam brevi tempore tot donationes, etc., procurasse, quot in manu et per industriam ejus factas fuisse reperitur in Cartulario. Regebat anno 1096, quo Urbanus II, bona Marciniaci recensuit et confirmavit bulla data die 7 decembris.

Agilmoldis, priorissa memoratur in eadem bulla.

Anno 1098.

4 Seguinus prior erat ante annum 1100, ex carta B. Hugonis de commutatione Iguerandæ. Camerarius fuerat ejusdem B. Hugonis, quo officio vel saltem titulo donatum fuisse ad annum 1107, constat ex variis instrumentis; quamvis anno 1100. Camerarius Cluniaci esset Bernardus, postea prior major. Sed in carta Gaufredi IV de Sinemuro, scripta sub finem 1108, Rainaldo jam Vizeliacensi abbate, *Seguinus* dicitur *prior Marciniaci, olim camerarius D. Hugonis*. Rexit annis 13. B. Hugoni patri patruoque suo brevi tempore superstes.

Seguinus fratrem habuit Guidonem de Paredo, patrem Hugonis de Paredo militis, Seguini II et Walterii fratrum, ex Regina conjuge sua, quorum mentio in Cartulario Paredi.

Seguino priori, propter suum camerarii Cluniacensis officium sæpius distracto, datus fuit coadjutor nomine Guichardus qui dicitur aliquoties socius Seguini prioris; alias, *gubernator ecclesiæ Marciniacensis*; imo *prior Marciniaci*, in placito quodam anni 1105, in quo Seguinus partes camerarii Cluniacensis agebat.

Rencho consummati monachus testimonii, monialibus instituendis et dirigendis, primus a B. Hugone præfectus fuit anno 1063, præfuisseque dicitur an. XI. (*Rencho* in *Gall. Christiana* pro Priore sumitur, sicut et apud *Annal. Bened.* Mabil. *Udalricus*. — F. C.)

1. Anno 1093, S. Udalricus prior erat pro monialibus.—F.C.

Renchoni circa an. 1103 mortuo successit Rainardus, sive Rainaldus, qui prior claustri sanctimonialium dicitur in carta donationis villæ de Chassanis. Rexit eas an. 6. [1]

Substitutus fuit Rainardo venerabilis Hugo, an. 1109. Indifferenter appellatur in variis instrumentis *prior sanctimonialium, prior ancillarum Domini*, prior claustralis. Electus fuit in abbatem Cluniacensem circa initia februarii aut saltem die 29 martii anni 1122, post Pontii abbatis resignationem; obiitque die 7 julii ejusdem anni. Rexisse dicitur apud Marciniacum an. 14 circiter. Unde constat monialium curam demandatam fuisse ab ipso sancto Hugone ante annum 1109. De gente ejus, vide infra in *Girardo Viridi*, procuratore Marciniaci sub priore Gaufredo.

Anno 1110.

5 Gaufredus de Sinemuro, filius Gaufredi II principis, villam Sancti Martini de Lacu et alia multa acquisivit. Rexit an. 14.

Temporibus ejus Callixtus S. P. cellas et ecclesias Marciniaci recensuit et confirmavit bulla data 14 februarii an. 1120, ejusdemque dattæ scripsit epistolam encyclicam pro Marciniacensibus ad antistites in quorum parœciis illarum prædia consisterent.

Bernardus de Monte, Prior dominarum an. 1122, nomi-

1. Il y a en cet endroit une omission manifeste, qui produit une vraie confusion, dans le récit des bénédictins de Marcigny. Si Renchon n'avait été chargé que onze ans de la direction des religieuses, ce n'est pas en 1103, mais bien en 1084 que Rainaud aurait dû lui succéder dans ce soin. La vérité est qu'après onze ans, Renchon eut pour successeur, sinon pour adjoint à Marcigny, saint Udalric, lequel ne fut pas très longtemps à Marcigny et fut remplacé par Renchon, qui cette fois eut vraiment Rainaud de Semur pour successeur. Je tire mes preuves de Mabillon, lequel au tome IV de ses *Annales Benedictini*, page 612, s'exprime ainsi : « Marci-
» niacensium sororum post Renchonem, qui primus hoc
» munere functus est, curam gessit Udalricus, monachus
» eximiæ sanctitatis, ut in ipsius vita legitur. »
Voici le passage de la vie de saint Udalric auquel Mabillon fait allusion : « Missus etenim (Udalricus) ad locum qui dici-
» tur Marcigniacus, ut ibi præesset sacris Christi virginibus,
» quas felicis memoriæ pater Hugo in eodem cœnobio sub
» jugum, Domini coadunaverat..... » (*Acta SS. Ord. S. Bened.* T. IX, p. 782.)

natur in aliquibus cartis. Idem forte Bernardus qui connestabulus fuerat D. Hugonis an. 1104, ac postea Decanus Marciniaci, id est, præpositus jurisdictioni temporali ejusdem monasterii sub Seguino et Gaufredo prioribus ; nepos est Elgodeberci militis.

Guichardus Seguini prioris socius, de quo supra, eodem nomine donatur, sub Gaufredo priore in carta Girardi IV de Sinemuro circa annum 1114.

Guichardo successerat in eodem officio anno 1115. Girardus Viridis, cujus virtutes egregias descripsit Petrus Venerabilis (Miracul. I, epist. VIII). Vir ille secundum carnem nobilis miles, sæculo renuntians cum uxore sua Laurentia cognomento Ruffina, dederat Deo et B. Hugoni ad locum Marciniacum mansos aliquot in villis de Poissons, Trevaux, etc., laudante Rainerio fratre suo. Sororem habuit Annam uxorem Jocerani de Centarbem, quæ Marciniaci monialis est effecta ; proindeque affinis erat Hugoni tunc temporis priori monialium, postea Cluniacensi abbati, cujus soror Ada nupserat Dalmatio fratri Jocerani de Centarbem, ex quo DD. de Damas.

Girardus fuerat prior de Villa Nova prope Perruacum anno 1105 ; postea camerarius, id est procurator Marciniaci. Carta Arnulfi Rabia, pro susceptione Constantiæ matris suæ facta dicitur præsentibus Hugone et Girardo Viridi prioribus. Paulo post commissum fuit ei monasterium Sancti Stephani Nivernensis ; quo tandem officio exoneratus, rursusque decanus Marciniaci, impetravit demum a Petro Venerabili ut in solitarium prioratum de Alto Jugo, in tractu Bellijocensi, velut emeritus miles, posset secedere ; quo in loco, beato fine obdormivit in Domino.

Petrus monachus et procurator familiaris Dei, sub Gaufredo priore nominatur in carta donationis Hugonis de Puteolo (de Putay en Bourbonnais, ou de Putières de Selore — F. C.), facta in præsentia Theobaldi primi, prioris S. Martini de Campis, qui anno 1119 obierat ; unde conjicias Petrum præfatum intercessisse Guichardo et Girardo de quibus supra dictum est.

Anno 1123.

6 Pontius successit Gaufredo priori, idem forte qui fuerat decanus de S. Victore in Monte Algido, prope

Paulam, vulgo *Poule* in confiniis Bellijocensis tractus, haud procul Thisiaco. Procuratorem Marciniaci pro veteri more dicit eum Petrus Venerabilis, in carta commutationis cujusdam inter Marciniacenses et Carilocenses monachos. Alias semper dicitur prior. Rexit annis septem.

Theotardus, seu Thetardus fuit prior ordinis, sub Pontio priore; memoratur in charta Morellorum et aliis, quamvis de eodem et de Bernardo prædecessore ejus sileat index Cartularii Marciniaci. Iste tamen Bernardus dicitur prior claustralis in carta Gaufridi Meschin, 2 cod. P. ult.

An. 1130.

7 Archimbaldus, alias Erkimbaldus, prior successit Pontio; plurimaque acquisivit, memoratus in cartis an. 1136, etc.; rexitque annis 26. Cum Humbertus Æduensis episcopus controversiam movisset adversus Marciniacenses, super ecclesiis de Brian et de Sarrie, re ad S. P. Innocentium II, per Falconem archiep. Lugdun. delata, laudavit eum S. Pontifex pro benevolentia qua Marciniacenses sorores prosequebatur; rescripsitque ad Æduensem episcopum, ne eas ulterius, super ecclesiis sibi per Urbanum II, et Callixtum II confirmatis, inquietaret. Quærelis tamen per hæc rescripta non compositis, Amædeus Lugdunensis metropolita litem totam amica compositione sopivit, quam de consensu partium confirmavit Cœlestinus S. P. rescripto dato 20 febr. 1144.

Scripsit præterea Innocentius II, encyclicas ad episcopos Claromontensem, Cabilonensem et Æduensem, ut omnimodis compescerent, et cogerent ad satisfactionem Guilhelmum Cabilonensem comitem qui Marciniacensibus intulerat plurima damna. (V. p. 23 et 24, 2 cod. Bull.)

Thomas rexit claustrum monialium sub Archimbaldo priore, cum quo sæpius in cartis nominatur.

Turquillus, regimini earumdem præfectus fuit a Petro Venerabili, qui virtutes ejus ac beatam mortem commendat libro I° *Mirac.* cap. XXI. [1]

An. 1166.

8 Simon prior, in instrumento 1166.

---

1. Les auteurs du *Gallia Christiana* le comptent à tort parmi les prieurs titulaires. On trouve sa biographie dans le *Menologium Benedictinum*, au 10 décembre.

(Series sequens ex brevi indiculo manuscripto potissimum desumpta fuit, qui nomina tantum et annos exhibeat, de rebus gestis et instrumentorum tenore prorsus silens.)

An. 1174.

9 Hugo I [1] de Chastillon, an. 1174.

An. 1218.

10 Die 13 junii 1218, inter priorem Marciniaci N....., et Simonem II dominum Sinemuri, etc., compositum fuit de juribus prioratus.

An. 1231.

11 S..... prior Marciniaci, litteris ad G..... et alios socios ordinis in monasterio Cluniacensi datis, die 24 et 31 decembris 1231, rogat ut mittant ad se bullas aliquas quibus egebat, pro defensione jurium monasterii sui.

An. 1234.

12 Jacobus I, prior anno 1234-1261. Ejus temporibus Joannes de Damas, ex canonico episcopus Matisconensis, qui obiit anno 1264, anniversarium solemne fundavit Marciniaci, redditibus ad hoc assignatis.

An. 1266.

13 Ivo I, prior anno 1266, quo anno, mense aprili, Joannes I de Castro Villano, Sinemuri dominus, rursus componit, super juribus prioratus.

An. 1270.

14 Matthæus, prior anno 1270.

An. 1275.

15 Guido II, prior anno 1275-78.

An. 1281.

16 Garnerius, prior anno 1281. Incertum num de Garnerio, vel de Guidone, interpretandum sit, quod infra ad annum 1307, citatur de G... de Mayremont priore.

An. 1286.

17 Hugo II, prior anno 1286.

An. 1294.

18 Viardus, prior anno 1294. Præcipiunt deffinitores capituli generalis Cluniacensis an. 1291, ut prior Marciniaci qui fuerit pro tempore, consilium priorissæ, cellariæ,

---

1. Le vénérable Hugues, qui devint abbé de Cluny, n'avait été que prieur ou directeur des Dames. Hugues de Chatillon est vraiment le premier prieur titulaire.

sacristanæ, infirmariæ, et aliarum dominarum de Ordine deinceps requirat priusquam litteris apponat sigillum monasterii, et deffinitores anni sequentis 1292, puellas sæculares in monasterio ultra numerum 15, admitti vetant.

Jacobus prior interest nominationi Aimari in abbatem Sigiacensem, factæ Silviniaci an. 1246, per Guillelmum IV abbatem Cluniacensem.

An. 1291.

Prior Marciniaci an. 1291, nominatur executor apostolicus statuti quo Nicolaus PP. IV voluit prioratus ordinis per viros sæculares tunc occupatos in commendam, revocari, etc. Bulla data 23 julii 1291.

Idem prior fuit unus ex deputatis a Bonifacio PP. VIII an. 1297, pro declaratione sive interpretatione statutorum a Nicolao PP. IV nuper editorum pro ordine Cluniacensi.

An. 1300.

19 Hugo III, ex priore de Volta anno 1300. Postea prior de Luperciaco burgo an. 1303, forsitan ex permutatione facta cum sequenti.

An. 1303.

20 Joannes de Chateau-Pierre [1] prior, an. 1303, 1315. Varias habuit controversias cum dominabus. Declaratum fuit in capitulo generali 1311, ad dominum abbatem Cluniacensem, non autem ad priorem Marciniaci spectare provisionem officii prioris claustralis dominarum. Quæstionem quæ inter cumdem priorem et priorissam vertebatur, super jure præficiendi camerariam, deffinitores an. 1312, committunt arbitrio priorum de Paredo et de Cariloco.

Incertum an ad priorem istum, aut alterum e successoribus ejus referendum sit, quod in Cluniacensi necrologio, mense augusto legitur : « Joannes prior Marciniaci » dedit conventui Clun. 100 libras Viennenses. »

Referunt visitatores anni 1304, quod propter dissidium quod erat inter priorem et moniales, priorissa et sequaces ejus recusaverunt communicari a priore celebrante magnam missam in Nativitate Domini ; itemque turbaverunt officium divinum, fregerunt scabella chori, tintinnabula

---

1. Al. de Châteauvillain.

et mappas refectorii abstulerunt, et librum de capitulo ; ne posset conventus in eisdem locis convenire.

An. 1307.

E relatione visitatorum anni 1307, prior jam solverat 2255 libras, ex debitis quæ invenerat. Supererant tamen adhuc alia debita contracta de tempore G... de Mairemont, et Viardi prædecessorum ejus.

An. 1316.

21 Joannes II de la Brosse, 1316.

An. 1318.

22 Guillelmus Amalius de Luzy, filius Joannis I de Castrovillano domini de Semur, Luzy, etc... prior an. 1318. Cum vestiarium et alia necessaria non ministraret competenter monialibus, cessaverunt penitus a divinis; et vallatis ecclesiæ januis monachos ipsos cessare compulerunt, ut referunt visitatores anni 1320. Qua de causa D. abbas Cluniacensis instituit ibi procuratorem, qui suo nomine persolveret et administraret illis necessaria de redditibus monasterii ut notant visitatores anni 1325, qui observant etiam nihil de bonis monasterii tunc alienatum præter ea quæ tenebat magister Stephanus de Polliaco cancellarius regis, cujus tamen in indice vulgato cancellariorum Franciæ mentio non occurrit.

An. 1325.

Verum quod notatu dignius est, referunt iidem visitatores quod quamdam filiam de mandato prioris receptam, moniales sæpius extra monasterium egredi compulerunt, et super hoc interrogatæ per visitatores, dixerunt quod voluerant tantum tueri jus conventus ancillarum Dei, videlicet quod earum consortio nulla debet aggregari, nisi manifestum sit quod sit de patre nobili procreata. Idem declaratum fuit per D. Jacobum de Ambasia, abbatem Cluniacensem, in statutis quæ pro reformatione monasterii Marciniacensis edidit, ineunte sæculo decimo sexto.

An. 1328.

Cum locus monialium pro magno earum numero angustus foret, obscurus et rhumaticus, visitatores capituli generalis 1328, inhibuerunt ne cuiquam earum concederetur in posterum licentia construendi sibi habitaculum, quod idem a D. abbate jam statutum fuisse dicunt

An. 1329.

23 Girardus claret prior an. 1329, 1331.

An. 1334.

24 Guido III de Damas, prior 1334. Temporibus ejus facta fuit chori monialium et monachorum separatio. Cum enim in morem fere induxissent moniales ut quotiescumque factum sibi fuisse opinarentur aliquem defectum in necessariis, non solum penitus cessarent a divinis, sed monachos etiam cessare compellerent, obseratis majoris basilicæ januis ; deffinitores capituli generalis anni 1336, solemni celebrique sanctione monachorum numerum qui tum ad 32, excreverat, reduxerunt ad 12, cum priore. Cumque prius moniales ex una parte, monachi vero ex altera, divinum officium alternis choris psallerent, præceperunt ut moniales deinceps ex utraque chori sui parte stantes, tractim et cum nota singulas horas canonicas psallerent solæ : monachi vero divinum officium in capella, ab ecclesia et choro monialium remota quæ non alia potest assignari quam capella Sancti Nicolaï, intra ambitum monasterii constructa, cantarent, etc. Quod decretum a Benedicto S. P. XII. Confirmatum fuisse dicitur in actis capituli generalis an. 1343.

Monialium pars magna, numero 40 decreto præfato se paratas obedire professæ fuerunt ; pars altera diutius eidem parere detrectavit, intermisso penitus officio divino [1], nec visitatoribus ipsis intra claustrum suum admittere volentibus, donec omnia revocata fuissent ad usum pristinum. Quibus cum non ecclesiastica solum sacramenta per plures annos, sed victus etiam vestitusque denegatus fuisset, in pœnam inobedientiæ contumaciæque suæ ; Archimbaldus Trenorchiensis abbas commissarius a Sede Apostolica delegatus in hac parte, vocatis auditisque monialibus, sententias contra easdem latas ratas fore decrevit ; aggravatorias interminatus nisi intra tempus præfixum resipiscerent. Quod ut implere vellet requirendum per abbatem Cluniacensem. Consuluerunt deffinitores capituli generalis 1347, interimque commiserunt DD. prioribus majori et claustrali Cluniacensibus ut

---

[1]. Je crois qu'il faudrait lire : « Nec visitatores ipsos intra claustrum suum admittere volentes. » — F. C.

contra rebelles, aliis viis juris et ordinis procederent, modo quo possent fortiori. Tot decretis cedere tandem coactæ fuerunt. Nihilominus tamen requirebant humiliter an. 1350, quod monachi cantarent cum eis, ut fiebat alias; et darentur eis in adjutorium, maxime quia moniales quæ sciebant cantum erant defunctæ.

An. 1346.

25 Petrus I *de Viers*, prior an. 1346.

An. 1348.

26 Petrus II de Viers, præcedentis nepos, prior an. 1348, ut videtur.

An. 1350.

27 Joannes III de Vaux, prior anno 1350.

An. 1353.

28 Hugo IV de *Saint-Bénigne*, prior an. 1353, 1361, fuit unus ex deffinitoribus capituli generalis anni 1356.

An. 1367.

29 Petrus III de Lyon, prior annis 1367, 1369.

An. 1371.

30 Stephanus de Blérens, prior anno 1371.

An. 1373.

31 Stephanus II, filius Girardi I de Semur, domini de Sancenay, prior an. 1373, de quo in stemmate genealogico.

An. 1374.

32 Stephanus III Tachon, appellatur prior an. 1374, 1382. Ejus tempore statutum fuit in capitulo generali an. 1375, ne priorissa claves archivii sola teneret, sed duas alias traderet duabus aliis de antiquioribus dominabus. Die 20 januarii 1377. D. Jacobus I abbas Cluniacensis officium priorissæ vacans per obitum, contulit sorori Mariæ de Saint-Alban, ex antiquis dominis de *Centarbem*.

Priori præfato concessit idem abbas, 3° maii 1377, ut de tertia parte bonorum quæ eum in obitu suo habere contingeret, libere posset disponere. Idem prior recuperavit vocatum Briennium, et ipsum construxit de novo. Halas in villa Marciniaci fecit, et multa alia necessaria ut notatur in actis capituli generalis an. 1378.

Jacobus I abbas Cluniacensis partem brachii S. Hugonis Marciniacum transtulit, die 10 junii 1381; eodemque die festum Exceptionis ejus voluit ibi deinceps solemniter celebrari.

Idem Stephanus Tachon fuerat Decanus de Paredo an. 1370.

An. 1385.

33 Joannes IV, prior an. 1385.

An. 1386.

34 Antonius e nobilibus de Chalmasset prior an. 1386 ad 1393 de bono regimine commendatur in actis capituli generalis 1389 quo anno vacabant officia prioris claustralis, et priorissæ ad provisionem D. abbatis spectantia.

An. 1397.

35 Guillelmus II *de l'Espinasse*, prior an. 1397 ex priore Montis Sancti Joannis et connestabulo D. abbatis Cluniacensis.

An. 1399.

36 Joannes V *de l'Espinasse* (alias *de Rupibus*.—F. C.), prior an. 1399-1426. Referunt visitatores anno 1410, quod arbores crescebant in capitulo monachorum, quod per priorem citius reparari præcipiunt, monachosque capitulum interim tenere ter in hebdomada, in capella Sancti Blasii. Domus decanatus et eleemosynariæ erant quasi in ruina.

An. 1433.

37 Guillelmus III dictus Bréchard, prior an. 1433-1441.

An. 1441.

38 Adamus le Thuillier, prior an. 1441-1444.

An. 1445.

39 Dionisius I Thomassin, prior an. 1445-1459. Alter erat visitatorum monasterii Cluniacensis an. 1448.

An. 1460.

40 Joannes VI Fabri, alias *Faure*, prior an. 1460-1465.

An. 1466.

41 Simon II de Ronchival, prior an. 1466-1470. Erat etiam prior Cariloci.

An. 1470.

42 Zacharias de Tologny, consiliarius regis, prior an. 1470-1491 fuerat olim prior de Mola Chalomonis, tum Beatæ Mariæ de Longo Ponte, deinde Thysiaci, ac camerarius Cariloci.

An. 1490.

43 Ludovicus de Rochechouart, doctor in utroque jure, nepos D. Jacobi de Ambasia abbatis Cluniacensis, prior annis 1490-1505; abbas etiam monasterii novi Pictavensis. Per eadem tempora priorissa erat Adriana de la Palu, filia Hugonis de la Palu comitis de Varax, etc., et Antoniæ de Polignac, postmodum abbatissa Sancti Joannis Æduensis.

An. 1506.

44 Dionysius II Cadot, sive Cardon, sive potius Chardo, dicitur prior an. 1506. Eo priore et Ludovica de Beuslon priorissa, Domin. Marciniaci reformationem monasterii, suppressionem officiorum claustralium, tam monachorum quam dominarum, corumdemque ac fundationum omnium unionem, mensæ conventus requirunt, et impetrant a D. Jacobo de Ambasia, abbate Cluniacensi, die 15 maii 1507, statuta reformationis ejusdem confirmantibus D. Philippo Bourgoing, priore majore et deffinitoribus capituli generalis eodem anno celebrati die 22 maii. Prædictus Dionysius Chardon fuit postea prior Elsiniarum 1511.

An. 1508.

45 Marinus Ævernier, prior an. 1508.

An. 1514.

46 Nicolaus de la Rose, prior an. 1514-1526.

An. 1526.

47 Joannes VII le Maitre, e socio ordinis in monasterio Cluniacensi prior 1526-1544.

An. 1545.

48 Christophorus *Coquille*, prior major Clun., etc., ubi videtur et prior Marciniaci an. 1545. Obiit 12 octobris 1564, tumulumque Marciniaci habuit.

An. 1564.

49 Joannes VIII Cotignon, præcedentis in prioratu majore et Marciniaci successor an. 1565. Decessit e vivis 22 aprilis 1572. Humatus et ipse Marciniaci.

An. 1573.

50 Antonius II Baillif, prior anno 1573.

An. 1581.

51 Philibertus Joly, prior an. 1581-1614, S. Theo-

logiæ doctor et deffinitor in celebri capitulo generali ordinis an. 1600.

An. 1617.

52 Petrus IV Dormy, Caroli Francisci Dormy, Regi ab epistolis filius; nepos Claudii Dormy, ex priore Sancti Martini a Campis episcopi Boloniensis, prior an. 1617-1630.

An. 1636.

53 Margareta Blondeau, priorissa, titulum prioris supprimi procuravit, consentiente cardinali Richelio, abbate Cluniacensi, bulla Urbani VIII, data die 10 maii 1638, quæ tamen effectu caruit post obitum ejusdem Margaretæ quæ vivebat adhuc an. 1658.

An. 1663.

54 Petrus V Camuset; D. Petri Lucas, prioris majoris Cluniacensis nepos, collatum sibi prioratum a D. Philiberto Lemperies, priore majore Cluniacensi et vicario generali cardinalis Estensis abbatis Cluniacensis, aliquando tenuit; eoque ad instantiam ejusdem Lemperies, titulum suum resignante, successit.

An. 1666.

55 Filius Domini le Lièvre, in magno concilio præsidis, primus a monasterii fundatione prior commendatarius.

An. 1674.

56 Dominus Favre, prior commendatarius, an. 1674.

An. 1693.

57 Dominus Dux de Lebreto (d'Albret), cardinalis Bullionis abbatis Cluniacensis nepos; quo cedente, præfatus cardinalis abbas, prioris titulum suppressit rursus in gratiam dominæ Catharinæ *de la Chaise d'Aix* an. 1691, quæ decretum illud confirmari solemniter procuravit in capitulo generali ordinis an. 1693, et eidem monasterio præest hactenus an. 1725.

Deficit hic codex mss. Marciniacensis, deficiente pariter titulo prioris, cessione ducis de Lebreto (duc d'Albret), ipso anno 1693. Ex hinc superior monachorum et confessariorum monialium claustralis prioris titulum prætulit. Sub eo nomine et officio continuare licet et juvat seriem priorum seu superiorum Marciniaci.

58 Petrus Symon, prioris claustralis Marciniaci nomine insignitur in actis capituli generalis Cluniacensis anni 1693,

in quo nominatus est visitator generalis strictioris observantiæ. Bullarium sacri Ordinis Cluniacensis studiose a se collectum typis mandaverat anno 1680, et Innocentio XI anno sequenti mittebat cum litteris nuncupatoriis in hæc verba desinentibus : « Devotissimus orator ac filius frater
» Petrus Symon humilis vicarius generalis superior strictioris observantiæ sacri Ordinis Cluniacensis. Ex vestro
» Sancti Martini a Campis Parisiensi monasterio,
» 14 martii 1681. »

59 LAURENTIUS BORTHON, de 1699 à 1701.

60 HUGO MOLARD nominatur prior claustralis Marciniaci in capitulo generali Clun. anni 1701.

61 D. CLAUDIUS VARIN, prior Marciniaci, anno 1719, in capite *Bullarii sacri Ordinis Clun.* ad usum monachorum Marciniacensium manu inscribitur.

62 PETRUS DE HARLÉ, prior claustralis, anno 1722.

63 CLAUDIUS FOUSSIER, prior claustralis, anno 1724.

64 ANT. BULIOT, prior claustralis, anno 1737.

65 D. POTIGNON DE MONTMEGIN, anno 1789.

LAUS DEO ET SACRATISSIMO CORDI JESU.

Paredi-Monachorum, 25 julii 1873.

F. CUCHERAT.

ERRATA

Page 87, notre 1, ligne 3, lisez : *cum minus.*

Page 222, lignes 3 et 4, il faut lire : *entre les Pères et les Sœurs. Prieurs des Dames : Thomas, puis le bienheureux*.....

TABLE DES MATIÈRES

AVERTISSEMENT	1
SOURCES HISTORIQUES	3
I. Exposition du sujet	9

PREMIÈRE PARTIE.
INFLUENCE RELIGIEUSE.

CHAPITRE Ier. — ORIGINE ET NATURE DE LA RÉFORME DE CLUNY.

I.	État de l'Institut monastique	11
II.	Fondation du monastère de Cluny. Charte de Guillaume le Pieux. Bulle de Jean XI	14
III.	Rome et Cluny. Effets de la charte de fondation	21
IV.	Élection de saint Hugues	24

CHAPITRE II. — ORGANISATION DE LA CONGRÉGATION DE CLUNY.

I.	Cluny à l'état de congrégation	27
II.	Premier lien, visites abbatiales	30
III.	Deuxième lien, rédaction des coutumes	31
IV.	Troisième lien, chapitres généraux	34
V.	Quatrième lien, suppression du titre abbatial dans les diverses obédiences	35

CHAPITRE III. — CARACTÈRE PARTICULIER DE CLUNY.

I.	Douceur et modération. Faits particuliers et généraux	40
II.	Faire servir les passions et les sens aux progrès de la vertu. Transition à l'*expansion de Cluny*, c'est-à-dire à ses vertus et à ses services. OEuvres intérieures et surnaturelles *per transennam*	44

CHAPITRE IV. — EXPANSION DE CLUNY DANS LES CHOSES DU DEHORS.

I.	Services rendus à l'agriculture	48
II.	Aumônes à Cluny	52
III.	Tendresse de saint Hugues pour les pauvres. Aide et protection aux petits et aux faibles. Refuge honorable et salutaire ouvert aux criminels	55

CHAPITRE V. — DIFFUSION DE L'ORDRE DE CLUNY.

I.	France	59
II.	Allemagne	63
III.	Pologne	65
IV.	Italie	67
V.	Espagne	72
VI.	Angleterre	78
VII.	Marcigny	86

DEUXIÈME PARTIE.

INFLUENCE INTELLECTUELLE.

CHAPITRE Ier. — NOTIONS GÉNÉRALES SUR LES ÉTUDES A CLUNY.

I.	Temps consacré à l'étude	99
II.	Destination. Tableau du cloître	101
III.	Enfants offerts aux monastères. Élèves destinés au siècle. Soins prodigués aux uns et aux autres.	103
IV.	Leçons et exercices scolaires. Principales écoles dues à Cluny	107

CHAPITRE II. — OBJET DES ÉTUDES MONASTIQUES.

I.	Un mot de Fleury. Idée générale de l'état intellectuel du moyen-âge	112
II.	SCIENCES. — Philosophie, mathématiques, médecine, Écriture sainte et saints Pères, histoire civile	114
III.	LETTRES. — Langue romane, langues hébraïque, grecque, arabe, latine	117
IV.	— Les moines connaissaient les auteurs de l'antiquité païenne	120
V.	ARTS. — Tableau du *Scriptorium*. Esprit qui animait les artistes du cloître. Quelques artistes	123
VI.	— Église de Cluny, description, architectes, style, constructions de saint Odilon	128
VII.	— Peintures murales, sculpture, statuaire, ornements divers, verrerie, orfévrerie, bijouterie, musique	135

CHAPITRE III. — ÉCRIVAINS SORTIS DE CLUNY AU ONZIÈME SIÈCLE.

I.	Raoul Glaber, Syrus et Aldebald, Jotsauld.......	139
II.	Bernard et Udalric, Hébretme, Alger...........	143
III.	Raynaud de Semur et Pierre le Vénérable.......	147
IV.	Saint Hugues................................	156
V.	Saint Odilon. Résumé, transition	160

TROISIÈME PARTIE.

INFLUENCE POLITIQUE.

CHAPITRE Ier. — PART DE CLUNY DANS LA POLITIQUE GÉNÉRALE.

I.	État malheureux de la société civile. Politique chrétienne...........	165
II.	La part de Cluny : 1° aux Croisades ; 2° à la Trève de Dieu; 3° à l'établissement de la centralisation pontificale...................	168

CHAPITRE II. — COMMENCEMENTS DE LA LUTTE DU SACERDOCE ET DE L'EMPIRE.

I.	Origine de saint Hugues. Saint Hugues et Hildebrand, à Cluny	173
II.	Brunon, de Toul, nommé pape par l'empereur, se soumet à l'élection du clergé et du peuple romain. Il est élu par acclamation...........	177
III.	Relations de saint Hugues avec Rome et avec les personnages importants de l'époque	181
IV.	Saint Hugues en face de Geoffroy le Barbu, persécuteur de Marmoutier.....................	185
V.	Grégoire VII, pape...........................	187

CHAPITRE III. — DÉMÊLÉ DU SACERDOCE ET DE L'EMPIRE, DEPUIS L'AVÉNEMENT DE GRÉGOIRE VII JUSQU'A LA MORT DE SAINT HUGUES.

I.	Grégoire VII aux prises avec Henri IV.....	193
II.	Rôle de saint Hugues	194
III.	Victor III, Urbain II, continuent la lutte.........	197
IV.	Avénement de Paschal II. Épisode de saint Anselme de Cantorbéry	201
V.	Lettre de saint Hugues au roi Philippe de France.	206
VI.	Mort de saint Hugues rapprochée de celle de saint Anselme	210

280 CLUNY AU ONZIÈME SIÈCLE.

CHAPITRE IV. — SUITE ET FIN DE LA LUTTE.
TRIOMPHE DE L'ÉGLISE.

I. Recrudescence de la lutte. Défaillance et protestation de Paschal II. Sa mort et celle de Gélase II.. 212
II. Calixte II. Diète de Worms. Concile de Latran. Canonisation de saint Hugues................. 214

CONCLUSION.. 218

DOCUMENTS INÉDITS.

Préambule.. 219
Catalogue des pères prieurs de Marcigny............. 224
Catalogue des Dames prieures....................... 229
Illustres bénédictines de Marcigny, de 1063 jusqu'à 1746. 233
État du personnel de l'abbaye en 1640................ 252
Sermon de saint Odilon sur l'Invention de la sainte Croix... 255
Index priorum Marciniaci........................... 262

FIN DE LA TABLE.

Autun, Imprimerie de Michel Dejussieu.

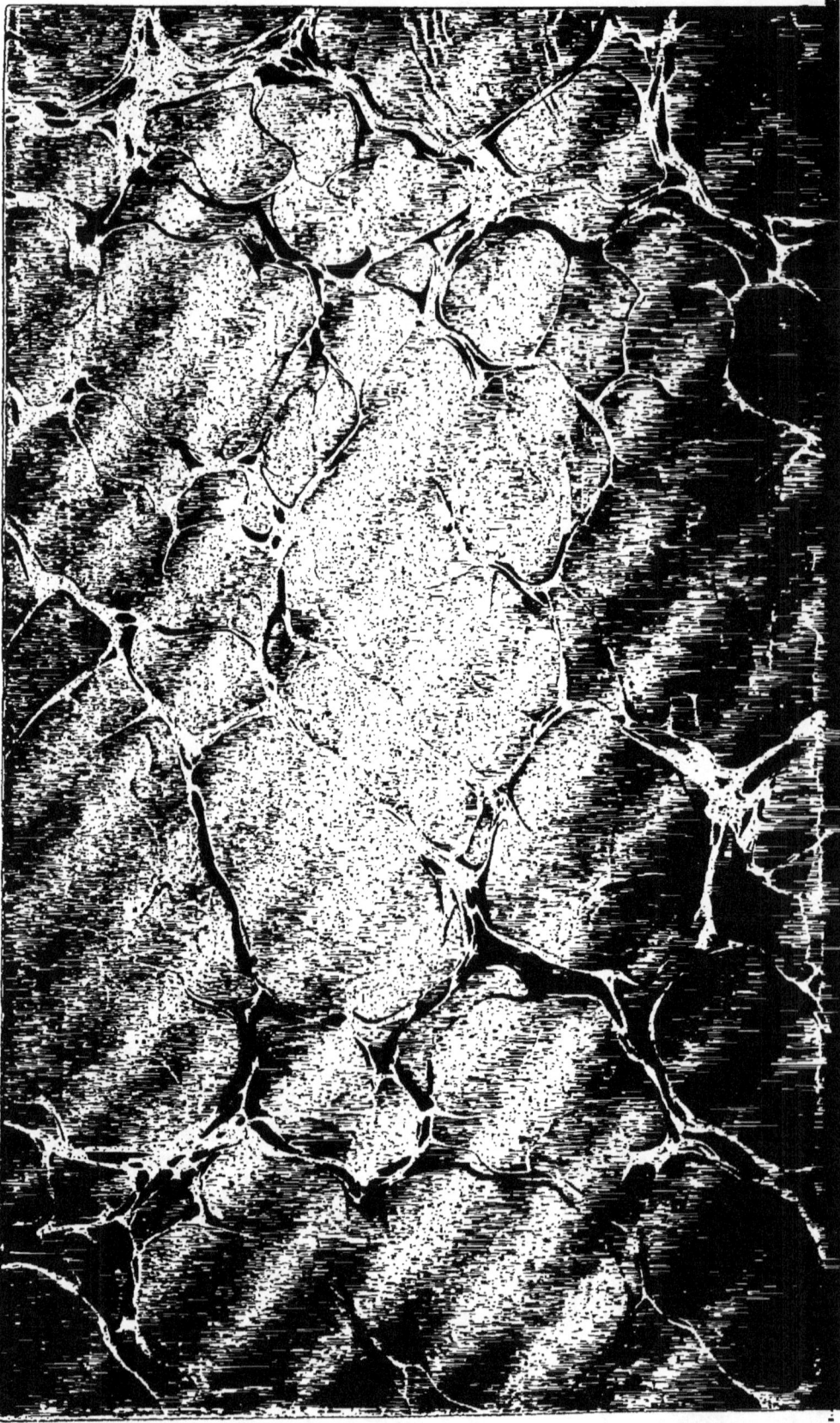

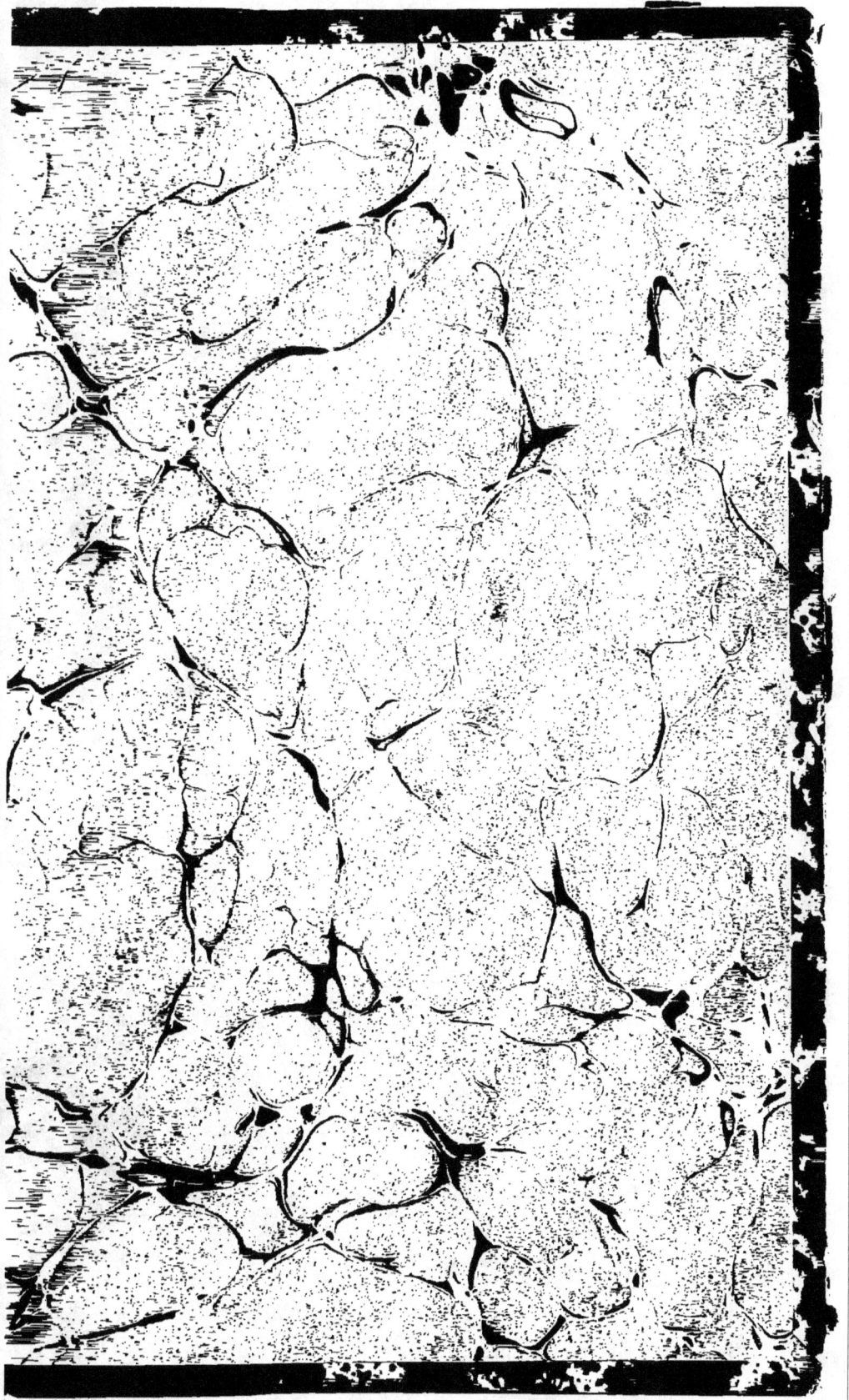

www.ingramcontent.com/pod-product-compliance
Lightning Source LLC
Chambersburg PA
CBHW071237160426
43196CB00009B/1102